高等院校小学教育专业新形态系列规划教材／李戬

小学班主任工作

主　编　李　戬　张　翔

副主编　邓　璐　曾　欢

编　委（按姓氏笔画排序）

马云飞　刘　维　刘琴艳　纪　岚　杨　阳

杨　迪　杨加军　邱　华　汪心怡　沈艳秋

张琳玲　陈　翔　陈君安　苗伟伟　明子仪

周　玫　泽　仁　钟国玉　郭　恒　黄雅妮

谢丽莎　魏琳莉

厦门大学出版社　XIAMEN UNIVERSITY PRESS　国家一级出版社　全国百佳图书出版单位

图书在版编目（CIP）数据

小学班主任工作 / 李戬，张翔主编. -- 厦门 ：厦门大学出版社，2024.11（2024.12.重印）. --（高等院校小学教育专业新形态系列规划教材 / 李戬总主编）. ISBN 978-7-5615-9413-1

Ⅰ. G625.1

中国国家版本馆 CIP 数据核字第 2024EM4227 号

责任编辑　林　鸣
美术编辑　李夏凌
技术编辑　许克华

出版发行　厦门大学出版社
社　　址　厦门市软件园二期望海路 39 号
邮政编码　361008
总　　机　0592-2181111　0592-2181406(传真)
营销中心　0592-2184458　0592-2181365
网　　址　http://www.xmupress.com
邮　　箱　xmup@xmupress.com
印　　刷　湖南省众鑫印务有限公司

开本　787 mm×1 092 mm　1/16
印张　18.75
字数　349 千字
版次　2024 年 11 月第 1 版
印次　2024 年 12 月第 2 次印刷
定价　56.00 元

厦门大学出版社
微信二维码

厦门大学出版社
微博二维码

前　言

　　小学班主任工作在小学教育体系中占有至关重要的地位，涵盖了学生的德、智、体、美、劳等各方面的教育，具有综合性和系统性。作为班级管理的"核心"和学生发展的"重要他人"，小学班主任不仅承担着教学任务，还肩负着学生道德品质教育、思想意识引领以及与家长沟通合作等多重职责。班主任直接影响着学生的学习态度、行为习惯和综合素质的培养，是孩子们良好品行的培育者、丰富活动的组织者、心灵成长的呵护者、梦想实现的助力者……班主任需要具备较强的组织管理能力、沟通协调能力和解决问题的能力。通过学习本书的内容和方法，师范生能够更好地理解小学班主任的角色和职责，增强责任感和使命感；提前了解和掌握班主任工作的基本方法和技巧，提升自己的班级管理能力和综合素质。

　　在日常深入一线的调研中，编者发现如无工作年限限定，那么参加班主任技能大赛的班主任多为毕业几年内的新老师，他们充分享受着初为"班妈妈"的幸福感，对班级管理工作充满热情，然而作为学校的代言人参赛往往需要所在学校一个德育团队的帮扶，在一轮轮集体打磨中方能从稚嫩走向卓越。编者进而萌生出将班主任职前教育和职后教育相结合的想法，在传统的班级管理类教材中提前融入班主任技能大赛、班主任基本功大赛等赛事的板块内容，让师范生在职前教育阶段不仅能熟悉班级管理的基础工作，还能掌握相关赛事的关键要领，进而在入职后迅速地适应角色转换，从容面对挑战，把握成长契机。本教材由 8 章组成：第一章是顶层设计，谈治班策略；第二章到第五章包含班干部选拔与培养、班级活动指导、学生问题行为矫正与心理健康教育、班级突发事件处理等内容；第六章关注协同教育、家校沟通；第七章着力于班级多元评价机制的构建；第八章则聚焦教育案例撰写与育人故事演讲。

　　本书系四川师范大学教材建设类教学改革项目（20210192XJC）。作为高等院校小学教育专业新形态系列教材之一，本书内部章节立足问题导向，力求形式丰富，包含了"学习目标""思维导图""案例""思考与讨论"等板块，并采用二维码的形式提供教学测试、相关知识拓展和视频资源链接。其中每章开头的"思维导图"可帮助读者快速了解本章的主要内容和结构。每节设置有针对性的习题，帮助读者检验学习效果，巩固知识点。"思考与讨论"采用情境创设的形式引导读者进入角色进行反思和实操。"知识拓展"提供了相关领域的研究成果和前沿动态，拓宽读者的视野。"案例"部分通过对大量真实案例的讨论，帮助读者更好地理解和掌握班主任工作的实际应用。"视频资源"则提供了国内部分地区班主任基本功大赛的赛事实况，帮助读者身临其境，充分感受班主任工作的魅力。

班级管理是一门大学问。本教材虽因编者的水平和时间有限，难免存在一些不足之处，但希望能为小学教育专业各类师范生的培养，小学班主任技能的培训，以及小学班主任的教研略尽绵薄之力。

编　者

2024 年 6 月

目　录

第一章
如何制定小学治班策略

1. 明晰小学班主任工作的特点与挑战，了解治班策略的重要性与意义，理解治班策略是班级建设的顶层设计。

2. 掌握如何制定治班策略，包括班情分析、教育理念与班级目标的设计，能够全面细致地分析班级学情、设定班级目标、构建适切的治班理念。

3. 理解治班策略的基本特征、设计依据以及基本原则。

4. 学习治班策略的形成与实施，了解班级建设成果的虚实结合，学会制定具体的治班策略，能够总结并撰写班级建设成果。

本章课件

思维导图

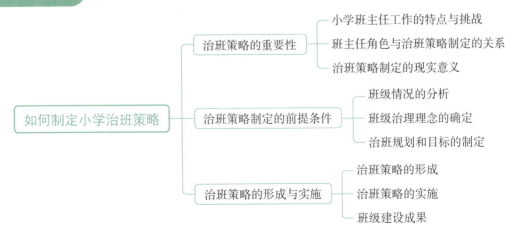

如何制定小学治班策略
- 治班策略的重要性
  - 小学班主任工作的特点与挑战
  - 班主任角色与治班策略制定的关系
  - 治班策略制定的现实意义
- 治班策略制定的前提条件
  - 班级情况的分析
  - 班级治理理念的确定
  - 治班规划和目标的制定
- 治班策略的形成与实施
  - 治班策略的形成
  - 治班策略的实施
  - 班级建设成果

第一节　治班策略的重要性

治班策略是指班主任根据班级实际和学生状况，为实现班级发展目标而制定的班级建设方案集合，即有针对性地选择相关的教育内容、教育组织形式与教育方法并组合形成的集合体，是班级建设的顶层设计。班主任熟悉并掌握治班策略对班级建设具有重要作用。

一、小学班主任工作的特点与挑战

小学生的特殊性，直接决定了小学班主任的工作特点。同时，作为耕耘在一线的班主任，其面对新课程、新形势背景下的挑战，也存在许多焦虑和困惑。

（一）小学班主任工作的特点

小学班主任素有"学生心灵的雕刻师"的美誉，在小学生发育成长的关键阶段扮演着重要的角色。

1. 民主性

小学生心思单纯，处于接受一切事物的开始阶段，辨别是非的能力还不足。班主任要教育学生独立处理自己的事情，这个过程中应注意与学生关系保持平等。班主任是班级的组织者和管理者，也是学生的知心朋友。古人云："吾日三省吾身。"具体体现在班主任处理班级管理问题时，应不断反思，尽可能多关注学生的想法和意见。以学生为"镜"，既看到自己的亮点，也要看到瑕疵。此外，要与学生加强"朋友联系"。学生最容易接受的就是朋友，有些小秘密连家长都没有"权利"知道，但学生会偷偷告诉朋友。如果班主任成了学生的朋友，那么了解学生的机会就更多，了解他们的想法的概率也会更大，学生们从内心也会更加喜爱班主任。帮助小学生学会自主管理，是小学班级管理的主旨。

2. 专业性

班主任工作是一门专门的学问，有具体的研究对象、理论体系和操作规程。传统的班主任工作只凭经验、就事论事。新时代的学生思想认识不一，心理特征各异，假如撇开个体上的差异而统一要求、统一管理，难度是相当大的。因此，班主任工作仅凭着教师的权威和经验是不够的。从班主任的工作性质看，我们所要培养的是有创新意识、高素质的新一代人才，无论是教育思想、教育观念，还是教育方式都应紧跟时代的潮流，有明显的时代特征。

3. 综合性

小学班主任工作的综合性体现在要具备一定的教学能力，并不断地补充自己的知识和提高自己的水平，才能实现对班级的有效管理。

小学班主任不仅要掌握一些管理学、心理学、教育学等知识，还要具备一定的人文科学知识、学科融合知识。具体体现在：生命安全与心理健康教育是时代发展下小学班主任的必备知识，如防溺水、交通安全、食品安全、防传染病、防踩踏等安全问题，孤僻、自闭等心理问题；学科融合知识是如今课程改革要求下小学班主任必备的知识；人文科学知识是学生发展核心素养需求下班主任的必备知识。这些知识的综合运用使得小学班主任的综合性特征更强。

4. 动态性

《礼记·学记》云："师者匠心，止于至善；师者如光，微以致远。"匠人把手艺作为一种信念，用尽毕生心血追求极致；教师亦是如此，为师者，唯匠心以致远，当臻于至善。作为班级"领航员"的班主任，既是建班育人的"实干家"，也要做到沉淀内心、磨炼意志，不断地积累与反思，以"匠心"践"初心"，心中有阳光，言语有魅力，行动有方向，及时地关注小学生内心多变及敏感的情感，帮助小学生建立正确的人生观及价值观。基于学生认知发展特点，小学班主任工作的动态性相对于中学、大学的班主任更为明显。例如，小学班主任需要与家长随时保持紧密联系，让家长及时了解孩子的学习动态，共同助力孩子的成长。同时，在小学生管理、教学等过程中，班主任只有灵活应对各种突发事件，才能管理好班级。此外，一个班级的管理要取得良性的效果，班主任既不能太高压做"独裁者"，也不能太放松，最理想的状态就是达到一种动态平衡。动态平衡是一种变化过程的平衡，需要班主任时刻关注这个过程。

5. 协调性

协调性具体体现在班主任自身学科教学工作与班级管理的协调，班主任与其他任课教师的协调以及班级各学科教学工作的协调。首先，班主任需要协调自身班级管理和学科教学工作，做到统筹协调、共同管理。秉承寓教于乐、以管促教、以教言管、教管结合等理念，将一个班级几十名学生管理好，避免一盘散沙，同时充分发挥班干部的模范带头作用，提升大家的积极性，共同管理。在教学方面，要加大教学力度，丰富教学模式，实施精细化教学。寓教于乐，让学生告别枯燥的学习模式，快乐学习；以生为本，以教学为重点，班级管理为中心，教管相结合，力求做到教书育人，促进学生健康发展。其次，需要注意与班级其他任课教师的协调。班主任需要经常走进各学科课堂，与任课教师交换意见，向他们及时了解班内学生的学习情况，听取任课教师的意见和建议，能够做到互通有无，采取有效措施，把班级工作的教育功能发挥到极致。

（二）小学班主任工作的挑战

小学班主任是小学生生命中的"重要他人"，加之小学生所处年龄阶段自身特有的心理和生理特征与其日益复杂的要求、日益凸显的个性，小学班主任需要跳出常规，从关怀个体命运的视角来进行更上位、更冷静的应对。因此，班主任工作要持续应对来自方方面面的挑战。

1. 班主任管理理念容易"错道"

多数班主任认为小学生尚未形成独立的意识与成熟的心智，难以对自身言行负责，因此班主任承担了班级管理过程中的主体功能，容易采用传统的管理观念开展班级管理工作，跟不上教学改革的步伐。同时，在该思维模式下，班主任容易用所谓理性的方式教育小学生，有悖于人的自然天性，最终只能培育早熟的果实。正如卢梭所言，违背儿童的自然天性让他们遵循成年人的思维逻辑，极易泯灭他们的天性，这不利于学生逻辑思维的培养。[①] 这种传统的管理理念存在一定的弊端，班主任若总以成年人的视角对学生的行为进行分析，将难以深入理解学生。长此以往，班主任与学生渐行渐远，学生在这种环境中容易丧失学习的兴趣。从小学班主任在管理方面开展工作的成果来看，若是使用传统的灌输式和压制性的办法进行管理，甚至是一些体罚行为抑制学生的行动权，会使学生的心理受到严重打击，对班集体的团结产生不利影响。

2. 班主任管理模式的多样化、个性化实施困难

由于班主任工作的复杂性，许多小学采取的班级管理方式都是阶梯式的，即由班主任任命班干部，通过班干部管理其他学生——班干部将其他学生的情况反映给班主任，由班主任奖惩学生。这样的管理方式，使得班主任不能更好地去了解学生，且班干部通常都是由班主任直接任命，过于专制的管理方式会使学生缺少自主性。因此，不管是在生活上还是在学习上，班主任给学生的形象往往都是严肃的，班主任没有根据每一位学生的个性特征去制订有针对性的方案，多采用整体性管理方式，使每位学生的个性特点难以得到个性

---

① 让-雅克·卢梭.爱弥儿：论教育[M].李兴业，熊剑秋，译.北京：人民教育出版社，2017：12.

化的发展。这种管理模式不仅让小学班主任感到事务繁杂，而且不容易激发学生的学习兴趣，学生的主观能动性也没有得到有效发挥。

3. 班主任对特殊学生的教育力不从心

让有特殊需要的学生进入普通学校随班就读，是指在融合教育背景下，让特殊儿童进入普通小学普通班级就读，发挥普通小学的环境与课程优势，将普通教育与特殊教育相融合开展教育的一种方式。这无疑为小学班主任带来巨大挑战。具体而言，大多数班主任专业素养滞后于融合教育的要求，在应对特殊儿童随班就读的教育理念、知识素养、能力素养和身心素养方面相对不足，要想在短时间内得到提升并非易事，很大程度上影响了特殊儿童随班就读各项措施的落实。班级文化建设还未达到相互共融的程度，良好的班级氛围对特殊儿童有积极的影响，但要让普通学生从内心完全接纳特殊儿童并非易事，且大部分班主任对"普特融合"的实施思路还不太清楚，很难在教师、学生、目标、课程与班级结构之间形成具有交互作用的良好班级氛围，特殊儿童与普通学生双方的排斥心理会影响班级管理效果。这些都为班主任的管理增加了难度和负担。

4. 班主任工作负担不断加重，自我调节愈发困难

班主任工作负担主要表现在班主任在班级管理、家校合作等具体工作中所承受的教育责任、职业压力。北京教育科学研究院的刘京翠等曾对全国 16166 名班主任做过线上问卷调查，数据显示几乎所有班主任仅每日在校工作时长就超过了 8 小时，其中 40% 超过了 10 小时，与"双减"前相比有了较大幅度提升。其中，班级事务性工作占据班主任工作的时长，超过了班级建设工作和学生发展指导工作，而后者本应是班主任岗位的重要工作。[①] 与此同时，这个被迫承担多个角色的群体还面临着"无限责任"式的苛刻考评。在现实教育中，一些小学以较为严格的方式对班主任工作进行日常化考核，全方位、立体化地对班主任工作进行监督。一方面使班主任的工作时间越拉越长，自我工作、生活、休息和专业发展调节愈发困难；另一方面，大量的时间和精力被用于教书育人之外的工作，会逐渐消磨班主任的意志力与对教师职业的热爱和向往，从而生发出对职业价值的怀疑。

综上所述，教育理念的更新、班级管理模式的设计、特殊学生的管理、班主任工作的负担加重、边界的模糊性与责任的无限性是小学班主任的主要挑战。而低回报、缺乏系统性支持，进一步降低了他们的从业意愿。

---

① 刘京翠，赵福江 . "双减"背景下中小学班主任工作现状调查与分析：基于对全国 16166 名班主任的问卷调查 [J] . 教育科学研究，2022（8）：47-48.

二、班主任角色与治班策略制定的关系

班风正、学风浓、人心齐,凝聚力强、积极向上的班级,离不开班主任的精心培养,可以说班主任与班级休戚相关,荣辱与共。[①] 班级建设离不开班主任清晰的角色定位以及班主任科学合理的治班策略的制定。而班主任角色与治班策略制定具有双重关系。

一方面,构建和谐班集体的角色决定了班主任具有治班策略制定的责任与义务。一个教师担任了班主任,就必须承担起班级建立者、管理者和领导者的角色。一个班集体的正常发展和基本特点的形成,必须有科学有力的治班策略的支撑。一个班级的面貌体现着班主任班级治理的成效,只有在高效的班级治理中,班集体的建设才能成为可能。因此,班主任是治班策略建设的重要领航者。这就意味着治班策略的设定、实施等均是由班主任带头,其他任课教师和家长辅助,在学生参与下共同汇集而成。具体而言,班主任根据学校的教育目标及班级教育理念,分析班级班情,制定明确的治班策略。这些策略可能包括教学管理、学生管理、班级文化建设、情境创设、班会活动等方面的内容,目的是促进班级和学生的全面发展。治班策略必须有背景,班主任要从国家观念层面着手思考。治班策略的制定是一个伟大的工程,需要班主任能够不断学习、不断总结、不断提升,充分发挥个人智慧,主动汲取团队力量,群策群力,集思广益,结合办学特色和学生需要进行设计。

另一方面,科学合理的治班策略有利于发挥班主任构建和谐班集体的角色功能。班级是当前大多数中小学校教育教学发生的基本单元,是学生校园生活的核心区域,在学生成长和发展中起到至关重要的作用。随着基础教育改革的不断深入,班级的治理方式不断发生变化。传统的班级管理强调班主任权威,侧重于对学生进行规范、实施控制,班级育人功能发挥有限。而班级治理则强调在班级建设中要"多元共治"与"学生自治"相结合,让"管理退后,教育向前",能够更好地彰显班级在塑造学生人格、引领学生发展上的重要价值。[②] 这就意味着班主任从班级管理者角色转变为班级治理者角色,以班级核心价值观为班级铸魂,让学生在个性化成长的同时形成确定的集体精神品格,增强班级凝聚力;以组织结构变革为学生赋能,通过重新定义学生角色和建立项目化运行机制,创造新的教育生长点;以制度改进为发展助力,通过优化班级规章制度激励支持学生自主成长。如此一来,班主任班级治理的观念从仅仅关注班级功能的社会层面向学生个体层面转变,班主任班级治理制度从教师主导走向师生共治,班主任班级治理行为从管理控制走向文化建

---

① 周宏.班主任应扮好四个角色 [J].学校党建与思想教育,2011(27):68.

② 刘丽丽.从管理走向教育:班级治理的三条底层逻辑 [J].中小学管理,2023(7):50-53.

设。①

三、治班策略制定的现实意义

一般认为，班主任的工作状态分为积极式工作与消极式工作，积极式工作代表着处理事情能够做到预见灾难与错误，提前规划，消除隐患，使工作更有效果。消极式工作恰恰是等着灾难与错误发生后再加紧处理。制定治班策略实际上就是对前期工作的一次完整盘点，对将来要做的工作做到清清楚楚、明明白白，是引领班主任走向积极工作的起点，其现实意义主要体现在以下三个方面。

第一，能够促进班级凝聚力形成。治班策略始终是衡量班集体是否优秀的重要指标，各科任教师对班级学生教育教学是否顺畅归根于班主任是否建立起班级凝聚力。如果班级凝聚力较差，班级工作就是一盘散沙，零敲碎打。因此，班主任作为治班策略的制定者，必须基于治班理念、班级学情和班级建设目标来制定具有针对性和有效性的班级治理策略。具体而言，全面的班情分析是治班策略设计的基础，应多维度、客观准确、辩证地分析班级情况，用多样的方式呈现班级的实际情况；明确治班理念是治班策略的关键，它对班主任确定班级发展目标、治班策略和活动内容等具有指导性作用；建立短期、中期、长期班级培养目标，要适合不同阶段孩子的身心发展特点和班级的实际情况。这三部分环环相扣，步步推进，能够帮助班主任制定科学有效的治班策略。

第二，能够引领学生健康成长和全面发展。班级的使命应从管理意义上的"要求学生去做"向治理意义上的"成就学生发展"转变。②如果班级建设仅仅停留在问题解决层面，少了对学生健康成长与全面发展的引领，那么班主任角色必将沦为"消防员"或"灭火器"。这就需要班主任从两个方面入手。一是基于对班级建设蓝图的勾勒，树立"成就学生发展"的愿景使命。提出学生成长的目标愿景，勾勒班级建设发展蓝图，是确立班级核心价值观的前提和基础。班级建设发展的蓝图要从学生对自己和班级的共同期待、学生对未来发展的规划等维度，明确"学业更进一步，身心健康愉悦，人际关系舒适，学会自我规划"的班级奋斗目标，"身心健康，志向远大，学会学习，懂得规划"的班级战略目标，"创造小学生活的不同凡响，助力每位学生的各具风姿"的班级使命。二是立足班级核心价值观，保证班级教育行动不跑偏。基于班级建设蓝图和愿景使命，可以梳理出三条班级核心价值观：在活动中，看到不同学生之间的差异及其带来的个体多样性和成长可能性，

---

① 齐学红.论班级治理方式的三种变革 [J].中国德育，2018（1）：11-14.

② 刘丽丽.从管理走向教育：班级治理的三条底层逻辑 [J].中小学管理，2023（7）：50-53.

主张以差异取代差距，由此形成了"珍视差异"的第一条班级核心价值观；通过打造班级"学习无边界"系列主题课程，为学生搭建发现、分析、解决真实问题的平台，并在此过程中学会分享，由此形成"乐于把发现和创造分享给他人"的第二条班级核心价值观；通过鼓励学生试错，让学生在试错中启动解决问题的雷达，搜索解决问题的方法，形成解决问题的能力，从而形成"鼓励试错"的第三条班级核心价值观。

第三，可以帮助班主任收获专业幸福。在班主任的职业成长中，生理、心理、伦理组成教师幸福的不同层次，生命的健康状态、生活的优秀品质和生存的道德信仰构成三位一体的生命实践。[①] 在某种意义上，班主任的幸福来自班主任有价值的人生和有意义的生活的实现。当一个科学合理的治班策略能够帮助班主任建设具有凝聚力的班集体、促进学生的健康成长，那这样的班主任就是幸福的。因为有向心力的班集体能够让班主任不再为突发的问题充当"消防员"或"灭火器"角色，也不会因为学生身心发展中的各种阻碍而煞费苦心。这样的幸福推进班主任不断投入学习中，丰富自我的知识涵养，提升班级治理策略的有效性；这样的幸福推进班主任投入到学生中，主动了解学生个性、尊重学生天性，愿意"蹲"下来与学生交流，主动站在学生的角度去分享学生成长的快乐与困惑；这样的幸福推进班主任投入追梦中，清晰刻画自己的班级治理愿景，努力浇灌出属于自己的幸福乐园。

本节习题

第二节　治班策略制定的前提条件

治班策略在广义上包括班情分析、明确治班理念、治班目标确立、治班策略设计，而狭义的治班策略则指具体的措施。其中，班情分析、明确治班理念、治班目标确立是治班策略制定的前提条件。

---

① 刘燕楠，李莉. 教师幸福：当代教师发展的生命意蕴 [J]. 教育研究与实验，2019（6）：53-56.

一、班级情况的分析

治班策略是指班主任在班级管理中所采取的一系列措施和方法，旨在营造优质的班级教育环境，推动学生综合素质的全面提升和健康成长。对班级特点的深入剖析为制定治班策略奠定了坚实的基础。班情分析有利于提升班主任治班策略的针对性和实效性，有助于班主任与学生建立深厚的师生情谊。

（一）为什么分析

摸清班情、分析班级特点是建设班集体的基础。班主任需要时刻保持对班级和每位学生的关注度，通过深入调研、细致观察、充分沟通以及针对性的各种调查手段，全面了解班级特征和现状，为制定合适的管理方案提供有价值的信息来源，为实现精准管理奠定坚实基础。反之，如果缺乏必要的班情分析，那么制定出来的班级规划就如同海市蜃楼般虚幻而不可即。

首先，通过班情分析，班主任的治班策略制定更具有针对性。每个班级都具备自身特质，从班级文化、学生个体差异、纪律状况、学习气氛、活动组织、家长参与以及日常管理等多方面体现出来。经过对班级特色的深入分析，班主任得以全面把握班级现状及潜在问题，明确班级治理的重点与难点，以此作为制定精准且具有针对性的治班策略的依据。

其次，通过班情分析，班主任的治班策略制定更具有实效性。学生是班级的主体构成部分，其需求无疑对班级治理起着决定性的作用。不同班级的特质悬殊，需匹配相应的管理策略，通过对班级特色的深度分析，班主任能深入探寻学生的性格特点及学习诉求，准确找出适用的班级治理方式，规避盲目且收效甚微的管理行为，进而全面提升班级管理的效率和质量。若缺乏对班级情况的全盘掌控，那么所谓的班级管理表面上看起来热热闹闹，实际上却是混乱不堪或毫无指向性，甚至往往只是班主任个人内心深处的良好愿望。只有了解每个学生、每种情况的具体特点，才能明确管理的主要矛盾、难点以及关键节点，从而实现治班策略的有效制定与实施，最终确保达到预定的教育效果。正如陶行知所说："你的教鞭下有瓦特，你的冷眼里有牛顿，你的讥笑里有爱迪生。"班级治理者的一言一行、一举一动都会给学生造成很深的影响，只有始终保持立德树人的仁心、诲人不倦的耐心和有教无类的公心，才能做到有温度的教育，进而创建优秀的班集体。

最后，通过班情分析，班主任与学生能够建立深厚的师生情谊。若班主任在制定治班策略之际能充分考虑学生特性和需求，则有利于促进与学生的顺畅交流，深入理解学生的想法、遇到的困难，进而建立更为紧密的师生关系。

总而言之，在制定治班策略之前，对班级特色的深入分析不容忽视。班主任必须慎重对待这项任务，精心制作出符合班级实际情形的治班策略，同时在实践中持续探索和调整。唯有如此，才能愈发有效地营造出优质的班级教育环境，全面推进学生的综合素质成长。

（二）分析什么及如何分析

班情分析越全面、透彻，后面的策略就越具针对性、实效性，它是制定治班策略的基础和前提。只有深入、全面地分析问题，精准地掌握学情，才能有的放矢地制定治班策略。收集班级信息需要多维度，包括学生基本情况分析、学生认知发展情况分析、学生家庭情况分析、班科组建情况分析等。

第一，学生基本情况分析。班主任需要对班级学生总人数、男女比例做一个初步的群体特征分析，可以按照以下步骤进行。首先，对班级构成进行简要概述，通过多种形式初步建立"依恋"关系。如提前认识并熟悉每位学生的基本信息（学生的姓名、兴趣爱好等）、学生生活习惯与学习习惯等。其次，分析班级的纪律状况。最后，剖析班级风格。在长期相处磨合后，一个班级的学生们将会逐步形成他们特有的"风格"。有的班级学生思维活跃、反应灵敏，然而思维深度与精确性略显不足；有的班级则相对沉默寡言，但可能在思维深度上表现良好。

第二，学生认知发展情况分析。班主任初步根据学生的年龄阶段，包括他们的身体和精神健康状况、发展阶段、特征表现、思想活动等在内的诸多因素，判断学生已经达到何种发展水平，从而确定班级教育与管理的起始点，以便确保工作能够做到前后衔接、有机相容。例如，小学低年级，学生的思维主要是具体形象思维，因此这一阶段的教育工作应注重常识的传授和行为习惯的养成；小学中高年级，学生的思维逐渐过渡到以抽象逻辑思维为主，到高年级时已经能够形成基本的道德观念。学生性格特征可以根据儿童性格心理学中的四大性格类型分为表现型、思考型、领导型、亲切型，初步分析适合不同性格孩子的教育方式，以便找出适切的教育策略。学生社会适应性分析可以从儿童接触最多的网络媒介与社区教育两方面进行，帮助班主任了解学生利用网络学习的频率并掌握学生的社区教育，如教育氛围、活动方式等。

第三，学生家庭情况分析，即分别从孩子的依恋性、亲子关系、夫妻关系、家长职业、文化程度、对孩子的教育期待等方面进行分析。搜集家庭情况信息可以采用发放调查表或通过家委会调查等方式进行详细了解。如在家委会会议上，首先把自己最优秀的一面向家委会展示并说明家庭情况调查的缘由，争取家委会的支持。其次，告知家长务必如实、详细地填写家庭信息。最后，也是特别重要的一点就是要围绕着孩子的学习与成长阐述自己的立场观点，不谈与之无关的其他事项。俗语道："空袋难以直立。"一个人真正征服别人靠的是自身的内在素养以及干事能力。班主任的人品、学识、谈吐在这个过程中显得尤为重要。

第四，班科组建情况分析，具体而言就是详细分析班级各科教师的组建情况，包括各科教师的年龄比例分析、性格特征分析、教学能力分析、教学特色分析、教师间的内部关系分析等。同时，班主任需要在各科教师基本情况统计分析的基础上，注意寻找各科教师中有助于治班策略建设和班级稳定发展的关键点，并协同各科教师进行一定程度的讨论与交流。优秀班集体与科任教师息息相关，班主任为科任教师树立高大形象，不仅能使学生对科任教师产生敬佩感，从而化解师生矛盾、搭建双方桥梁，而且有利于治班策略的高效开展。

在进行班情分析时，班主任需要注意以下几方面：一是分析要客观、准确、实事求是；二是要辩证地分析学生优缺点、班级建设优劣、群体与个体等情况；三是采用多种方法进行数据收集，可以采用访谈法、问卷调查法、书面交流法（周记、信件、班主任信箱、"信鸽本""家校彩虹"等）、网络交流法、观察法等；四是兼顾学生个体与群体，兼顾学生的优点特长与缺点不足；五是呈现方式应多样化，如文字陈述、表格、图表、饼状图、雷达图等。班情分析是为了客观、准确、全面地了解和把握学生群体及个体的情况，以便更好地实现因材施教、因材治班。因此，运用数据时，要善于捕捉有效信息，并与教育理念、治班策略产生逻辑联系。

二、班级治理理念的确定

班级治理理念，亦称治班理念，班主任需要从多方面发力，构建适切的治班理念。

（一）班级治理理念的特征

班级治理理念是班主任班级治理策略制定的重要向导，其特征主要体现在五个方面。一是科学性。治班理念应该符合国家教育方针政策、符合教育发展的普遍规律，符合学生身心发展的规律。二是概括性。治班理念是对教育现象、规律以及如何处理教育问题的概括性认知，是一种简洁性、概括性的表述，如"班荣我荣""我为班级，班级为我"等简洁的表述形式。三是深刻性。治班理念是经过班主任的思考活动，进行信息内容的加工后产生的观念、概念或法则，应该具有激励、引领、教育等作用，如"做有温度的摆渡人""杂中寻有序，淡定且从容""以爱为桨，为成长护航"等内涵深刻、代表性强的表述。四是针对性。治班理念是基于教师对教育问题的认知，针对本班学生学情而提出的行动方针，具有较强的针对性和不可复制性，如"给孩子种下一颗理想的种子，用阳光雨露助其成长"，主要以学生发展、成长为立意。但要避免治班理念大而空，缺乏针对性。五是立意高。治班理念常见的两种价值取向为现实问题取向（立足于解决班集体面临的现实问题）和发展问题取向（引导学生健康、全面、和谐地发展）。比较完美的治班理念应该是这两种价值取向的有效整合，既体现解决现实问题的基本理想和观念，又指向对学生美好未来的积极的、主动的作为和期许。

（二）治班理念的设计

治班理念的设计并非班主任凭空臆想，而是要遵循一定的设计依据与设计原则。就设计依据而言，班主任要结合自己的教育情怀、教育思想、教育特色以及教育国情、教育方针、德育指南、学校办学理念、班级学情等提炼形成自己的治班理念，因为它对班主任确定班级建设目标、教育内容和教育方法等具有指导性作用，治班理念要具有人文性、创造性、引领性等特性。就设计原则而言，治班理念的呈现应尽量具体，不能过于笼统和"假大空"，逻辑上按照自上而下的方式进行层层剖析，并做出有理有据的阐述。

通常而言，班级治理的基本理念可以分为三种。

1. 树立育人为本的幸福班级价值观

幸福班级应树立育人为本的价值观，这里的"育人为本"包括两层含义：一是以学生的幸福生活为本。幸福班级让学生在教育过程中感知幸福、理解幸福，最大限度地培养学生的幸福能力，打造其幸福生活。二是以教师的幸福生活为本。班主任是建设幸福班级的主体，应充分认识到幸福班级的价值及个体在其中承担的任务，将幸福班级的建设与个体的专业成长、生命价值联系起来，并在此基础上提升自身班级治理能力，引导班主任把个人的治班理想付诸育人实践，建设高品位的班级文化，使其在创造性育人活动中体会到教育的乐趣。

案例 1-1

治班理念：青葵向阳，乐"种"愉心

1. 时代要求

"培养什么人、怎样培养人、为谁培养人"，是我国社会主义教育事业发展中必须解决好的根本问题。习近平总书记指出，要坚持社会主义办学方向，把立德树人作为教育的根本任务。坚定而有力地回答了事关党和国家前途命运的问题，具有里程碑意义。

2. 学校理念

我校围绕"乐学乐教，悦人悦己"的办学理念，以愉快教育为根，致力于培养"乐道、乐学、乐体、乐艺、乐群、乐新"的学生。

3. 治班理念

我们班是青葵班，向阳花是班级的文化标志，我以"种"为核心，帮助学生"种"好习惯、"种"好能力、"种"好品质。结合社会要求，基于学校愉快教育理念，以及班级真实学情，我最终确定了"青葵向阳，乐'种'愉心"的治班理念。

（资料来源：成都市龙江路小学武侯新城分校　周小青）

案例 1-1 中，该班的治班理念为"青葵向阳，乐'种'愉心"。首先，从设计依据上看，该班班主任对治班理念的思考做到了综合研判。一是考虑了教育国情；二是考虑了学校的核心办学理念"愉快"；三是考虑了班级文化；四是考虑了学生学情——自主能力弱、劳动意识弱、集体意识弱以及家长情况——缺少教育方法、缺少教育精力、缺少严慈相济。其次，从设计原则上看，班主任聚焦于"愉快"的办学理念和学生学情、家长实际情况，提炼出"乐'种'愉心"的理念，旨在帮助学生"种"好习惯、"种"好能力、"种"好品质，引导家长重视培养子女的行为习惯、自主能力、劳动意识，并秉持严慈相济的教育态度，以促进学生的全面发展。最后，从特性上看，该治班理念不仅概括性强、立意高，而且班主任将现实问题取向（学生及家长的现实问题）和发展问题取向（引导学生健康、愉快地发展）进行了有效整合，既解决了现实问题，又表达了对学生美好未来的期许。

2. 构建素养培养的幸福班级目标观

幸福班级的构建应致力于学生素养的培养。首先，培养学生终身学习的能力。幸福班级氛围的营造着眼于学生能力发展和个性培养，使学生在离开校园之后仍坚持在勇于探索、实现自我的道路上前行。其次，培养学生持续的创造能力。幸福班级以崇高的精神生活指

引学生的学习，把学生的学习活动转换成愉快地、创造性地发挥自己能力的过程，使其在创造过程中超越小我、实现大我。最后，培养学生广泛的实践能力。幸福班级通过加强社会实践、优化培养目标和调整课程结构等促进学生知行合一，提升学生的动手实践能力和解决问题的能力。

网名为"饭团团"的老师基于学生集体意识淡薄、"躺平"学生较多、学生规划能力欠缺等问题，设计出了"四色雁阵"治班理念，其设计思路是为班级学生成长及发展增添强劲动力。首先，"雁阵计划"作为两会热词，其"头雁引领、群雁比翼、科学布局、互动给力"的"雁阵效应"给人无限思考；其次，治班理念中的色彩承载着生命里的风情与品质，展现出个体生命与群体生命的独特性及美好性。"饭团团"老师以学生成长关键期特点为理论基础，以人格与智力的健康发展为基本方向，在治班方略的探索中，尝试以嘉兴五色文化中的红、蓝、青、绿为底色，以"雁阵"为结构，织就班级文化品牌，提升班级向心力、学习内驱力、集体凝聚力、成长规划力，促进学生全面发展，提升学生综合素质。①

3．建立以人为本的幸福班级管理观

幸福班级采用以人为本的文化管理，建设幸福导向的学校文化。首先，开展幸福文化建设。班主任以正式课程与潜在课程的形式影响学生的心灵、情感和行为，让幸福文化成为班级的灵魂，深深地植根于学生的思想意识和精神世界，指导和规范着学生的学习行为和生活行为。其次，加强幸福班级建设。进一步规划和丰富教室环境，打造富有幸福文化特色的教室环境，以静态的教室景观展现幸福的文化内涵。最后，推进幸福管理建设。将幸福教育的理念制度化，将之转化为班级管理中科学合理、行之有效的班级条例、行为规范和班风班纪等，从而引导和规约学生的价值信念和行为方式，形成富有班级特色的幸福文化。

临沂第三实验小学尤晓东老师认为，班级育人，不是单纯的班务管理和班级德育活动的累加，而是指向圆梦的所有教育教学行为的融合共生。每个孩子都是一朵花苞，都有梦想花开的目标，而班主任的工作辅以阳光和雨露，让每个梦想都茁壮成长、让每个梦想都开花。为此，尤老师设计了自己的班级治理蓝图：

育人理念：每一朵花都需要精心培育。

---

① 饭团团.带班育人方略："四色雁阵"赋能治班力[EB/OL].（2023-12-15）［2024-03-12］. https://mp.
weixin.qq.com/s/OjaBDmEfnRt2XMpPyEEEEQ.

育人目标：向上、向善、求真、求美。

育人策略：依托传统文化，做好价值引领；培养良好习惯，奠基丰富人生；倡导共培共育，耐心守护花开。

班级愿景：每个同学都是小主人，人人都有梦想，每个梦想都开花。

具体而言，尤老师主要采取以下举措：一是通过传承传统文化，做好价值引领。诵读国学经典是班级的班本课程，主要是引导学生诵读《三字经》《弟子规》，学习《论语》《大学》《中庸》，在读与背中，潜移默化地教会学生做人的道理。课堂上学生们温习"衣贵洁，不贵华。上循分，下称家"，再次背诵"事虽小，勿擅为；苟擅为，子道亏"。生活中，当有学生的言行出现不合之处，其他学生就会脱口而出相关的内容。学生们的价值观正了，思想纯洁了，行为自然就文明了。二是营造班级管理人人有事干的班级文化。每学期开学的第一周班会课，班主任先列出班级工作岗位及职责，全班共同学习，达成共识，然后进行民主选举。首先，让学生们自主选择适合自己担任的角色，进行自荐演讲或者小组推荐。其次，全班表决，确定岗位。这些举措营造了一种学有榜样、追有目标、勇于创新、展现自我的班级氛围。他们在管理的过程中学会了自律，形成"事事有人干，人人有事干"的班级管理局面。三是倡导师生、家长、任课教师共培共育，耐心守护花开。所有任课教师都参与到班级管理，让每一位教师都成为班主任的合伙人，大家齐用力，教育的合力来了，班级管理自然就更上一层楼。有效运用"互联网＋新技术、新模式"开展家庭教育指导服务，充分利用线上平台，通过线上直播（或直播回放）、微课、视频会议等方式把优质的家庭教育课程学习资源输送给家长；在线下，依托学校的家校课程，结合专家的引领开发本班的家长课程。"好爸妈、好孩子""好关系、好教育""爸爸课堂""妈妈课堂"等系列课程，不仅拨开了家庭教育的迷雾，也提升了家长们的教育理念与家庭教育水平。同时每学期的家长开放日活动，班主任分类邀请班里的家长走进教室，让他们切身感受孩子的班级生活。①

（三）治班理念的实例

小学班主任班级管理没有标准程序可循，面对一双双仰慕、渴求的眼神，我们要根据自身的实际情况进行分析总结，但是不管怎样管理，都要保持一颗爱学生的心，这样才能指导我们更加正确地进行班级管理工作。

---

① 尤晓东.让每个梦想都开花 [EB/OL].（2023-12-04）［2024-03-12］.https://mp.weixin.qq.com/s/VBKNyG6NW04vaMbiVlZf_A.

案例 1-2

班级治理理念——用专业知识征服学生、用爱心赢得学生、利用家校沟通让班级成为学生健康成长的乐园

驻马店市第二十八小学语文教师兼班主任黎莉老师结合学校的办学理念，依据学生个性特点，明确以下班级治理理念。①用知识征服学生：言传身教。班主任要用广博的知识、扎实的专业底子去征服学生；用崇高的事业和高度的责任感去感染学生；用真诚的爱和无私奉献的情感去打动学生；用以身作则、表里如一的人格魅力去影响学生。②用爱心赢得学生：爱心陪伴。爱就是教育，教师只有用自己的爱，才能与学生产生心灵的碰撞，才能超越人的自然属性从而达到完美的境界。没有爱的教育，就如同池塘里没有水不能称其为池塘一样，不能被称为教育；没有情感，没有爱，也就没有教育。总结多年做班主任工作的体会，可发现班主任的爱应投入学生集体中，对体弱生爱在关心、病残生爱在得体、过失生爱在宽容、屡错生爱在启迪、个性生爱在尊重……③注重家校沟通协调：真诚沟通。今天的教育已不再是单一教育，社会赋予教育新的含义，学生家长对子女教育的重视程度，也会大大影响班主任的工作精力。与家长交流中，常常碰到一些家长，表达出对子女教育的敷衍，甚至出现学生家长连自己的子女在哪一个班都不清楚的现象。因此班主任要正视这一现象，在与家长沟通、交流上对家长进行正确引导，使家长摆正对子女教育的态度，积极配合学校的各项工作，并且在课外严格管教子女，促使班主任工作更加顺利地开展。

（资料来源：黎莉：《管理"心"思路，"慧"做班主任——班级管理理念与实践》，河南省王楠名班主任工作室微信公众号，2023年10月18日）

案例 1-3

班级治理理念——规则在左，爱心在右

张晓娟、付敏老师认为班级管理中最有效的治班策略是"攻心为上"。在不断规范孩子言行的同时，也要特别重视孩子内心得到的教育。规范言行就必须讲规则，严格要求。但每一次的教育不仅仅是居高临下的训导，还有深入内心的浸润。严格的要求会让学生在一段时间内保持理想的状态，但要持久，必须是发自学生内心的自愿行为，所以需要"攻心"。"攻心"的前提是让学生感受到老师的关爱，后面的教育才会被孩子接纳。所以规则在左，爱心在右，宽严相济，相伴前行。

（资料来源：张晓娟：《真情培育阳光班级——浅谈小学班级管理》，付敏班主任工作室微信公众号，2020年1月17日）

案例 1-4

治班理念——学生为本、奖惩分明、公正平等

① 学生为本。小学三年级学生能力逐步提高，了解日益加深，学生作为班级的主人，班规的制定、班级活动的参与或是班本课程的开展都离不开学生，因此在治理班级时应体现大多数学生的意愿，符合了大多数学生的意愿，班级治理才能被学生接受并更好地继续下去。但民主并不是放纵，因此还需要班主任的主导地位体现班级管理的威严与权威。② 奖惩分明。班规不是万能的，每位班主任都知道，尽管许多规则强调了无数遍，但还是有学生以身试法，对于那些屡教不改的违纪学生，班主任一定要严肃处理。当然，对遵守规章制度并且表现优异的学生要及时给予表彰奖励，树立榜样，让先进带动后进，班级共同进步。③ 公正平等。"以人为本"的学生观强调教育公平，班主任应将教育公平落实到班级里，做到"以生为本"。人无完人，再优秀的人也不是十全十美的，而再恶劣的人也有值得称赞的一面。因此，班主任应该信任肯定每位学生，充分调动每位学生的积极性。

（资料来源：徐玉洁：《师者如光　微以致远》，河南省葛瑞华名班主任工作室微信公众号，2023 年 4 月 23 日）

三、治班规划和目标的制定

谋先事则昌，事先谋则亡。一个有效的治班规划能够为班级发展提供明确的目标导向，确保班级秩序的稳定，提高班级管理的效率。当面对各种挑战和问题时，治班规划中的应对策略就是班级长远发展的有力保障。

（一）班主任治班规划的意义

治班规划是班主任在学年或学期开始之前，根据培养目标和学校的需求，以及学生之间的具体情况，为了达到预定的目标而制定的工作安排和行动步骤，包括班级管理、学生个人发展、家长沟通合作、课程与教学安排、班级文化建设、评估与反馈机制、安全与健康管理以及应急预案的制定。通过治班规划，班主任就可以有序地组织和实施班级管理，从而达成班级整体和学生个体的全面发展。

设计、上报、执行治班规划是班级管理的一个重要技巧。有些年轻的班主任还不太明白规划背后的意义，将其视为一项"额外的任务"，觉得负担沉重或者对此工作不感兴趣。因此，在具体操作上为了应付学校的检查，一些班主任可能会照搬以前的规划或抄袭他人

的规划，甚至直接从网上下载。这样不仅浪费了宝贵的时间和精力，而且对于提升自己的工作水平也没有任何益处，无法体现出规划应有的功能。事实上，制定班主任治班规划的重要性不可忽视。

其一，制定治班规划是班主任有针对性地开展工作的关键步骤。每次策划过程都会伴随着对以往工作的反思，对学生情况的分析，对工作对象、目标、任务、条件等问题的深入认识。因此，每次确定治班规划，就是加深对班级整体状况的认识，这种认识的深入又进一步推动了班级工作的顺利进行。同时，它对班级未来的工作也进行了规划，正所谓"凡事预则立，不预则废"，班级的发展是有规律的，处理班级事务需要有条理，班主任不能跟着感觉随意行事，想到什么就做什么，也不能被动地应付工作，走一步看一步。制定科学的治班规划，不仅可以防止班主任迷失方向，学生也会感觉到目标明确，行动有指导。

其二，制定治班规划有利于处理各种关系。"工欲善其事，必先利其器"，新学期制定班主任治班规划就是班主任手中的一把"利器"。制定好规划，按照规划进行工作，可以达到事半功倍的效果，能够帮助班主任合理分配时间和资源，提高工作效率和质量，避免出现工作混乱和失误。通过规划，能处理上级指示、学校要求和班级任务之间的关系，调动班主任、科任老师、学生、家长等各种力量，处理任务、人力、财力、时间、场所等各种因素之间的关系，以便全面考虑，统筹规划，避免盲目和片面。

其三，制定治班规划有助于统一行动方向。规划可以帮助班主任更好地理解班级管理的目标和任务，明确工作流程和方法，更好地掌握工作重点，为后续工作提供指导和依据，避免疏漏，也可以让师生明确学习的目标，统一行动的方向，避免目标的偏差和精力的分散。这样不仅能够管理好班级的各项工作，还有利于班级工作的评估和实施，更容易形成全班的合力，增强师生的团结，纠正不利于班级工作的不良行为。

（二）班主任治班规划的设计

班主任治班规划设计是一项系统性的工作，只有制定科学合理的工作规划，才能更好地组织教育教学活动，提高班级管理水平和学生综合素质。

1. 班主任治班规划的形式

班主任日常治班规划主要包括学期规划、月规划、周规划。

学期规划简单来说就是一学期的活动安排。包括预期在学期里要达到什么样的班级管理目标，将要举办哪些活动，以及打算如何对学生产生教育影响。学期规划对月规划和周规划会起到决定性的指导作用。

月规划是具体的执行规划。其中包括活动的内容、形式、分工和执行时间，这些内容都应该非常明确、详尽。编写月规划最好使用表格形式，这样既简洁又直观。月规划编好后，记得要及时发布给班里的学生，好让他们有充足的时间去做准备，然后发挥自己的创造力去执行规划。

周规划是基于学期规划和月规划以及学生的实际情况来制定的更具体的活动规划。周规划的制定应该具有很强的可操作性。周规划制定好后，就要安排相关的班干部和学生去完成这些任务。

由于周期不同，规划的侧重点也会有所不同。学年规划或者时间更长的小学阶段学生成长规划明确了班主任的工作方向；学期或月规划明确了班主任的工作目标；周规划则调控着班主任工作的执行过程。如果没有规划，就会迷失方向，目标会变得模糊不清，缺少了方向和目标，动力就会大大减少，动力不足，效率就会降低，最后影响工作成果，也会影响班主任个人及学生的成长和发展。

2.班主任治班规划的内容构成

第一，班级基本情况分析。班主任治班规划必须做到有理有据，因此首先要清楚制定班主任治班规划的具体依据。一是依据上级文件精神，如党和国家的教育方针、政策和法规，上级教育行政主管部门的指示和要求；二是依据学校要求，这是制定班主任治班规划的直接依据，学校工作规划为整个学校管理规定了明确的任务，对教育目的和当前的形势都做出了明确的论述；三是依据班级实际情况，这是班主任治班规划的基础，其中包括学生的自然状况、学习状况、思想状况、个性、体质状况、班级特点等。治班规划设计只有从实际出发，班主任工作才具有针对性和可行性。

第二，工作目标。班级目标有两种类型：一是可检测的发展目标，如学习成绩的推进、班级荣誉的获得等；二是无形的、不可量化的班级生存状态目标，如安全感、价值感、集体荣誉感、精神面貌、幸福指数等。目标是分阶段且有层级的，如六（五）年总目标、阶段目标（低段、中段、高段）、学年目标、学期目标、月目标、周目标等。一般而言，班级首先要有一个总目标，这是集体的理想追求和奋斗方向。其次需要将总目标分解为长期、中期和短期目标等若干分目标。这些目标是一个完整的系统，有梯次、有逻辑，层层递进、不断螺旋上升，按目标的轻重缓急循序推进。每实现一个分目标就应进行总结反思，肯定成绩，指出不足，一步一个脚印地稳步迈入下一个目标。再次，班级目标需要发动学生，发挥学生的积极性和主动性。最后，班级目标要内化，层层分解，具化为全班学生的具体行动。

第三，工作内容，即要明确应执行的具体事务。可以将班主任常规管理的内容细化为人际管理（组织管理、思想管理），工作管理（学习管理、体育管理、生活管理），财物管理等。

第四，工作方法，即如何着手去做这些事情。需要思考采取哪些措施才能实现班主任初期制定的目标。

第五，工作分工，即确定由哪些人负责完成哪些任务。班级建设要靠每位成员的参与，作为班级的一员，无论是在班级的活动中还是在班级的日常管理中都应该有责任意识，尊重他人，乐于助人，积极参与班级的各项事务，提高自己的责任感和自我管理能力。只有这样才能形成一个和谐、团结、积极的班级氛围，共同促进班级的发展和进步。

第六，工作进度，即预计能在什么时间内完成所有工作。

总之，班主任治班规划应当具备清晰的目标，全面梳理出具体的时间、人员以及事务安排，明确相应的要求和预期成果，并考虑到规划的可行性、灵活性以及前瞻性。只有这样，才能使治班规划在班级管理工作中有序开展。

（三）班级目标的设计

1. 班级目标的定义与分类

班级目标是指班级依据教育宗旨和目的，为达成学校教育目标及任务，结合班级与学生的具体状况，由教师和学生乃至家长共同确立，期望在某一特定时期内班级工作达到的理想状态或预期结果。这是引领者与成员共同制定并尽力实现的一项关键准则。同时，班级总体目标也是班级发展共同愿景的具体体现。班级目标可以从以下不同维度进行划分。

从学科领域划分：根据学科或课程领域，班级目标可划分为不同的内容领域，如语文、数学、英语、科学、美术、体育等。

从表现形式划分：根据目标的表现形式，班级目标可划分为显性目标和隐性目标。显性目标是可以明确表达和衡量的目标，如考试成绩、参与活动的人数等。隐性目标则是无法明确表达和衡量的目标，如学生的情感、态度、价值观等方面的培养。

从时间上来划分：根据时间周期，班级目标可划分为长期目标、中期目标和短期目标。这是最常见、最实用的划分方式。

① 长期目标通常是指小学整个学段的整体性与终极性目标，其宏观性极强，需要全体师生持续地付出和努力才能达成，且往往与班级愿景紧密相连，是集体愿景的具体表现形式。因此，长期目标应当具备纲领性、全面性、概括性的特征。班主任应进行长期的规

划，使班集体建立严谨的规章制度，维持良好的班级纪律，构建健全的组织架构，打造强大的领导队伍，使班级整体功能得以充分发挥，推动班集体的自我提升、自我改进和自我发展。

② 中期目标定位为班级一个学年或一个学期的工作方向和努力目标，它介于长期目标与短期目标之间，是长期目标的阶段性分解。相较于班级长期目标，中期目标更为具体地规定了班级学年或学期工作预期达成的目标效果，旨在逐步推进长期目标的实现。

③ 短期目标则是几个星期或一个月内阶段性教育活动应实现的预期效果，它是中期目标的进一步细化，更加注重具体行动和措施的落实。一般要求更加详细具体，具有可操作性，不能像长期目标一样抽象、模糊。

各项目标之间应具有内在的关联性，是相辅相成、互相推动的。长期目标对中期与短期目标均具有决定作用，一个短期目标的实现即成为下一个目标的起始点。而且这些短期目标并非相互冲突，更应倾向于协同统一，只有在每个短期目标都得到实现的情况下，我们才能逐步迈向中长期目标。

案例 1-5

1. 短期目标（周目标）

① 品德方面：遵守《小学生守则》、《小学生日常行为规范》和学校的规章制度，诚实守信，礼貌待人；相互帮助，共同提高。争创校级"文明班级"，获得纪律、卫生流动红旗。

② 学习方面：学习纪律严格，秩序优良，及时完成作业，养成良好学习习惯。

③ 卫生方面：卫生分工明确，责任落实。保证教室、卫生区干净、整洁。

2. 中期目标（学期目标）

① 学会做人、学会做事、学会学习，奠定良好的发展基础。

② 美化装饰教室，建设良好的教室环境。

③ 搞好班风建设，形成一种文明、乐观、向上的班级气氛和爱学习、重读书的学习氛围。

④ 开展丰富多彩的班级活动，丰富学生的校园生活。

⑤ 进行经常性的心理健康教育，促进学生的身心健康。

⑥ 班级学生自主管理能力逐步提高。

3．长期目标（年度目标）

①树立公民意识，综合素质高，具有强烈责任感。

②争创每学年的区级"先进班集体"。

③班级的各项评比均在全年级的前列。

④形成浓厚的学风和良好向上的班风。

⑤不发生任何安全事故，班级成员身心健康。

⑥班级学生能自主管理班级。

（资料来源：张香兰：《班主任工作艺术》，高等教育出版社2011年版，第82～83页）

从案例1-5可以看出，长期目标是非常宏大的，具有高度概括性，且需要持续地努力和付出才能实现，如提高综合素质，形成良好的学风和班风；中期目标则是进一步分解长期目标，可以知道如何下手，更多还是围绕着班级整体；短期目标是最详细、微观的，对个人提出了具体的要求，最容易理解、实施及达成，如及时完成作业，保证教室、卫生区干净、整洁，获得流动红旗。

2．班级目标的作用

只有了解和重视班级目标的作用，并巧妙地发挥其作用，才能更好地促进学生的全面发展，促进班级治理的进步。

（1）班级目标的引领作用

目标给人明确的行动指引，通过设定清晰、具体的目标，人们能够清晰地界定行动的方向和重点，让行动更加具有针对性和效率。

一旦班级设定了明确的目标，它将成为班级活动的原动力，引领整个班级朝着共同的方向努力。这个目标不仅仅是表面的任务或指标，更是班级发展的精神内核和关键所在，它凝聚了所有人的期望和努力，成为大家共同追求的方向。当班级的发展遇到困境，抑或迷失了前行的方向时，可以回望最初设立的目标，透过对目标本质的审视，得以协助班级克服种种难题，拨开眼前的重重迷雾，再次找到正确的前行之路。这便是目标的引领作用，它不仅为大家指明了前进的方向，而且在大家迷茫时为大家提供了归途的导引。

（2）班级目标的鼓舞、激励作用

正如教育家马卡连柯所言："培养人的关键在于激发他们对未来的希望。"班级的共同目标实际上是由每个学生内心的期望交织而成的。这些目标既注重现实性，又追求适当的超越，犹如班级整体工作的"引擎"。通过制定具有吸引力和可行性的班级目标，学生在了解自身努力的方向和目标后，能够更加积极主动地投入到目标的达成过程中，提升个人学习效果和综合素质。相应的，班级目标的实现能为班级成员带来自我满足和荣耀，进而更激发他们的内在驱动力，使其更主动地为班级的进步贡献力量。此外，随着班级建设的持续深入，班级目标也会相应发展与完善，展现出更加广阔的前景，更激励班级成员为了实现所设定的目标而不断前进。班级得以始终保持活力与动力，持续向前发展。

（3）班级目标的凝聚作用

班级目标是经由每位学生认同的。正因为有共同的班级愿景，所以能够激发班级成员在达成目标的道路上形成统一的价值观与行为准则。在实现目标的过程中，班级成员之间保持充分沟通与协作，尊重、理解彼此并相互支持，营造出积极向上的氛围。通过设定和实现班级目标，班级成员能够明确自身在团队中所扮演的角色及其在实现愿景过程中所做出的贡献，从而形成一种相互依存、共同进步的团队精神。这样的氛围与团队精神不仅有助于培养班级成员的集体荣誉感与归属感，提高班级的凝聚力，而且能激励班级成员充分发挥自身潜能，为班级的进步出一份力。

（4）班级目标的评价作用

班级目标是评定班级是否达到预期成绩和水平的重要依据。通过定期查验和评估目标的实现状况，我们得以洞察班级的总体进步和学生的个人表现，为学生和教师提供反馈。一方面，可以让学生清晰地认识到自身的定位。不仅能了解自己目前已掌握了什么，强项和弱点何在，在班级中的基本表现如何，也能使学生获得一个关于时间纵向发展的比较，即当前相较于过去发生了何种变化。此类信息为学生提供了一个自我反思的平台，有助于制定未来发展的方向、设定进步的目标，激发他们持续努力，追求更卓越的成果。另一方面，亦能为班主任提供反馈，发现并思考存在的问题，适时地调整和改善相应的目标、规划和策略，以确保班级发展的正确方向和效率。

身为班主任，必须擅长设定科学而严密的班级目标，以激发班级共识，塑造班级共同价值观，进而借助目标实现对班级的有效管理。

3. 设计班级目标

班级目标的设计可以说是一切工作的起点，其好坏直接影响着后续方方面面的工作，因此，这是制定治班策略尤为关键的一步。

（1）设计班级目标的原则

确立班级的共同目标对于推动班级群体的发展具有关键性作用，是班级发展的蓝图。一个优秀的班级目标的确立，应当遵循如下几个原则。

①注重学生身心发展的全面性。教育的目的是促进学生的全面发展，以培养社会主义建设者和接班人，积极倡导素质教育。鉴于小学生正处于身心发育的关键阶段，班主任必须高度重视其身心发育，所以小学教育的宗旨不应仅局限于智育，同时亦需注重其身心的全面发展。使班级目标由原先单一的智育目标导向转化为全面发展的目标导向，推动学生在品德、智力、体育、美育、劳动等多方面全面提升。

②注重目标的适宜性。班级目标是驱动我们向前发展的推动力，而实现目标的关键在于整个班级成员的积极参与。因此，班级目标的设计必须具备适宜性，要处于学生的"最近发展区"内，是学生凭借自身的努力可以触及的，能够通过不懈追求来实现。另外，班级目标也应根据学生的生理、心理发展特点以及整体发展水平等客观实际进行考量，使之能反映整个学生群体的需求。如此才能形成广泛的群众基础，使目标有实现的可能，否则班级目标无法得到学生的认可，将无法激发学生的主观能动性和积极性。此外，适当的目标亦能激发学生的责任感以及集体荣誉感，赋予他们为实现既定目标而努力克服困难的勇气，使得班级永远保持活力，不断向前迈进。

③注重制定过程的全员参与性。在设计班级目标的初始阶段，我们可以将其视为一种外显性的目标，也就是说，这个目标虽然清晰，但尚未真正内化为学生的内在需求。只有将这个目标转变为学生的内在需求和前进的动力，班级目标才能对他们产生巨大的吸引力。因此，班级共同的奋斗目标应该源于全体学生的共同愿景与需求，要经过大家的沟通讨论和参与。在制定班级目标的过程中，班主任应通过各种途径，例如问卷调查、个别访谈等方式广泛征集学生的意见和建议，这是至关重要的步骤，有助于深入理解学生的需求和期待，使得目标的制定更能贴近学生的真实需求。收集到学生的意见之后，班主任要组织学生进行深入的讨论和交流，进一步明确班级的目标，并就如何实现这些目标达成广泛的共识。此外，班主任还应向学生详细解释每一个决策背后的深层次原因和依据，以确保学生了解目标制定的全过程。通过引导学生积极地参与到目标制定的过程中，让全体学生自主提出并完善班级目标，从而共同推动班级的健康成长与发展。

（2）班级目标设计流程

①班情分析，收集意见。确定目标前，要对班级情况进行总体分析，并广泛征求学生的需求和意见。同时，也要与家长、任课教师等有关方面进行沟通，了解他们对班级目标的看法和建议。

②确定总目标。在制定具体班级目标时，首先要明确班级的总目标，这个目标是班级发展的方向和动力。总目标的确定应该基于教育目的、学校的教育理念、学生的实际情况

和班级的发展需求而定，相对比较宏观，例如学生学业发展、综合素质提升、班级文化建设等。

③确定具体目标。有了对班级基本情况的掌握，各方对目标的意见及总目标的指引，这时还需要协商制定具体目标。具体目标应该具有明确性、可衡量性和可达成性，即能够明确地表述学生的发展要求，可以通过一定的标准进行衡量，且该标准具有可实现性，例如提高班级平均成绩、培养学生的领导能力等。

④制定具体规划。为实现具体目标，需要制定相应的规划。规划应该包括具体的措施、时间安排和责任人等，并考虑可能出现的问题和困难。规划的制定需要集中班级全体成员的智慧和力量共同商讨，例如制定学习规划、组织活动、安排辅导课程等具体措施。

⑤确定实施人员与职责。班级目标的实现需要班级全体成员的共同努力，因此需要明确各成员的职责和任务。班主任应该发挥主导作用，协调各方面的工作，促进班级目标的实现。同时，也要充分发挥学生的主体作用，培养学生的自我管理和自我教育能力。

⑥监控与调整。在实施班级目标的过程中，要定期检查规划的执行情况，了解目标实现的情况和存在的问题，根据实际情况的变化，及时调整规划和目标，确保班级目标的实现。

⑦目标评估。在实现班级目标后，需要进行评估和总结。要评估目标实现的效果，总结经验教训，为今后的工作提供参考。评估应该基于客观的标准和数据，通过定量和定性的方法进行。同时，也要注重学生的反馈和意见，了解他们对班级目标的看法和建议，为今后的工作提供参考。

本节习题

第三节　治班策略的形成与实施

教育，教人求真、向善、寻美；班主任是学生心灵的导师，促学生立志、养德、成才。作为班主任，做好班集体工作，单凭责任心还远远不够，还要有一定的策略，这样才能将学生送达德才兼备的彼岸。

一、治班策略的形成

（一）良好治班策略的基本特征

1. 针对性

针对性指的是在制定和执行班级管理策略时，要根据班级的实际情况、学生的特点、学校的要求等多方面因素，有针对性地选择适合的方法和手段，制定具有班级特色的策略。例如，针对不同性格和兴趣爱好的学生，班主任可以采取不同的教育和管理策略，让学生更好地发展自己的潜能。同时，还要结合学生的学习成绩、课堂表现等方面，有针对性地开展教学和辅导工作，以帮助学生克服困难，提高学习效果。

2. 关联性

关联性是指具体策略的各要素和环节之间需要围绕教育理念与班级建设目标形成相互关联、相互匹配、高度契合、有机衔接的紧密联系。如在班级文化建设过程中，以班级建设目标为出发点，紧扣班级教育理念，从各类物质文化、制度文化、行为文化的设定中，呼应班级教育理念，并从中形成班级特色。

3. 艺术性（创造性）

艺术性（创造性）是指治班策略既要有相对的稳定性，又要有较大的灵活性，应随着班情的变化而调整。同时，通过设计趣味性的教学活动、组织丰富多彩的班级文化节目等方式调动学生的积极性和主动性，照顾个体差异，形成个性化策略，创造积极向上的班级文化，营造轻松、和谐的班级氛围。

4. 目的性

目的性指的是制定和执行班级管理策略时要明确目标和意图，确保所采取的行动和方法都是为了实现这些目标。目的性是治班策略的核心，它指引着策略的方向。对此，要以班级发展的总目标和阶段目标为出发点，做到目标清晰、定位准确、循序渐进、螺旋上升。

5. 实践性

实践性指治班策略要有具体的方案，防止"假大空"，要形成班级建设的具体行动与方法。把"低头干活与抬头看天相结合"作为核心指引，最好的模式就是既有理论方法（有理有据、有高度、有深度）又有具体实践的方法。例如，整个实践方法以"和美教育"理念为指引，可分为三个步骤。第一步：从立班级常规、家校合作等规矩开始，培养、深化学生的规则意识，强调主动性，尊重差异性，来实现学生个性自由和谐发展。第二步：优化各种活动、奖惩机制，关注感性、直觉、情感等非理性层面对人的发展。第三步：建立特色活动、特色心理课程，整合其他学科资源，注重教育过程中师生的愉悦、多元发展。最终建成和美之子、和美家长、和美之师。

6. 系统性

系统性主要是指教育内容、教育组织形式与教育方法组合形成的集合体，具体体现在需要总结、梳理、提炼、提升各种资源、路径等。如总结、提炼班级文化建设、学生心理健康教育、家校合作等多个方面，以形成班主任独特的、系统化的治班理念和策略。治班策略是当前班集体建设和发展的行动指引，班主任应根据现实学情的需要，将学生、学校、家长、教师、社会等资源卷入班级治理之中，形成教育的合力，引导班集体向着明确的目标前进。

总之，我们提出的治班策略要致力于营造良好的班级学习氛围，以人为本，落实日常行为规范，满足学生的心理特点，开展多样的班级活动，积极探索优化治班策略的模式。

（二）治班策略的设计依据

1. 基于自身对教育的认知，选择最擅长的治班策略和措施

班主任作为班级的核心管理者和教育引领者，其对于教育的认知直接影响班级的管理效果和学生的成长。因此，班主任要基于自身对教育的认知，选择自己最擅长、最有能力做好的治班方法。首先，每位班主任都有自己独特的教育理念和教学风格，这是他们多年教育实践的积累和总结。基于自身的教育认知，班主任能够更好地理解学生的需求和问题，从而更有针对性地制定班级管理策略和措施，这样的策略和措施更符合班级的实际，能更好地满足学生的需求，提高班级管理效果。其次，班主任最擅长、最有能力做好的策略和措施是他们自身教育能力的体现。通过选择适合自己的策略和措施，班主任能够更好地发挥自己的教育优势，将自己的教育理念和教学风格融入班级管理中，这不仅能提高班级管理效果，也能提升班主任自身的教育能力和专业素养。最后，基于自身对教育的认知选择治班策略和措施，也有利于班主任与学生、家长之间的沟通和交流。与家长保持良好的合作关系，班主任就能准确地了解学生，使得家校共同关注学生的成长和发展。这样的班级管理方式能增强班级的凝聚力，促进班级内部的和谐与稳定。

2. 基于班级学生情况，选择最适合班级学生成长的理念与方法

每个班级的学生都有自己的特点和需求，班主任要根据学生的实际情况来制定相应的管理策略和措施。首先，基于班级学生情况选择理念与方法能更好地满足学生的需求。不同的学生有着不同的性格、兴趣和能力，班主任需要了解学生的特点，选择适合他们的教

育方法，这样才能更好地激发他们的学习兴趣和潜力。同时，班主任还要关注学生的心理健康和情感需求，帮助他们建立积极的心态和健康的人格。其次，基于班级学生情况选择理念与方法也有利于班级内部的和谐与稳定。班主任要了解学生的家庭背景、文化差异和社交关系等方面的情况，针对不同情况采取相应的措施，促进班级内部的和谐与稳定。例如，对于家庭困难的学生，班主任可以提供一定的帮助和支持；对于文化差异较大的学生，班主任可以组织文化交流活动，促进彼此的了解和尊重。再次，基于班级学生情况选择理念与方法也有利于培养学生的综合素质，提高教育效果。班主任通过观察学生的表现和与学生的交流，了解学生的学习情况和问题，及时调整教育方法，采取适合学生的教育理念和方法，能够提高学生的学习效果和兴趣，增强他们的学习动力和自信心，从而提高教育效果。同时，班主任不仅要关注学生的知识学习，还要注重培养学生的综合素质，如品德、情感、社交技能和创造力等方面。通过多样化的教育方法和活动帮助学生全面发展，培养他们成为有理想、有道德、有文化、有纪律的优秀人才。最后，基于班级学生情况选择理念与方法也有利于班主任自身的专业发展和教育能力的提升。通过深入了解学生的实际情况，班主任能更好地总结教育经验和规律，不断完善自己的教育理念和方法。当然，班主任也需要不断学习和研究新的教育理念和方法，并将其应用到班级管理中，提升自己的教育能力和专业素养。

3. 基于对班级教育资源的整合，充分利用学校、家长和科任教师的资源

在教育环境中，班级是一个基本单位，而班主任则是这个单位的管理者和引导者。为了实现更好的教育效果，班主任的治班策略必须基于对班级教育资源的整合，这包括学校、家长和科任教师等各方面的资源。通过整合这些资源，可以形成教育的合力，共同为学生的全面发展服务。首先，学校作为教育的主阵地，拥有丰富的教育资源。班主任应当充分利用学校的硬件设施（如图书馆、体育设施等），同时也要利用学校的软实力（如学校的文化氛围、教育理念等），这样不仅可以提高学生的学习效率，也可以促进他们的全面发展。其次，家长是孩子的第一任教育者，对孩子的影响深远。班主任应当与家长建立良好的沟通机制，了解学生的家庭环境，引导家长正确地参与孩子的教育，这不仅可以增强家校之间的信任，也可以让教育更有针对性。最后，科任教师是学生知识的主要来源，他们对学生的学习有着至关重要的影响。班主任应当与科任教师保持良好的合作关系，了解学生的学习状况，引导他们解决学习中的困难，这不仅可以提高学生的学习成绩，也可以激发他们的学习兴趣。

4．基于班级目标，确保治班策略具有明确的方向性

目标是班级发展的核心导向，它为班主任的治班策略提供了明确的方向。围绕这些目标制定相应策略，能够确保班级管理和教育的整体性、连贯性。通过针对重点和难点内容制定策略，还能确保有限的资源得到有效利用，提高教育管理的效果。

（三）治班策略的设计原则

治班策略的设计原则是依据班级管理目标以及班级管理过程的规律来确立的，是关于治理班级的基础要求和标准，源于班级管理实践经验，并对班级管理实践工作起到指导性作用。其重要性主要体现在它能指导班级管理人员有条不紊地设立管理目标，设计管理内容，选取治理班级的方式和方法。治理班级的效果好坏常常在于是否能正确地执行治班策略的各项原则。

1．整体性原则

小学班级管理的整体性原则就是要求班主任把班级当作一个完整的整体，全面地去设计、去执行，把各部分资源合理地整合起来，以便获得最佳的管理成果。任何事物都可以视为由无数个元素构成的一个整体，小学班级在很大程度上是一个独立的整体，它的每个成员都各有区别，同时又是相互依托、相互联系起来的小单元。治班策略也是一个整体，其组成要素包括学校、家庭和社会等内容，想要让这些要素发挥最大的效益，就需要进行周密的组织，协调各要素之间的关系，从而得到最优的搭配。

整体性原则主要体现在四个"全"上面。一是治理对象的"全"。小学班级的治理对象包括人、事、物等，班主任要综合考虑，全面落到实处。其中，学生是主要管理对象，管事、管物的意义在于更好地辅助管理学生。制定治班策略时，视线要关注全班学生，不能仅仅关注部分学生而忽视了其他学生。二是治理过程的"全"。小学班集体的建设和学生的进步是一个持续的过程，展现出阶段性、连续性、递进性的特点。因此，治班策略应确保全程性，不能有间断，规划、组织、检查和总结要紧密衔接，形成相互推动的作用。三是治理力量的"全"。治班策略的设计与实施不能完全依赖班主任，应该尽可能地利用各方资源，构成一个全方位、多层次的管理体系。一方面是客观力量，包括来自家长、社会的力量；另一方面是主观力量，即要培养学生的自我管理能力。学生既是管理的对象，又能成为管理的主体，有着双重身份。班主任要充分调动这两方面的力量，并使这两股力量搭配得当，协同有序，共同努力，达到班级管理的最佳效果。四是管理手段的"全"。小学班级管理应采用各种行之有效的方法，拓宽管理班级的路径和渠道。思想教育作为基

础，组织工作、规章制度、实践活动、奖励措施等要相互配合，以形成完整的体系。

2. 爱学生的原则

师德之魂在于爱。爱是影响教育力量的关键因素，是推进教育事业发展的前提条件，对于身为教育者的班主任来说，真心诚意的关爱远比无数次的说教更为重要。班主任应当用心去了解每一位学生，以赤诚之心温暖他们，用持久的耐心去开导他们，最终实现彼此间的信赖。班主任应通过各种形式表达对学生的关怀与支持，以消除师生间的疏离感，获得学生的信任与尊重，在这种积极互动的关系中，班级管理的效果也会日渐显著。诸多实践经验证明，情谊深厚的班级往往令学生感到愉悦与幸福，这种强大的班级凝聚力无疑是推动学习进步、提高生活质量的强大动力来源。

3. 尊重学生主体地位

学生的主体地位是指在教育教学或班级管理中，注重学生的自主性、能动性和创造性，鼓励学生主动参与、积极探索、独立思考，实现自我完善。学生不是单纯的被管理者，更是班级的主角，当学生在学习过程中发挥主体作用时，他们的学习积极性会更高，学习兴趣会更强，这种学习状态有助于学生更好地吸收和掌握知识，提高学习效果，也有助于培养创新精神，因为在轻松、自由的学习环境中，学生能够敢于质疑、勇于探索，提出别具一格的见解和解决方案。此外，还能促进学生的全面发展，包括知识、能力、情感、价值观等方面的提升。这样可以培养出更加全面的人才，满足社会发展的需要。

总之，班主任对班级的管理并不是要把学生束缚得紧紧的，而应是在一定范围内的自由管理，即给学生自由空间的同时，最大限度地发挥他们的想象和天赋，充分尊重他们的想法，以他们的健康成长为出发点。首先，让学生成为学习的主导者，培养其自主学习能力和善于思考的习惯。其次，赋予学生更多权力，增强学生参与班级管理的意识。班主任应使他们更好地感受到自己是班级不可或缺的一分子，并明白维护班级集体荣誉的重要性。最后，高度重视并尊重学生的情感需求及个体差异。每个学生都是独立个体，拥有独立的人格和尊严，应该给予理解、关注和支持。总的来说，班主任应充分尊重学生的主体地位，通过培养其自主学习与思考能力，赋予更多参与管理的权力以及高度的关注与尊重，来激发学生潜能，增强其班级归属感与集体荣誉感，从而构建一个以学生为中心、积极向上的环境。

4. 高效性原则

治班策略的高效性原则，要求班主任依照客观规律行事，将理论融入实践，科学合理地规划和实施管理，将管理和教育有机地结合起来，使得班级管理能够平稳而有序地高效运作。

　　践行小学班级管理的高效性原则，务必要做到以下几点。首先，科学地分配时间和安排工作，实现班级管理的标准化、系列化。其中标准化要求合理规划何时完成某项任务，教师、家长都应心中有数，不打无准备之仗，做到规划周密，秩序井然，动静兼备，劳逸适当。学期初就要制定班级行事历表，每周也要详细制定班级工作具体行程，确保班级各项工作都有严谨的规划、合理的程序。班级各项工作的安排要相互呼应，前后连接，左右协同，步调一致，一同助力学生德、智、体、美、劳的全方位发展，避免出现脱节现象，杜绝部分环节揠苗助长，而部分环节却陷入停滞。其次，建立健全各项规章制度，加强班级文化建设，构建规范体系。适当的规章制度能够使得班级各项事务有章可循，责任明确，赏罚得当，从而有助于维护班级秩序，提高管理效率。班级日常管理要持续不断、一丝不苟，要努力推进班级工作制度化、规范化，并通过各种渠道，采取各种手段，致力于建设优良班风。因此，班主任要严格要求自己，勤勉敬业，以优秀的管理水平、作风和教风树立典范，成为学生的楷模，用制度和文化来激励学生奋发向上，无形中约束学生的违规行为。再次，要完善班级管理体制，搭建沟通、反馈的网络。完善管理体制应充分调动所有班级管理人员的主动性，让所有教师参与到具体班级管理中，遇到问题一起探讨，有责任一同承担。另外，要定期通过课堂观察、听取汇报、收集意见、抽查作业等方式了解班级学生的学习生活状况，注意与学生干部的沟通，发挥他们反馈和管理的作用。最后，班级要建立与家庭的联系制度，确保班级各项工作都能得到家长的支持。

　　管理策略的四大原则彼此紧密相连、相辅相成，在实际工作中应灵活运用，并不断积累经验，进一步充实和完善。

二、治班策略的实施

　　制定治班策略后，其实施尤为关键，需通过科学组织、精细操作，以确保策略的有效落地，促进班级和谐与进步。

（一）治班策略实施的基本流程

1. 策略宣传与解释

　　治班策略的落地离不开班主任对策略的宣传与解释。班主任可以通过组织班会，向全班学生详细解释治班策略的内容、目的和重要性，确保每个学生都能理解策略的核心思想。在相关介绍结束后，可以留出时间供学生提问，解答他们对策略的疑惑，确保学生对策略有全面的理解。

2．组建特色团队

当治班策略已对班级学生宣传到位和解释充分，就需要依靠强有力的干部团队来推进治班策略的落地。这样的干部团队具体包括活动筹备小组、学习小组、纪律小组、卫生小组等，班主任要明确每个团队的责任与分工，尤其要责任到人，确保每个团队内成员和团队外成员人人有事做，事事有人做。此外，班主任要设定一个详细的时间表，明确各项措施的实施时间和负责人，以便更好地实施策略。

3．筹备实施资源

常言道：巧妇难为无米之炊，即便治班策略科学合理，干部团队工作有质有效，如果没有相关的治班策略实施资源做支撑，治班策略也只能停留在设计层面。班主任与干部团队要根据治班策略的内容，协同准备好实施策略所需的资源，如教室布置材料、活动器材等。

4．逐步推进实施

治班策略的有效实施并非意味着治班策略一开始就全面铺开，而是需要由班主任、家长、学生协同逐步推进。一方面，逐步推进实施离不开家校合作。班主任要与家长保持良好的沟通，建立积极的合作关系，共同促进策略的落实。另一方面，在班级里，借助干部团队力量，先实施一些容易上手、见效快的措施，如改善班级卫生、提高课堂纪律等，以增强学生的信心。在初见成效后，逐步推进更复杂的措施，如开展班级文化活动、实施学习小组制度等。

5．监督与反馈

治班策略实施不是为了实施而实施，而是需要通过治班策略的实施构建起和谐班集体，并通过和谐班集体的营造而推进学生德智体美劳全面发展。当然，治班策略实施效果如何，不能依靠班主任、家长或学生的感性判断，而是要按照时间表对各项措施的执行情况进行定期检查，并积极鼓励学生、家长和教师提供对策略实施效果的反馈，以便及时调整和改进治班策略。

6．调整与优化

实践是检验真理的唯一标准，再理想化的治班策略如果经不起实践的检验，也不过是镜中花。这就要求班主任结合对治班策略的事实与反馈，及时把握治班策略实施过程中存在的问题及根源，对症下药，找到解决问题的办法，从而调整和优化治班策略，提高治班策略实施的效果。

总体而言，班主任治班策略实施的基本流程分为六个步骤，如图1-1所示。

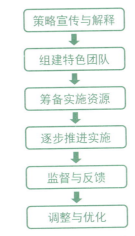

图 1-1　治班策略实施的基本流程

（二）治班策略的呈现

治班策略的实施对于构建一个和谐、有序的班级环境至关重要，它不仅能促进学生的全面发展，提高学生的学习效率，还能增强师生之间的互动和家长的参与度，共同营造积极向上、充满活力的学习氛围。通过明确的目标、合理的分工、有效的监督和及时的反馈，治班策略能够确保教育活动的顺利进行，同时也为学生的自我管理和团队合作能力的提升提供了宝贵的实践机会。总之，治班策略的有效实施，是实现教育目标、培养学生综合素质的关键步骤，对于学生和班级的长远发展具有重要意义。

案例 1-6

班级管理具体措施

1. 统一教育理念（班主任、教师、学生、家长）

学生个体发展现状参差不齐，教师教学方法、教学管理各不相同，家长教育理念更是千差万别。利用家长会、家访等机会和学科老师、学生、家长面对面单独沟通，达成统一的教学理念，特别是家校共育，引导家长们从重视成绩转变为重视学生品德修养和终身发展。

2. 班级常规管理

全班 55 个学生分为八个小组，每组 6～7 人。5 位值日班长负责班级各项管理事务。各课代表负责协助各科任教师布置、收发作业，监督同学学习。

组长：负责小组管理及分配。如作业收缴、清点工作，安排组员每人负责一个学科，组织课堂讨论，帮助组员等。

值日班长：负责课堂、自习课纪律；负责班级清洁卫生的安排与督查，每人负责不同时段或者不同区域。专人负责监督值日生擦黑板、清理讲台；负责每周对各小组的得分情况进行收集、整理；负责路队清查、管理、安全；解决班级其他问题等。

每月评比优秀小组并表彰，分享该小组班级管理的细节与感悟。

3. 家校共育

成立家委会，组织家长护学岗、家长讲堂等活动，号召家长们积极参与，了解学校和班级；请家长帮忙，将学生活动、周记、诗歌等素材做成视频、公众号等，增强班级自信心，增进了家校互信，让家长看到学生的闪光点。

4. 丰富的班级活动，展示学生风采

大型活动全员参与，让班级每名学生都能为班级出一份力，找到存在感，被班级需要。如运动会运动员参赛，其余学生负责后勤和啦啦队，确保班级每名学生都能参与到活动中。

5. 利用班级文化墙等引导班级人文

班级文化墙定期更新，增加学生的参与感。"学生圆梦榜"每天更新，帮助学生复习巩固，提升自我。

（资料来源：黎欢：《陪伴与引导并存，严格与沟通共赢》，黄琼班主任办公室微信公众号，2024年5月9日）

案例1-6治班策略展现了一个充满活力和合作精神的班级管理蓝图。第一点提到了班主任和教师通过家长会、家访等方式向家长和学生宣传与解释统一的教育理念，确保每个人都对策略有清晰的理解，致力于与家长和学生共同构建统一的教育理念，为治班策略打下坚实的基础。第二点提到了班级常规管理，班级被巧妙地划分为小组，每个小组都有组长和值日班长，他们的角色和职责清晰明确，不仅锻炼了学生的领导能力，也提高了班级的自我管理水平。同时，班级活动丰富多彩，每个学生都有机会参与其中，找到自己的价值和归属感，这正是组建特色团队的体现。案例中没有明确提到实施资源的筹备，但可以推断，为了开展班级活动和家校共育等措施，需要准备相应的物资和场地。第三点是家校共育部分，通过成立家委会和组织家长讲堂等活动，增强家长对学校和班级的了解，使他们更加深入地参与到学校教育中，增强了家校之间的互信和合作，为治班策略的推进提供有力支撑。而在策略中提到的每月评比优秀小组并表彰，可以看作是一种监督和反馈机制。

实施过程中，通过定期的评比和表彰，班主任和教师能够及时了解策略的实施效果，并根据反馈进行必要的调整和优化。这种持续的监督和改进，确保了治班策略能够适应不断变化的教育环境，不断进步和完善。

总之，案例中策略的制定和实施都考虑了学生、教师、家长的参与和合作，以及策略的监督、反馈和优化。通过这些措施，班主任可以有效地推进治班策略的实施，提高班级管理的效果，促进学生的全面发展。

三、班级建设成果

班级建设成果是具体印证理念与策略的实例，是治班策略实施成果的展示。这些成果通常是对一个班级在一定时期内综合表现的总结和评估，包括一个班级在教育教学、班级管理、班级文化、班级活动、班级氛围、价值观塑造等方面所取得的成就和进步。

（一）为什么要撰写班级建设成果

班级建设成果是一个重要的教育管理工具。首先，通过撰写班级建设成果，可以对一个班级在一定时期内的综合表现进行全面评估和总结。通过总结班级的成就和亮点，并对不足和问题进行反思和改进，有助于了解班级的优势和问题，以明确下一步的建设方向和重点。其次，班级建设成果的撰写也是一种交流和分享的方式。通过与其他班级、学校或者更广泛的社区分享班级建设成果，可以促进彼此之间的交流和学习，借鉴其他班级的经验和做法，进一步推广优秀做法和成功经验。最后，班级建设成果的撰写是一种记录和传承的方式。通过文字记录班级的发展历程和成果，可以为学生提供一个回顾和了解班级历史的机会，同时也可以为未来的班级提供参考，传承优秀的班级文化和传统。

（二）撰写班级建设成果的要求

第一，坚持虚实结合。"虚"是指班级建设的隐性成果，而"实"则指显性成果。这是最关键的一部分，需要系统地、完整地、全面地梳理和总结班级的成就和进步。其中，"虚"涵盖班级思想文化或个人思想的进步和成长，如班级凝聚力、思想品质、学习能力等方面的提高和进步。这些进步可能无法量化，常用概括性的话语表达，但却是班级建设成果的重要组成部分。"实"则是指班级或个体在一定时期内所获得的各种荣誉和奖励，如学科竞赛获奖、运动会成绩、优秀班级评选等。这些奖励和荣誉是班级建设成果的具体表现，可以用来衡量班集体的综合表现和水平。因此，在撰写班级建设成果时，要坚持虚实结合的原则，既肯定整体的成长和进步，也要强调所获得的具体荣誉和奖励。通过这种方式，可以全面、准确地反映班级的综合表现，为未来的班级建设提供参考，也可以使班级建设成果更具真实性和可信度，使班级建设成果更具说服力。同时，这种撰写方式也有助于激励学生继续努力，促进班级的持续发展和进步。

第二，撰写班级建设成果要遵循一定的行文规范和语言要求。注意文章的结构、逻辑、表达方式等，可以更好地表达班级建设的实际情况，避免主观臆断和误导，使班级建设成果的撰写更加清晰、有条理，这有助于读者更好地理解班级建设的各个方面，更好地把握重点和特色。同时，遵循一定的行文规范和语言要求可以体现对班级、学校以及整个教育环境的尊重。这种正式的表达方式可以更好地展现班级建设的严肃性和重要性，而且撰写的统一和规范将有助于保证评估和比较的准确性，有助于提升整个教育环境的规范化和专业化水平。

第三，注重反思。班级建设成果的撰写不仅是对过去的总结，更是对未来的规划和展望。因此要注重反思，回顾过去，从实际出发，对未来的班级建设提出建设性的意见和建议。实践是检验班级建设成果是否符合实际情况的唯一标准。只停留在理论层面的建设成果，没有经过实践的检验和证明，其价值和意义是有限的。在反思过程中，可以分析成功和失败的原因，发现自身的问题和不足，找到改进的方法和途径，这样的反思不仅有助于提升班级建设的水平，还可以为其他班级提供参考。总之，成功的经验可以通过反思提炼出来，传承给后续的班级成员，失败的教训也可以转化为宝贵的财富，避免在未来的建设中重蹈覆辙，这种传承和发展有助于班级建设的持续进步和提升。

（三）班级建设成果展示

案例 1-7

两年多来，班级先后被评为2019—2020学年度"先进班集体"，获得了教室规范化美化绿化大赛一等奖、运动会会徽设计特等奖、运动会吉祥物设计一等奖、运动会团体总分第二名、体育道德风尚奖、通讯组织奖、校园篮球联赛亚军、英语话剧比赛一等奖、校庆主题海报评比一等奖、语文话剧比赛二等奖。回望我们的班级目标，正在一步步实现中，班级同学也正在班级文化的浸润中健康成长，共同努力成为那耀眼的一束光。在班级管理的前行道路中，还有很多智慧可以借鉴，还有很多问题需要思考。我会继续带着一颗真诚有爱的心，融入其中，成为班级成长共同体，与孩子们共同奋进，勇敢追光。

（资料来源：徐美鑫：《治班策略：润心育人构建生命成长共同体》，成都德育教研微信公众号，2022 年 3 月 28 日）

案例 1-7 中的班级建设成果首先列举了班集体获得的各项荣誉，这些就是所说的"实"，紧接着回望目标，总结学生的成长与进步，这就是所谓的"虚"，体现了虚实结合。这种对实践的总结，可以增强其可信度。最后进行反思与展望，指出存在前进的空间，并做出对未来发展方向的预想。

案例 1-8

班级：班风正，学风浓。荣获"校优秀班集体"称号，荣获校体育运动节一等奖，荣获"书香班级"称号。

学生：班内学生多次获得成都市征文比赛一等奖、成都市书法大赛优秀奖、温江区优秀小主持人、温江区学生艺术节一等奖、校三好学生、校优秀班干部、校运动会一等奖等荣誉。

家长：全力支持、有信心、有办法，作为代表在学校内交流家庭教育方法。

教师个人：治班更有章法，遇事更从容。班级工作得到学校和家长的一致好评，分享自己的班级管理办法。

路漫漫其修远兮，吾将上下而求索……

（资料来源：骆永惠：《治班策略：上善若水 润泽"养成"》，鱼凫德育微信公众号，2021 年 11 月 23 日）

案例 1-8 的班级建设成果也体现了虚实结合，先写了"实"，后紧接着写"虚"，以具体的成就和荣誉让读者对该班级的建设成果有了更加具象的认识，不至于"假大空"。同时可以看出语言描述很规范，清晰、有条理。最后以对班级的反思和期望结尾，明确进一步的建设方向，可以激发学生的自信心。

案例 1-9

经过大家的共同努力，我们班取得了可喜的成绩。在全校班级量化成绩中，我们班荣获第二名，在六年级队列集训活动比赛中荣获第一名，在六年级拔河比赛中荣获第二名。同时，我们班还被学校评为优秀班集体，2021 年被评为县级二星中队。

我们班这些成果的取得离不开全体师生的辛勤汗水和奋斗的心血。共同的奋斗目标是班集体不断奋进的动力，班集体就是在一个接一个的目标的实现中逐步形成和发展的。不断提出新的共同的奋斗目标，寻找鼓舞学生前进的力量，激励和指导全班学生朝着共同的方向前进。"路漫漫其修远兮，吾将上下而求索"，班主任工作虽烦琐却富有魅力，当面对学生的进步与快乐，得到老师和家长的肯定时，我深刻感受到我的选择是正确的，我的努力是值得的。在以后的道路上我将同他们并肩前行，带领他们驶向理想的未来。总之，看着孩子们点点滴滴的进步，我心中有说不出的喜悦，真情和爱心换来的是美好的享受，真可以说是爱心育花蕾，真情无限好啊！随着时间的推移，一切都已属于过去，我将会和四十九颗耀眼的繁星继续努力，把我们的班集体建设成为快乐成长的乐园。

（资料来源：李春城：《班主任专业成长——特色带班育人方略之我见》，何永超班主任工作室微信公众号，2022年7月7日）

案例1-9开篇第一句话直接点明取得了可喜的成绩，随后列举具体的荣誉和成果，这就是虚实结合的体现。案例以清晰、生动、富有情感的语言肯定班级所有成员的努力，指出未来将继续努力，致力于建设快乐的班集体。

思考与讨论

请阅读以下材料，分析该班班级目标存在哪些优点和有待完善的地方。了解和掌握该班基本情况、教育理念及班级目标后，请设计一份具体的治班策略。

一、班级基本情况

本班一共52名学生，男女生的数量均衡，各26人。其中独生子女29人，随迁子女14人，留守儿童3人。大部分家长都在物流公司上班，对孩子的教育时间较少。本班的优势：班上的孩子有较强的劳动自觉性，热爱劳动，荣誉感强，班干部队伍得力；家长基本都很尊敬老师，并且能够积极配合老师的工作。本班的劣势：大多数学生专注度不够，学习习惯不太好；家长的教育观念差别较大，两极分化严重，安全意识淡薄。

二、治班理念

我的治班理念：让别人因为你的存在而感到幸福。我希望孩子们学会爱人爱己，正如我们的班名"小太阳"，愿他们如朝阳那般，在自己发光发热的同时还能给世界带来光明。作为班主任，我会在"小太阳"能量不足时，拨开乌云，露出他们的光芒，帮他们找回自信；也会在"小太阳"锋芒毕露时，适时地来一场细雨，让他们保持谦逊，继续升起。作为光明守护者，我将见证他们的每一次成长，陪伴他们从黎明走到黄昏。同时，我也坚信他们未来不管去往哪片天空，都能如期升起。

三、班级目标

短期目标：做好学生的养成教育，强化家长教育子女的责任意识，善于欣赏每位学生的闪光点，促进学生的健康成长。

中期目标：营造良好的班风、学风，营造班级民主的管理氛围，建设一个有纪律、讲道德、学问深、有思想的班集体。

长期目标：具有良好的学习生活态度，拥有积极向上的人格，顺利适应小升初的身份转变。

（资料来源：刘丛珊：《着眼于爱，着手于细》，谢绪香卓越班主任工作室微信公众号，2022年6月6日）

第二章
如何培养小学班干部

学习目标

本章课件

1. 认清班干部的作用与职责，并能根据班级情况合理设置班干部岗位。

2. 掌握班干部选拔及培养方式，并能根据班级的实际情况采用合适的选拔和培养方式。

3. 掌握班干部考核和激励方法，并能科学地进行考核。

思维导图

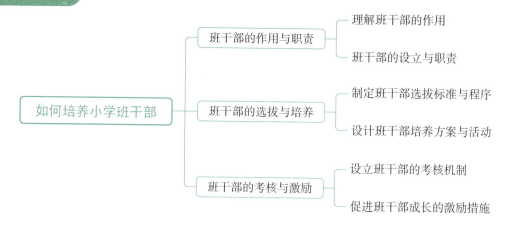

第一节　班干部的作用与职责

一、理解班干部的作用

班干部在班级中扮演着至关重要的角色。一支有能力、负责任、有担当的班干部队伍对实现班级的自主管理来说必不可少。因为一支高素质的班干部队伍不仅是优化班级管理的核心力量，还是班主任的左膀右臂，有了他们的辅助，能推动班级更好更快地成长与发展，提升班级的凝聚力，使得班级建设事半功倍。

班干部的作用不仅关乎班级发展，能促进班级管理的优化，提升班级建设的品质和水准，而且也关乎个人的成长与发展。

（一）班干部在班级中发挥的作用

1. 带头模范作用

带头模范作用是身为班干部应展现出的首要职责。由于小学生群体在目标设定、兴趣爱好及利益诉求等方面具有相似性，因此他们在情感态度、价值观念以及行为举止等多方面极易受到来自同龄人或学生群体的感染。而班干部是通过民主选举或班主任任命产生的，他们在学习成绩、思想品德、组织能力、沟通能力和团队合作意识等方面通常都表现优秀，在同学中具有一定威信和影响力。班干部在班级中通过履行各种职责，充分展现其综合素质和才能，自然而然就会成为同学们学习的榜样。在此背景下，身为班级核心力量的班干部便显得尤为重要，他们要在某些方面与其他普通学生存在显著差异，在表现上更为出色。譬如拥有诚实守信、乐观进取、乐于助人等优良品质，并形成强大的凝聚力。通过发挥榜样引领作用，唤醒并激发每位同学的积极性，使得班级成员在思想认识层面达成高度统一，进而培育和提升班级全体人员的自信心和集体荣誉感，最终促进班级整体健康有序地向前发展。

具体来说，第一，班干部要成为遵守校规校纪的模范。他们应自觉遵守各项规章制度，树立正确的行为规范意识。班干部要带头遵守纪律，不迟到、不早退、不旷课、不抄袭作业、不考试作弊，以身作则，引导同学们树立正确的价值观和道德观。同时，班干部还要协助教师维护班级秩序，及时纠正不良行为，营造良好的班级氛围。第二，班干部要成为优秀的学习榜样。他们应拥有优异的学习成绩，展示出刻苦学习、追求卓越的精神，进而成为班级学习表率，激发同学们的学习热情，营造良好的班级学习氛围，从而提高班级整体学习水平。他们还可以通过组织学习小组分享学习经验，为同学们提供学习上的帮助和支持。第三，班干部要成为团队合作的典范。他们应具备良好的合作意识和协作能力，与同学们共同完成各项任务。班干部要学会倾听他人的意见和建议，尊重团队成员，充分发挥每个人的优势。在团队活动中积极协调资源、分配任务，促进团队的高效运转，从而增强班级凝聚力，提高班级整体竞争力。

总之，一个良好班级风气的养成要靠每一个人的努力，尤其是班干部。班干部有责任发挥其带头模范作用，在班级中以高尚的品质、端正的行为规范以及优秀的学习方法来引领、启迪和鼓舞周边同学，引导同学们树立正确的价值观和道德标准，形成健康的班级风气，全班同学携手共同推动班级的持续发展与进步，以此全面提升本班级的整体管理水平及质量。

2. 桥梁纽带作用

桥梁纽带作用是班干部最基本的作用，班干部就像是架设在班级同学与教师之间的一座桥梁，尽职尽责地承担着"传、帮、带"的工作，主动地沟通、联系与协调各方，使相互隔离的各方联系到一起。他们可以是教师与学生之间的桥梁，可以是同学之间的桥梁，也可以是教师之间的桥梁。

第一，班干部是师生之间的桥梁。一方面，在这一过程中，班干部承担起了传达各科目授课教师和班主任工作理念及计划的任务，并严格地在班级工作中予以落实执行。当遇到特殊情况，例如某位教师因病无法按时授课或课堂时间地点发生变更等，此时班干部就要扮演好联络员的角色，灵活妥善地处理和调整相关事务和安排。另一方面，班干部同样能将班级同学们的建议、期望乃至可能产生的不满情绪及时向教师反馈。因为在同一个班级中，班干部与同学们朝夕相处，直接参与到学生日常生活和学习的方方面面，对同学们的了解更为全面和深入。而且他们之间的交往更为自由自在，同学之间能够毫无保留地分享自己的真实想法。如果学生对于教师的某些决策存在疑问，班干部都能够及时了解，并协助处理这些问题。同时，当班级内出现某种不良状况时，班干部通常会成为第一时间洞察问题者，这样便能更好地收集班级发展的实情，为教师开展更为细致、精准的管理以及教学工作提供有力支持。例如，班长作为课堂上的核心人物，必须扮演好各科任教师、同学以及班主任之间的桥梁角色，而学习委员则要在第一时间准确无误地将学校或者教师布置的各项学习任务传递给每一位同学，这些都印证了班干部"桥梁"角色的重要性。第二，班干部是学生之间的桥梁，他们促进了同学之间的合作与交流。在班级日常学习和生活中，由于人数较多，且都是有独特性的个体，同学之间难免会产生一些分歧和矛盾。比如很多班级都存在所谓的小团体，这些小团体内部很和谐，但是不同的团体之间同学关系不好，学习生活方面也不交流，甚至互相排挤，这样班级内部将分崩离析，何谈班级健康的舆论风气、凝聚力的建设。这时就需要班干部及时站出来，进行有效沟通，化解彼此的误解和矛盾，并以身作则，以友好的态度和理智的方式引导同学们正确处理人际关系，共同营造和谐融洽的班级氛围，增强班级的凝聚力和向心力。第三，班干部是教师之间沟通的桥梁。在一个班级中，往往有多个科目教师，每个教师都有自己的教学风格和要求。班干部可以充当不同科目教师之间的沟通纽带，将不同教师的教学要求和重点反馈给同学们，促进同学们更好地适应不同教师的教学风格，提高学习效果。

总之，有了班干部这座"桥梁"协调各方，可以使班级建设更加顺利地推进。但需要注意的是，班干部在协调的过程中应本着公平、公正、公开的原则，以客观事实为出发点，实事求是，一视同仁地对待每位同学，尽职尽责地对待自己的工作；向班主任或其他教师汇报工作或者反映其他同学存在的错误行为及班级问题时绝不添油加醋、弄虚作假；不可以挖空心思打探同学的隐私。此外，班干部自身也要有学习意识，主动自觉地提升沟通协调能力，学习如何与人沟通交流、如何处理人际关系问题、如何化解矛盾等技巧。只有这样，班干部才能更好地履行协调者的职责，为班级的和谐稳定做出更大的贡献。

3. 在各项活动中发挥组织领导作用

班干部不仅仅是活动的积极参与者，更是活动的组织者与主导者。他们有责任根据所在学校及班级的实际状况以及具体要求，积极主动地组织筹划丰富多彩且健康向上的活动项目，站在特定的角度精心设计，对整个活动流程进行全面监管并管理，以此发挥领导作用。

一是组织班级常规活动。针对平时班级中存在的问题和优良表现，可以利用晨会及班会课开展讨论、讲故事等活动，引导同学端正态度，产生积极情感。二是组织和开展班级主题活动。在活动策划阶段，班干部需要充分了解班级同学的需求和兴趣，根据这些信息协商确定班会主题和活动内容。同时，合理的时间安排是保证班会活动效果的重要因素，所以班干部还需要考虑开展活动的时间，根据学校课程安排和同学们的课余时间，选择一个适宜的日期和时间段，确保参与的同学能够充分准备。另外，还需要考虑开展活动的场地、需要的物资等实际因素，确保活动顺利进行。此外，主题演讲是班会活动的核心环节。班干部应结合班级特点和实际情况，选取有意义的主题，并鼓励同学们主动发言、分享观点。班干部还需根据主题演讲的内容和形式，进行适当的组织和引导，充分发挥主题班会的教育、凝聚、导向和激励功能。三是要组织和领导社会实践活动。在社会实践活动中，班干部要综合考虑各种因素，制订详细的活动计划。这包括明确活动的目的、形式、时间、地点、参与人员以及预算等。社会实践活动往往涉及多个环节和多方利益，他们需要与学校、赞助商、参与同学以及活动负责人等进行有效沟通，协调各方利益，解决可能出现的问题。班干部还要激励和引导同学们积极参与社会实践活动。活动结束后，他们还要对活动进行总结和反馈，包括总结活动成果、分析存在问题、提炼经验教训等，并将反馈意见及时向参与同学和学校相关部门汇报，以便不断改进和提高社会实践活动的质量。同时，班干部还要鼓励同学们在活动中不断反思和总结，帮助他们更好地成长和发展。

4. 服务班级的作用

最初设立班干部的初衷就在于为班级的组织管理提供有效支持，服务于班级同学，谋求自身和集体的共同发展进步。班级一般是以成长共同体的形式存在的，在这样的共同体中必定存在部分公共事务，这些事务需要由某些具有奉献精神的成员承担，也就是班干部。因此，可以说班干部是班集体中的志愿服务者，从事的是"公益事业"，为同学和老师提供无偿服务，尽心地为他人创造便利条件。

鉴于班干部服务性质的特殊性，要求担任相应职务的班干部必须强化服务于广大同学以及服务于整个班级的意识，应明确认识到自身并非傲然凌驾于他人之上，并非可以随心所欲对其他同学颐指气使。实际上，班干部要细心关注同学的需求，积极应对同学的迫切问题，切实地从全班同学的切身利益出发考虑问题。仅仅具有意识层面的认知还不够，班干部的服务性还要求班干部要有服务同学和班级的实际行动。不仅要为同学们的学习服务，还要为各个科任老师的教学服务，更应当协助班主任进行班级的日常组织管理。在班级日常中，每个学生干部都有各自的分工，齐心协力共助班级管理，如班长可以协调班级日常事务分配，维持班级秩序，通知信息并组织和推动各种班级活动的开展；纪律委员负责维持班级活动、课堂教学、自习课的纪律；劳动委员负责监督卫生打扫，保证班级干净美观；宣传委员负责班级黑板报、宣传栏等的布置，宣传本班特色，做好文化与输出工作等。所有这些都旨在为每位同学能够享有更加优质高效的学习环境和日常生活条件而服务，以期提升班级建设水平及其管理效能。

综上所述，班干部应尽职尽责地肩负起自身的责任，调整心态，把为班级提供服务视为一种快乐，真切地感受为大家谋福利的满足感，认真地完成每一项任务，并在服务的过程中学会主动发掘他人的需求，适时地反思和总结工作中所取得的成绩和存在的不足，从而不断优化服务。

（二）担任班干部对自身发展的作用

担任班干部对个人的成长与发展会产生积极作用，帮助个人各方面的能力得到锻炼，丰富他们的经验。

1. 增强责任心

作为班干部，个人需要承担一定的责任和义务。班干部在履行职责的过程中，需要更加认真地对待工作，积极为班级着想，同时还要起到模范带头作用。这些使其个人学会承担责任，不断提高自身的责任心和使命感。而这种责任心不仅有助于个人在班级中的成长，同时也对未来的工作和人生发展产生积极的影响。

2. 促进良好人际关系建立

担任班干部需要与同学、老师和其他班级管理人员进行沟通和合作。在这个过程中，为了更好地胜任这份工作，他们会主动地培养自己的沟通能力和人际交往技巧，逐渐学会与不同的人建立良好的关系，学会面对突发事件，协调和化解矛盾。同时，与同学们的互动和合作也有助于增强彼此的了解和信任，促进班级凝聚力和向心力的发展。

3. 提升解决问题的能力

班干部在班级管理和活动中难免会遇到各种问题和挑战。班干部在一次次的实践中可以学会如何分析问题、制定解决方案并采取有效的行动。通过解决实际问题的经验积累，班干部可以提升自身的问题解决能力，培养出更加敏锐的思维和判断力。这种能力对于未来的生活和工作都至关重要。

4. 增强自律性

班干部要以身作则，成为良好的榜样。在履行职责的过程中，班干部要更加注重自身的言行举止，严格遵守纪律和规定。这样一来，通过担任班干部，个人可以学会更好地管理自己，增强自律性，培养出更加健康的生活和学习习惯。这种自律性不仅有助于个人在班级中的表现，而且也为未来的成功打下坚实的基础。

二、班干部的设立与职责

（一）主要班干部

1. 班长

① 自觉遵守校纪校规，为班集体利益尽职尽责，始终注意自己的身份，树立良好形象，

自觉成为班级模范，发挥带头作用。

② 积极配合各科老师，协助班主任进行班级管理工作，反映班级存在的问题，班主任不在的时候代理班主任的职责，负责管理班级常规事务。

③ 协调其他班干部的工作，提高班干部的素养，协助执勤班委进行午休和自习课的管理。

④ 全面统筹班级各项工作，提醒并监督其他班委、课代表、小组长的工作，督促全班同学遵守班级规章制度。

⑤ 组织、安排班级的各项活动，如主持班级小组评议、讨论、推选等活动，组织召开班会、班委例会。

⑥ 主动与同学交流沟通，征集本班同学对班级建设存在哪些意见和建议，协调师生之间的关系。

⑦ 参加学校的班长例会，做好会议记录，及时传达。

⑧ 完成班级各种材料的整理。

⑨ 领导和组织全体同学积极参加学校与班级开展的各种活动，及时传达信息并带领好同学，争取取得好的结果。

2. 副班长

① 协助班长，负责处理班级各项常规事务。

② 负责做好本班同学的出勤统计工作。

③ 加强班内思想领导，克服各种不良班风倾向。

④ 每次召开班委例会时做好会议记录。

⑤ 记录本班学生思想、生活和学习等方面的情况，并经常向班主任汇报。

⑥ 做好对每位同学的操行分数汇总工作。

3. 学习委员

① 负责记录每天各科家庭作业，放学后交给班主任以便发给家长。

② 对学生作业进行监督检查。每天汇总各科交作业情况，并将情况报给班主任。

③ 组织各类学习活动，比如集体自习、小组讨论、学习经验分享交流会等，总结学习经验及优秀的学习方法，营造浓厚的学习气氛。

④ 做好对各课代表的指导工作，加强同学的交流联系，基本掌握本班同学的学习情况。

⑤ 加强与班主任、各科任教师的联系，及时传达老师的各项通知与要求，确保班级成员能够及时了解相关信息，并及时向老师反馈班级成员的学习情况。

⑥ 负责班级每次考试成绩的汇总工作。

⑦ 当学校有各种学科竞赛时，负责消息的传达与组织报名。

⑧ 主动关注班级里学习困难的同学，提供必要的辅导与帮助。

⑨ 广泛收集各类学习资料，如教材、辅导书、视频等，并分类整理，以便班级成员方便地获取所需资料。

4. 纪律委员

① 维护课堂纪律：确保同学们在课堂上认真听讲，遵守课堂秩序，不出现嘈杂、吵闹等行为。

② 监管自习纪律：监督同学们在自习期间认真学习，不进行与学习无关的活动，保持安静的学习环境。

③ 维护课间纪律：确保同学们在课间文明休息，不进行危险行为，保持教室整洁。

④ 及时处理违纪行为：对于同学之间的争吵、打架等违纪行为，要及时制止并报告给班主任或学校相关部门。

⑤ 在班级和学校组织的各项活动中，积极配合工作，协助维护活动秩序。

5. 体育委员

① 组织参加各种体育活动，如运动会、篮球比赛、足球比赛等，或者自己策划具有班级特色的体育活动，做好动员与组织领导工作。

② 负责课间操、晨会、集会、眼保健操的队伍组织，清点人数，做好出勤统计及纪律维持工作。

③ 协助体育教师做好体育课的组织、整队工作，统计体育课缺勤情况并及时向老师汇报。

④ 向班级成员传达健康知识和锻炼建议，提醒大家注意身体健康，提高身体素质。

⑤ 根据活动需要，提前安排场地，负责领借、归还体育活动用品。

6. 生活委员

① 管理班费和采购班级物品。管理好班费的收支账目，做好班级用品的管理工作，维护并及时添置班级所需的各种用品。

② 经常提醒同学课间开窗通风，保持室内空气流通良好。

③ 关心同学生活，及时了解同学们的生活困难和需求，遇到有同学生病，及时向班主任汇报情况。

④ 监督同学打扫教室及走廊卫生、擦黑板等事宜。

⑤ 做好值日生安排工作。

7. 劳动委员

① 负责组织班级卫生的清扫安排工作，及时进行督促和检查，做好相关记录。

② 经常检查本班卫生执行情况，宣传卫生健康知识，助力同学养成良好的卫生习惯。

③ 提醒值日生或卫生小组做好每天的保洁工作。

④ 领借和保管卫生清洁工具及生活用品。

⑤ 定期检查劳动工具，如有损坏或者遗失，及时补充、更换和维修。

⑥ 协助班主任组织班级同学的公益劳动。

8. 宣传委员

① 负责学校、班级各项活动的宣传工作，及时传达、动员、鼓励同学们参加。

② 组织开展丰富多彩、具有特色的班级活动，形成良好、积极向上的班级氛围。

③ 负责建设好本班的文化阵地，组织同学一起布置、美化教室墙面和宣传栏，出好本班的黑板报、宣传橱窗。

④ 为老师和同学们创造良好的教学环境，如建好、管好、用好班级图书角，监督墙壁、瓷砖有无乱涂乱画的情况。

⑤ 负责各项活动的前期准备工作，比如准备道具、安排人员分工，并做好各类活动的记录、摄影等工作。

⑥ 宣传本班的先进事迹、班级文化。

⑦ 组织购买班级各类表彰的奖品。

9. 文艺（文娱）委员

① 根据班级特点和同学需求，设计适合的班级文化娱乐活动，如文艺表演、才艺展示、互动游戏等，以满足同学们的多元化需求。

② 负责活动的组织、宣传和安排工作，包括场地布置、物资准备、人员分工等，如学校艺术节及重大节日时组织本班同学认真排演文艺节目。

③ 与音乐教师取得密切联系。

④ 负责班级每天娱乐、放松时间的活动安排。

10. 课代表

① 做好作业收发工作，按时收集同学们的作业，确保作业按时提交给教师，将教师的批改结果及时反馈给同学们。

② 及时向教师反映同学们在学习中遇到的问题和建议，促进师生之间的交流和理解。

③ 关注同学们的学习状况，帮助有需要的同学解决学习上的困难和疑问，促进同学们的学习进步。

④ 负责早自习，课前朗读和听写等。

⑤ 协助教师准备教学资料和教具，为教学提供便利和支持。

（二）全员管理岗位

全员管理岗位是指每个学生都参与班级的管理工作，每个人都承担一定的职责和任务，共同为班级的发展和进步贡献力量。设置全员管理岗位的目的在于使学生的责任感得到提升，形成团队协作精神，突出学生的主体地位，鼓励他们进行自我管理和自我教育。

如今，设置全员管理岗位是顺应教育政策、核心素养理念、教育规律、学生个体发展需要而产生的管理方法。在旧的班级管理模式下，只有班主任和少数的班干部在忙，其他的同学只是享受他人的付出。长期下去，这些学生会认为班干部的付出是理所应当的，不利于健康价值观的形成；而且如果学生一直被管理、被服务，处理问题时就容易只想到自己，不会从班级大局出发，容易形成利己主义；也可能变得顺从、听话，对问题没有自己的独立思考。只有人人参与，真心对班级付出，全心投入班级建设，才能真正激发所有学生的集体荣誉感、唤醒学生的集体意识，班级才有凝聚力、战斗力。

在班级生活中，我们可以发现班干部比其他同学成长得更快，这是因为他们锻炼的机会多，无形之中就提升了能力、培养了责任心。锻炼，不一定是从大事、难事上着手，把小事做好，也是一种锻炼。有些学生精力旺盛，给他们安排班级事务，就是引导他们把多余的精力正确地释放出来，比如有的班主任会让那些在课堂上好动，经常说话的学生来管理课堂纪律。让学生多付出、多分担班级事务，他们也会赢得其他同学和老师认可和表扬，其内心也会充实、幸福，从而更加自律，同时他们的格局也会随之变大，也会懂得为他人着想、为班级考虑。

通过班级事务人人参与，还可以帮助学生走出学习的象牙塔。现阶段为什么心理脆弱的学生那么多？其中一个原因就是评价方式较为单一，部分学生只能得到学习方面的评价，只能在象牙塔里关注学习成绩。但是一个班级并非只有成绩第一，还有很多个第一，让学生多接触班级事务，班主任可以从多方面给予学生正向反馈，让学生感到自己被需要，培养学生自信心，就如这句话所说："当英雄路过的时候，总要有人坐在路边鼓掌，我不想成为英雄，我想成为坐在路边鼓掌的人。"你在班级里可以是成绩第一名，或者是班长，也可以是细心、善良的值日生……我们要允许孩子成为"坐在路边鼓掌的人"，哪怕只是为班级做了一件微不足道的小事，这也足够了。其实很多孩子并不在意岗位"高低"，他们只是想为集体出一份力，想在班级里有参与感，能够得到大家的认可。

在实际操作中，教师可以根据学生的特点和兴趣爱好，为学生分配不同的管理任务。学生可以根据自己的职责，制订相应的工作计划和管理方案，并在班级中积极实施。同时，教师也需要给予学生充分的支持和指导，帮助学生解决管理中遇到的问题和困难，促进学生能力的提高和发展。

为了能让所有的学生参与到班级管理中，可以设置以下小项目，让学生轮流担任负责人。

① 多媒体。负责每天早上到校后开启多媒体，课间整理多媒体，放学后关闭多媒体、切断电源，监督有无同学随意玩耍多媒体。

② 窗帘。负责窗帘整洁，不被损坏，提醒坐在窗户边的同学整理好窗帘，每天早上到教室后把窗帘拉开。

③ 粉笔。负责领取粉笔，及时清理粉笔盒，监督有无随意玩耍粉笔的情况。

④ 查分。负责随时关注学校对班级的评分情况，凡出现扣分情况及时向班主任汇报，以便倒查责任。

⑤ 课桌桌面。负责监督班级同学课桌桌面的书本和文具的摆放情况，有无在课桌椅上乱写乱贴的情况。

⑥ 椅子。负责检查班级同学是否养成了离位即将椅子靠进课桌的习惯，以及有无损坏椅子的情况。

⑦ 零食。负责协助保洁委员监督有无带零食到教室，或在教学区域吃零食的情况。

⑧ 风扇电灯。负责在班级外出上课、活动等时间关闭教室风扇电灯。

⑨ 柜子。负责监督班级书柜的摆放情况，还有讲桌、储物柜内杂物的清理，监督有无同学随意往柜里扔垃圾的情况。

⑩ 绿植。负责为班级绿植有规律地浇水，阳光好时搬运到室外晒太阳，以及监督是否有班级同学损坏绿植。

⑪ 小组长。负责组织好小组组员开展学习活动，文体活动，卫生活动等，督促每个小组组员的日常学习与行为表现，成为小组的领导者、组织者和管理者。

⑫ 图书管理员。负责班级图书角的书本登记、整理、环境布置等工作。

⑬ 消防员。负责向同学普及消防知识，留意并排除班级消防隐患。

不同的班级还可以根据本班情况设置更多有特色的岗位，要鼓励学生发现班级的问题，针对其设置相应的岗位，致力于提高学生们的参与度，将班级建设得更好。

（三）值日生

值日生是学校或组织中的一种常见制度，班级值日生是指在班级中负责在特定日期执行日常管理任务的学生，他们通常按照轮流的方式，每天或每周由不同的学生担任。设置班级值日生可以帮助营造良好的学习和生活环境，并培养学生的责任感和团队合作意识，提高学生的自我管理和组织能力，促进班级内部的交流和合作，增强班级的凝聚力和向心力。并且通过担任值日生，学生可以学习如何规划和管理时间，如何与他人沟通和协作，以及如何处理突发事件和应对挑战。这些能力对于学生的个人成长和未来的发展都具有重要意义。其主要工作包括以下内容。

① 保持班级环境整洁。值日生负责在每天放学后检查班级卫生情况，监督同学们清理各自负责的区域，如教室、走廊、卫生间等，如果发现有垃圾或杂物，需要及时清理。

② 维护班级纪律。值日生还要负责维护班级纪律，包括监督同学们遵守学校规章制度，维护课堂秩序，及时制止违纪行为等。

③ 记录和汇报。值日生需记录班级日常情况，如出勤情况、违纪情况等，并在当天向班主任汇报。如果有特殊情况，如同学身体不适或情绪不稳，也需要及时向老师报告。

④ 其他任务。根据学校和班级的具体要求，值日生还可能负责其他任务，如开关教室门窗、擦黑板等。

总的来说，班级值日生是为了确保班级日常运作有序而设立的职位。

案例 2-1

班级"消防员"

我们班里有个"消防员"。消防员的主要工作是灭火，我们班上的这个"消防员"的工作也是灭火，不同的是，他们灭的是老师的怒火。工作中，仔细观察一下身边的老师，我发现脾气再好的老师也有发火的时候，而一旦发起火来，不但说的话难听，教育的效果也很不理想。更让人难堪的是，碰到个别态度强硬或进入叛逆期的孩子，他们会跟老师当面顶撞，甚至引发一些教学事故，给老师带来麻烦。为此，我们班的"消防员"应运而生。

不久，教我们班音乐的张老师就来找我交流。原来，当天的音乐课上，窗外突然飞进来一只麻雀，课堂上一下子炸开了锅，几乎所有孩子的注意力都被麻雀吸引过去了，有的孩子学起鸟叫，有的扬起手故意吓唬它。张老师在几名班干部的帮助下好不容易才把它放出去，本以为可以安心上课了，可经过这番折腾，教室里乱哄哄的，有几个孩子还在嬉笑。张老师一怒之下，说："好！这节音乐课改上作文课，每人写一篇作文，题目就叫'麻雀'！"这时，"消防员"小余同学出场了："虽然这件事是麻雀引起的，但我们班上的确有几个同学没有集体观念，纪律性差，应该受到处罚。不过，作文课应该让语文老师上，我们还是喜欢张老师给我们上音乐课，作文能不能课后再写呢？"听到这里，张老师忍不住笑了。结果，自然是大家继续开心地上音乐课。

正所谓"医不自医"，这些"灭火"的方法用在其他老师的课堂上还行，要拿来自救还真有点难。一天中午，刚吃完午饭回到教室，班长就告诉我，小天又把餐厅的水果带出来吃，还乱丢果皮，被值日的老师逮个正着。我一听就火了，我把他叫起来，当着全班同学的面狠狠地说："从明天开始，一个星期不要吃水果了！"谁知他轻轻嘟囔了一句："我交钱了！"听到这句话我更火了："不懂规矩的人没资格谈条件！"眼看事态马上就要失控，这时，"消防员"小余站起来说："交了的钱也不好退，那就把中午的水果给他留着，让他晚上带回家吃。""不行，这太便宜他了。"我的语气中没有丝毫商量的余地。这时，小柯同学站起来说："我觉得今天中午的事完全是小天的错，他把水果带出餐厅吃，影响了班级形象，他应该向老师和同学道歉。"班长小杨听了也起立说："这样的问题我们已经讨论过很多次了，小天也不是第一次犯。我也认为小天应该向大家道歉。"面对集体的呼声，小天也认识到自己的错误，低下头，向我和全班同学道歉。事后，小余告诉我，他发现"消防员"只有一两个人干太"危险"，有时候还起不到"灭火"的作用，于是他找了几个帮手，这样人多力量大，效果也会好一些。我听后，感动得点了点头。

当然，就像现实中的消防工作一样，教育中的"消防"工作也要时刻树立预防为主的原则，并不能因为有了"消防员"就可以任由情绪泛滥。其实，在班级里设立"消防员"岗位，既是对孩子的保护，也是对老师的保护。

（资料来源：蒯威：《我们班有个"消防员"》，《教学与管理》2012 年第 8 期）

案例 2-1 中，班主任从本班实际出发，设置了"消防员"这个岗位，通过"消防员"在师生间进行沟通协调，起到了纽带和润滑剂的作用，帮助班主任处理了班级中棘手的问题，促进了班集体的健康发展。

案例 2-2

"鱼化龙"班级特色小岗位

上海市金山区海棠小学某班级围绕"鱼化龙"班级特色小岗位建设，设立一系列班级岗位，这些"亮化"的小岗位名称和荣誉称号都是师生头脑风暴、集思广益的成果。比如，设立"健康示范鱼""课后纠察鱼""节能责任鱼""护绿管理鱼"等特色岗位，设立"礼仪美美鱼""仪表堂堂龙"，也就是礼仪督促员，负责督促同学做到校服穿着规范，指甲、头发保持干净整洁；设立"早读管理鱼""阅读带头龙"，也就是早读管理员，负责带领同学认真参与早读；设立"健康示范鱼""两操棒棒龙"，也就是两操管理员，负责督促同学积极参与早操、眼保健操和课间操。待学生经过岗位锻炼并获得"合格"评价后，即可以赢得"两操棒棒龙""文明自律龙""节能妙妙龙""护绿佳佳龙"等相应的荣誉称号，这些生动形象的岗位名称、具体明确的岗位职责，促使学生在履行岗位职责时有了方向和动力，从而提升班级自主管理实效。

（资料来源：沈维：《小学低年级特色班集体建设初探》，《现代教学》2023 年第 Z4 期）

案例 2-2 中，师生突破传统的班干部职位，共同设计了具有特色的班干部岗位，岗位划分十分细致，使得人人都可以参与班级管理。这项举措不仅有利于班级的和谐发展，而且使班级中的每个人都可以在实践中提升自身素养。

第二节　班干部的选拔与培养

一、制定班干部选拔标准与程序

（一）班干部选拔标准

班干部是班主任开展班级工作的左膀右臂，是全班同学的带头人。班主任应该按照什么样的标准来选拔班干部呢？

案例 2-3

正气。常言道"火车跑得快，全靠车头带"，要想让整个班级具有良好的风气，满满的正能量，班干部必须一身正气，以身作则，上行下效，整个队伍自然而然就会风清气正。

胆气。矛盾是永远存在的，总有极少部分同学自律能力差，需要他律。当别人指出他的不足和不好行为时，他下意识地要用一些语言和表情来表达自己的不满。这时，如果作为班级正常秩序的维护者——班干部，没有胆量做到"路见不平一声吼"，害怕得罪同学，害怕打击报复，长此以往，整个班级负面的行为就会越来越多，越来越不容易控制。

责任心。班干部对班级管理的所有行为都应建立在为促使班级良性发展的初心上，也就是"铁肩担道义"，一切行动为班级。心中时刻装着整个班级，那么当班级遇到发展困难时，遇到紧急情况时，就可以做到"当仁不让"，能够站出来，有了力挽狂澜的前提条件。

全局观。古人云"不谋全局者，不足谋一域"，班级里很多事情需要从全局的角度谋划，这样各种事情和各种关系才会条理有序。

（朱老师）

挑选那些品行端正，积极热情，自我约束力强，有号召力、负责的同学当班干部。

（刘老师）

我对于班委的选拔标准，一是看他的能力，二是看他的个人素养，为人是否正直，是否礼貌，是否能够担当这个重任。除了学习委员会特别关注他的成绩以外，其他的班委成绩都不是我的关注点，我主要就是看他能不能担当。

（夏老师）

要有积极进取、乐观豁达的性格。班干部一定要成为班级的小太阳，温暖班级里的每一个人。对班上其他同学性格、素质的养成起到积极的作用。

要会干、肯干、敢干。班干部一定要选择愿意主动帮助老师做事的人。这样的学生组建起来的团队才能做到高速有效地运转。

要有较好的学习能力。班干部要在班级中给其他同学起到榜样的作用，所以在选择时也一定要考虑学习能力，选择学习能力较强、自觉的人，才有利于班级的良性循环。

（何老师）

选择优秀的学生作为班干部，要综合考虑其人品、责任感、口才、领导力、团队意识等因素，不能只看某一个方面。

（段老师）

（资料来源：陈靖仪：《如何组建一个高质量的班干部群体》，青白江区实验小学名班主任工作室微信公众号，2023 年 5 月 25 日）

互动思考 ▶▶▶ ....

你心中班干部选拔的标准是什么？

综合来讲，选拔出的班干部要符合以下标准。

第一，品行端正。班干部在班集体中发挥着模范带头作用，是同学们学习、参照的对象。如果作为一名班干部带头违反班规班纪，不能做到以身作则的话，班干部的威信便很难树立，管理也就很难服众了。

第二，有责任感。身为班干部，在掌握更多班级权力的同时，也意味着要承担更多的责任和任务，需要付出更多的时间和精力协助教师处理班级事务，为同学们服务。

第三，能力突出。这里的能力不仅仅指学生的学习能力，还要综合考虑学生的协调能力、组织能力、号召能力、自我管理能力、语言表达能力等。当然，不同岗位对学生能力的要求是有差异的。例如，班长的选拔更加强调学生的领导力，能够辅助教师统筹安排班级内各项事务；学习委员的选拔应对学生的学习能力，尤其是学习成绩有一定的要求；生活委员一般由负责细心，具有较强沟通能力的学生担任；体育委员应由性格开朗、声音洪亮、有某方面体育专长的学生担任，等等。

（二）班干部选拔原则

1. 公平公正原则

公平公正原则指班干部选拔的过程中不偏袒任何一方，每个学生都有公平参与选拔的机会，具体表现为：第一，所有同学都享有相同的选举权和被选举权，能够按照自己的意愿参与选拔或选拔出自己认为最合适的班干部；第二，选拔标准明确具体，与班干部职责和班级需要相匹配；第三，选拔过程公开透明，每个学生都能明确知道选拔的规则和程序，并积极参与其中；第四，班主任要倾听多方意见，尽量避免个人喜好和主观性对选拔结果的影响。只有在确保公平公正的前提下，选拔结果才能获得学生的广泛认可，才能更好地发挥班干部的作用。

2．学生主体原则

学生主体原则强调两点：第一，尊重学生的个性、能力和特长，让每个学生都有机会发挥自己的优势。在选拔过程中应当充分听取学生的意见和建议，了解他们的兴趣和志向，从而更好地使班干部职位和学生的发展需求保持一致。第二，学生是不以教师的意志为转移的客观存在，是具有独立意义的人。在班干部选拔的过程中，学生应该是主体，有表达自己的意愿和选择的权利，例如学生有选择担任或不担任班干部的权利，也有选择竞选这个岗位而非那个岗位的权利。教师要充分尊重学生的想法，不能将自己的意愿强加于学生身上，强迫学生按照自己的意愿行事。只有通过学生主体原则的贯彻，才能激发学生的积极性，帮助学生在班干部工作中充分展现出自己的潜力。

3．择优录取原则

"火车跑得快，全靠车头带"。在班级中，班干部就是"火车头"，这个"火车头"带得好不好，直接影响到整个班级的学习和活动，因此在选拔班干部时要遵循择优录取原则，以充分发挥班干部的模范带头作用。择优录取原则指根据学生的综合素质和表现，选择出每个岗位最合适的人选，这需要根据各个岗位的选拔标准对学生进行综合考察。同时，要注意避免对某些特定条件的过度偏重，要综合考虑各项素质，全面评估学生的能力和潜力，确保选拔结果客观、准确。

（三）班干部选拔方式

通过班干部的选拔，除了能够产生各个岗位的人选，如果教师引导得当，还能够成为激发学生主动了解班级、积极参与班级工作的良好契机。常见的班干部选拔方式有以下三种。

1．直接任命式

直接任命式即班主任根据自己的观察推举出最适合做班干部的人选，直接任命的班干部在一定程度上体现了班主任的意图。直接任命式常用于起始年级，如一年级、初一、高一，可以帮助班级快速步入正轨，形成稳定的管理核心，有条不紊地开展后续各种工作。对于一些平时表现欠佳、成绩平平的学生而言，通过选举的方式很难有机会担任班干部，直接任命能够给予这部分学生展示自己的机会，甚至会产生意想不到的教育效果。

案例 2-4

班里的小 G 是个"小淘气包"，他好奇心强，对班里的新电脑、大屏幕等科技产品或新鲜事物抱有极大热情，但由于行为表现、学习成绩欠佳，他始终未曾当选过班干部，因此平时基本以"凑热闹"的"负面形象"出现，不是早读时羡慕地盯着班干部操作电脑，就是在课间偷偷地在电脑大屏幕上"试验"一下操作。直到寒假过后新学期到来，因为原网络管理员休学，需要另选一名"网络管理员"，于是班主任便将目光放在了一直蠢蠢欲动的小 G 身上，希望通过这次契机帮助小 G 获得正向激励，学会自我约束，就这样，小 G 成为了班上新的网络管理员。

之后，班主任不断为小 G 树立威信和正面形象。第一周，小 G 就把精力主要放在了积极主动服务集体和专心学习上，拷课件、开投影、报修……体验感和存在感十足，课上更加心无旁骛地专心学习。第二周，职位的新鲜感一过，小 G 课间工作就不那么主动了，课上还折起了"小飞机"。班主任及时为小 G 补充"精神能量"，充分利用"班干部"这一身份不断为其打气鼓劲。一方面，让更多同学看到他点点滴滴的付出和进步；另一方面，告诉他需要依靠自己的实力，让自己的"两道杠"名副其实，真正赢得大家的认可。班主任同时还与家长建立统一战线，做到激励鼓劲与督促提醒双管齐下。

（资料来源：庄严，黄映婧：《"关键事件"如何促进班干部成长？——一项叙事研究》，《中小学德育》2023 年第 4 期）

案例 2-4 中，班主任观察到小 G 对班级内的科技产品有极大的兴趣，在网络管理员这一岗位空缺时，敏锐地意识到可以通过这次机会帮助小 G 学会自我约束，因此直接任命小 G 为新的网络管理员。之后班主任还让这一任命对小 G 的影响不断发酵，转变为延续性的状态，从而将其对小 G 的影响力和成长价值扩展到最大。班干部岗位与小 G 特质的"完全合拍"开启了小 G 成长的大门，对小 G 而言，网络管理员不只是一个"官"，还是一个公平成长的机会。

但是，直接任命式是班主任根据自己的判断选人，选拔过程中难免会受自身主观因素的影响，选拔出的人选也不一定能够让学生心服口服，容易出现其余学生不喜欢班干部、不服从班干部的管理、与班干部产生矛盾等状况。

2. 民主选举式

民主选举式包括自我推荐和他人推荐两种形式。在民主选举的过程中，班主任要掌握好自己参与的度。一方面，班主任要把好关，民主选举应该是在班主任的主导下展开的，班主任要对候选学生进行考查，对选举的全过程进行监督，保证班干部选举合乎规范。另一方面，民主选举要落到实处，避免出现伪民主。一些班干部选举看似民主，实则却是打着民主旗号的暗箱操控，比如学生拉票，你选我我选你；学生一人一票，班主任一人五票；再比如选举结果由班主任课后统计，统计过程不公开、不透明，最终结果由班主任一人说了算，民主流于形式。

（1）自我推荐

自我推荐即学生根据岗位需要，结合自己的兴趣、特长等实际情况，在全班公开竞选，最终岗位由票高者当选。自我推荐充分尊重了学生自己的意愿，选拔出的班干部往往是既有良好的群众基础，又有强烈的责任感，愿意为同学们服务的学生，但班干部的领导能力难以得到保证。还有一些学生各方面能力较强，但不爱表现自己，这就需要班主任做好宣传工作，引导学生发现自身优点，鼓励学生敢于自荐。

案例 2-5

　　万老师在选拔班干部时，先会展示以往所带班级的图片或视频，满满的仪式感，让学生感受到班干部竞选将会是一场盛会，期待自己也能参与其中。一切准备就绪，班干部竞选终于拉开帷幕。

　　第一轮，线上报名，万老师在班群正式发布招募令。3分钟演讲稿，学生自己准备，以小视频的形式私发给老师。老师可以第一时间了解报名人数，做好宣传工作。这一环节主要考查学生的主观能动性。第一次报名学生人数众多，大家都是八仙过海，各显神通，展示自己的性格和优点，才艺展示更是多姿多彩。

　　第二轮，线下宣讲。在班会课上，参选学生在全部同学面前宣讲，为自己拉票。这一环节主要培养学生的胆量（这是做班干部必须具备的条件）。所有参选学生宣讲完毕，现场投票。老师也需要提前预设，每个同学都有投票权利，但是不能交头接耳影响其他同学的判断，否则取消该同学的投票资格。这一措施，一方面是由于老师相信每个学生都有独立思考的能力，另一方面也杜绝拉帮结派，影响选举的公平公正性。后来，万老师又改良了一下投票方式——趴着投票，就更不会受别人的影响了。这样，挑选出来的班干部基本上都是最适合的，班干部名单正式确定。

　　第三轮，颁发聘书。重头戏来了。一场隆重的聘任典礼正在准备中，制作PPT、选主持人、上网购买聘书、设计活动环节、准备小礼物，等等，由老师亲自完成。而写主持稿、排练等，就放手交由学生完成，老师适时指导即可。一切准备就绪，聘任典礼正式开始。第一项，请重要人物登场（落选学生），老师当着全班同学面给他们每人送一张"雅正卡"，表扬他们敢于挑战的勇气，理解他们想为班级服务的赤子之心，告诉他们这是一次历练，成长路上有鲜花掌声，也有痛苦泪水。并且承诺：期末如能获得"启智星"，下学期直接上任；即使没有，下学期竞选也有优先权。

接下来，颁发聘书、接受聘书，学生发表感言，承诺做班级表率、为班级服务的决心。会后，班群公布，并将活动照片张贴班级墙，供同学们欣赏、学习。

（资料来源：万敏：《巧培班干部，促自主管理》，东莞市寮步镇西溪小学微信公众号，2023年12月12日）

第一轮线上报名给予学生充分展示自己的机会，也能帮助班主任更全面地了解学生。第二轮线下宣讲，能看到万老师十分注重选拔过程的公平性和公开性，不断改良投票方式，力求每名学生都能找到最适合自己的岗位。第三轮颁发聘书，仪式感十足，老师和学生都参与其中，共同组织策划这场隆重的聘任典礼。值得一提的是，万老师还关注了落选学生，鼓励他们敢于挑战的勇气，肯定他们的个人价值。

（2）他人推荐

他人推荐即班干部人选由学生提名和投票选举产生。推荐选出的班干部深得人心，与大多数学生相处融洽，也具有较高的威信，但可能会出现被推选的学生并不想成为班干部的情况。这一方式常用于中途接班的班主任。

案例2-6

在竞选班干部时，除了常规的写"竞职申请书"之外，我们班还增加了"岗位禅让制"，即上一届班干部根据日常的观察和考核，可以推选表现好的同学来继任自己的岗位，推选出来的同学获得竞选优先考虑特权。这一特权使得学生更加注重自己在平时的表现，更积极地配合班干部的工作，班干部日常的管理也变得更加顺畅。

（资料来源：吴霞：《"三多一少"班干部培养法》，中小学班主任微信公众号，2022年2月8日）

"岗位禅让制"能够让同学们在平时更加注重自己的表现，规范自己的言行举止，发挥监督激励的作用。将班干部选拔和学生的日常表现紧密结合起来，也能帮助教师更全面地了解学生，为选拔班干部提供充分的依据。

3. 全员轮流式

全员轮流式即通过抽签、民主、竞争、小队轮等多种形式，结合岗位特征和学生的特征匹配，班上同学轮流担任班干部的制度形式。全员轮流制改变了班干部一人长期制的弊端，面向全体学生，能够让更多学生在班干部岗位上锻炼个人综合能力，但频繁更迭班干部队伍一定程度上不利于班级的稳定发展。

案例 2-7

部编版三年级下册语文教材第二单元的口语交际，题目是"班干部轮流制"。这个话题其实提了好多年，是否合适？上学期，围绕这个话题，我是这样做的。首先，摸底。班里有多少人想当干部，想当什么干部？其次，组织一场辩论。班干部轮流制，利大于弊还是弊大于利？第三，报名一日班长轮流。前两个环节是增强认识和了解，第三个环节是挖掘人才，在这个环节中，我没有完全放手。需参与学校工作的，仍由原班长去做，班级的日常工作，由一日班长负责，一日班长每天进行工作总结，班长评价。一轮下来，我从中选出 8 位值周班长，再来一轮训练，然后根据个人特点，安排合适的岗位。这个过程中，会出现岗位不完全适合的情况，可以磨合，可以培养，孩子们的可塑性还是很强的。

（青岛李沧路小学　宫雪丽）

我是六年级班主任，结合毕业班的特殊性，我开展了"小组合作竞争上岗"模式。将班级分为 6 个大组，每个组会在不同领域（包括上课、作业、纪律、卫生、劳动、文体活动等方面）进行评比。获胜的小组就可以担任下个星期的班干部（由小组成员自己分配职责）。这样既让高年级的孩子得到锻炼，也不至于班干部总是那几个孩子，人人都是班级小主人。

（青岛书院路小学　李萌）

（资料来源：靳艳霞：《新学期，班干部的选拔与培养》，青岛市宫雪丽名师班主任工作室微信公众号，2020 年 9 月 8 日）

通过案例 2-7 可以看到，同样是采用全员轮流式的方式选拔班干部，在不同的年级阶段，班主任具体的做法是不一样的。宫老师结合三年级下册语文学科的学习内容，通过开展辩论赛的形式，让学生积极参与讨论，表明自己的观点，既达到了语文教学的目标，也能挖掘管理人才。李老师采用的是小组竞争的形式，组内分工由小组成员自行决定，所有学生都能在班干部岗位上得到锻炼。

二、设计班干部培养方案与活动

班干部一方面是干部，另一方面是学生，考虑到班干部的双重身份和教育工作的客观规律，我们对班干部只能是"在使用中培养，在培养中使用"[①]。

一个优秀班级背后一定有一个优秀的班干部队伍，优秀班干部队伍背后一定有一位善于指导和引领的班主任。班干部人选确定之后，班主任还要对选拔出的班干部进行培养，班干部的培养多是在班干部任职的过程中进行的。

（一）做好岗前培训

每一届班干部上任之前，都要先培训再上岗。通过岗前培训统一班干部的思想，让他们充分意识到班干部的责任感和使命感，明确分工，责任到人。

1. 班干部上任要有仪式感

仪式感是一种复杂的情感体验，其中糅杂了紧张、庄重、认真、认同等多种情绪，这些情绪的产生能够调动身体内多个器官的参与，最终形成深刻的情绪感受。小学阶段的学生，记忆以不随意记忆为主，知识能否被记住很大程度上取决于刺激物的特点，对于一些不平常的事情和特殊的事件往往印象深刻。小学生的心理发展水平决定了他们会在乎仪式感，容易对有仪式感的活动念念不忘。[②]

班干部岗前培训中，最常见的仪式是班干部聘任仪式，民主选举出的班干部由班主任正式任命，颁发聘书，持证上岗。通过这种形式，让学生意识到担任班干部既是一份荣誉，更是一份责任，激励班干部恪尽职守，尽心尽力为班级服务，在仪式的感染之下更加明白自己的岗位职责。

📝 **案例 2-8**

为了让每位孩子更好地适应自己的职务，班级将采用一周实习制度。每个团队自己商量取一个团名，派选一名团长，分配任务，实习一周，相互学习，相互帮忙，相互监督。定期召开团队会议，反思不足，总结经验。最后结合个人评价和团队成员

---

① 向阳.班级建设中培养小干部的几点思考［J］.云南教育（小学教师），2011（10）：40-42.
② 孙利.小学班级管理需要仪式感［J］.教学与管理，2019（20）：6-7.

评价，如实习期合格，则正式上岗。

在就职仪式上，班主任总结实习情况，发放聘书，宣读入职誓词。孩子们笔直地挺立着，跟着老师一起宣读就职誓词，这是一份责任，更是一份荣耀！拿着"棒棒糖"班专属的聘书，心中无比自豪，笑容无比灿烂！

（资料来源：陈艺琳：《人人有岗位，团队来帮忙》，中小学班主任微信公众号，2023年3月28日）

案例2-8中，通过一周的实习，可以让学生在实践中加深对岗位和班干部职责的理解，帮助学生更好地适应自己的职务。实习期内经考核合格，再举办聘任仪式正式上岗，帮助学生进一步认识自己的责任和使命。这样做可以让学生珍视班级赋予自己的责任和义务，使他们具有较高的工作热情和积极性。

2. 明确班干部职责分工

新一届班干部上任之初，首先要明确自己的工作任务和范围是什么，例如什么时候管、用什么方法管、难点工作如何处理、如何能够得到同学们的认可等，在职责范围内充分发挥自己的主观能动性，培养自己的领导能力，提高班级管理的效率。

 案例2-9

给班干部的一封信

班干部竞选上了，我会通过书信传情的方式给每位班干部发一封信，针对他们的职务，委婉地提出他们需要怎么做，让他们感受到自己被关注、被理解，即使处于困境中也能够感受到温暖。

同舟共济　彼此信任

亲爱的班长：

新学期开始啦，又要辛苦你和我一起管理整个班级啦。在过去的一个学期里，老师要郑重地跟你说一声谢谢，因为有你的管理，我们的班级才能一直保持优秀。我深知作为一名班长的苦恼。班上有调皮的同学，有时候他们会装作没听到口令，有时还会跟班干部对着干，扰乱秩序。可是，亲爱的班长，我想和你说，你只管放开胆子管同学，只要咱们管得有道理，坚持原则，自己以身作则，磊落光明，总是为班级着想，咱们就是有威信的人。你也不用担心因为自己管得多，害怕期末投票同学们不投你，在老师心里，你一直是咱们班的三好学生。

接下来的一学期，老师希望你能做到以下几点：

① 当老师有事请假或没及时进教室时，你要以身作则及时上讲台稳住全班同学的心，请同学们拿出课本读书。发现同学做出不良行为，你要敢于制止。

② 班级里有什么突发情况或你觉得有问题时，要及时告诉老师，我们一起想办法。记住，这不是告密，而是光明磊落的管理。

③ 观察老师平时是如何管理班级的，对同学以鼓励和表扬为主，对同学做得不好的地方，我们多提醒同学。

老师相信，在咱们的努力下，我们的班集体一定会成为一个阳光而优秀的班级，加油！

保持优秀　不断进步

亲爱的课代表：

新学期开始啦，要辛苦你和我一起管理班级的学习啦！胜不骄、败不馁，迎难而上，用你沉稳的气质、无畏无惧的力量、乐于助人的精神去领导和影响我们班级的同学，成为班级的一面旗帜。你不仅仅是同学们学习的标兵，还是一个联系着任课老师和同学们的联络员，更是班级学习的领路人。这是一份荣誉，更是一份职责，你要和老师一起带着同学们努力上进哦。你很重要，同学们需要你，老师更需要你。火车开得快，全靠火车头来带。有我，有你，一定可以！

以下是你可以帮助老师和同学们做的事：

① 到校后，你需要尽快开始站在讲台上带读，给同学们做好榜样。

② 每节课课前组织同学们做好课前准备，直到老师进教室，老师相信你可以做到迅速有力！

③ 组长上交到讲台的作业要及时清点，对于作业登记表上未交的同学你帮帮老师催促他。

④ 及时搬作业到老师办公室，常与任课老师沟通，你还可以常来老师办公室询问是否有作业要发。

⑤ 任课老师不在时，你需要协助老师布置作业到黑板上，有任何问题随时和老师一起想办法。

你要更加大胆和自信一些，加油呀！

（资料来源：郭凤：《把好"三关"，让班干部成为班级管理的主力军》，郭小凤的收纳箱微信公众号，2023 年 9 月 10 日）

这两封信充满了温暖和关怀，体现出班主任对班干部的信任和支持。信中的内容具体明确，既有对班干部过去工作的肯定，也有对未来工作的期望和指导，具有很强的针对性和实用性，为班干部在未来如何更高效地履行自己的职责提供了明确的指导。这种关注、肯定和指导有助于增强班干部的自信心，提高班级的管理水平，促进班级的和谐与发展。

（二）落实班级自主管理

自主管理是一种以生为本的管理方式，是在班主任的引导下，学生参与班级管理和自我管理的活动。小学阶段是学生锻炼能力、塑造品格的关键时期，班干部自主管理班级，不仅能够有效提高班干部的管理能力，还能让班干部在更广泛考虑班级同学态度的基础上管理班级，在做决定时能考虑到相关学生的反应，以便于形成一个合作型班集体。一般来说，班干部自主管理会经历"扶着走—领着走—放开走"三个阶段。

1. 扶着走

班干部队伍组建初期，大多数班干部缺乏管理经验，在管理过程中容易遇到一连串的问题，这时就需要班主任耐心指导，详细说明，手把手教，帮助班干部熟悉各自的职责，知道班干部管理注意事项。这一阶段还可以要求班干部以天或周为单位，定期汇报工作情况，使班主任充分了解班干部工作情况和班级情况。这一阶段培养好了，后续就会顺利多了。"扶着走"关键要抓好"第一次"。年级越低，越需要细心指导。如：第一次组织课前纪律，要告诉班长提醒学生准备相关课本与学习用品，告知同学摆放位置，还要留心观察同学是否按要求做好，如有个别同学不正确时应耐心提醒。①

2. 领着走

即半扶半放阶段，在班干部有了一定工作经验之后，班主任就可以让班干部独立完成一些任务，例如在具体工作之前，可以让班干部提出自己的想法，提前设想，提前安排。遇到问题，班主任先不直接出面解决，而是让班干部独立思考，不足之处再补充指点。如果班干部实在不能自己解决，再由班主任出面。

3. 放开走

随着班干部的逐渐成熟以及工作能力的逐渐提升，班主任可以放手让班干部大胆工作，将班级事务交由班干部负责，为班干部提供工作的自由空间。当然，班主任并不是完

---

① 李扬玉：浅谈班主任如何培养班干部［EB/OL］.（2023-12-15）［2024-04-15］.https://mp.weixin.qq.com/s/KE2fQsDU28JXm7sk6XJlAA.

全不管，而是从直接管理班级逐步过渡为幕后工作者，在必要时给予指点，让班干部组织开展班级的工作与活动。

案例 2-10

　　每次班级活动，我会把每项任务细分到小干部身上，根据活动的内容及班干部的特点由一位班干带头负责，再由他具体地安排班委和同学协作完成，使其学会与人协作的方法。比如：六一班级庆祝活动由中队长安排班干部统计节目、写主持词、主持人排练等。建议大家在每次活动时提前安排，在孩子不熟悉业务的情况下，最开始可以分小任务交给他们，等熟练后就可以将整个活动安排给具体的班干部。这些任务在刚开始是存在一定挑战的，小干部们需要班主任扶着走，要细化指导，越细越好。

　　班干部有了一些经验以后，班主任可在各种具体工作之前，请班干部提前设想，提前安排，班主任充当参谋。如：班里组织找春天的活动，提前请班干部留心可以在学校的哪些地方寻找春天，注意哪些安全等，然后班主任补充，并充分预测好突发情况，如有同学受伤怎么办。经过耐心引导，班干部会逐渐成熟起来。班干部有了一定的工作能力后，我们就可以放手让他们大胆工作。

　　（资料来源：李艳：《班级小干部培养》，成都市温江区鹏程小学微信公众号，2023 年 4 月 4 日）

　　通过案例 2-10 可以看到，该班主任先是将任务直接分配给学生，但并不是让学生完全按照自己的指示去做，而是给予学生一定的自主决策空间，在分配任务时，也经历了从分配小任务到整个活动的过程。接着当班干部有了一定的经验后，由班干部对每次活动提前进行设想和安排，这种提前规划和预测的方式有助于提高班干部的工作效率和应对突发情况的能力，班主任的耐心引导和补充也有助于班干部逐渐成熟起来，提高班主任的工作能力。最后，当班干部有了一定的工作能力后，该班主任放手让班干部大胆工作，这一系列举动能有效培养班干部的管理能力，促进班级的自主发展。

（三）定期召开班干部会议

　　班主任每周可固定一个时间召开班干部会议。除了班主任可以对班干部工作能力展开培训，传授相关技巧，还可以由学生召开会议，交流自己的成功经验，相互学习借鉴，或者提出自己在工作中的困惑，大家群策群力，共同解决。班干部会议形式要多样化，例如主题讲座、课程培训、交流讨论等。

📝 **案例 2-11**

新学期，新面貌。为了强化班级管理、加强班级凝聚力，8月29日早上8点30分，五（15）班班主任蔡老师召集了上学期的12个班干部，召开了本学期第一次班干部会议。

会议开始，蔡老师对上学期部分班干部的不作为进行了通报并提出整改意见，同时也表扬了做得好的优秀班干部，正是因为他们履行了班干部职责、积极配合班主任和科任老师管理好班级，才让班级在上个学期获得了六月份的"优秀班级"称号，能否将这份殊荣继续保持，就看班干部们这学期是否继续尽职尽责地管理班级。听了班主任的话，大家信心满满，纷纷表示，一定将这份荣耀继续保持。会议中，同学们根据上期班级管理中出现的情况，提出以下问题进行讨论：劳动委员如何让教室保持干净整洁；纪律委员如何让早读、诵读、写字课安静不吵闹；用餐班干如何让抬餐、还餐安全有序；体育委员如何让两操、放学排队做到静、齐、快；学习委员如何开展学困生"一帮一"共进步；课外书达人如何鼓励同学看课外书闯关长知识；"智囊团"成员支招如何处理不完成作业、不交作业、违纪等问题……班干部们对这些问题畅所欲言、各抒己见。会议快结束时，蔡老师再次强调班干部职责，班干部怎样与班主任、科任老师配合管理班级、做一个学生佩服的好班干部。班干部们纷纷表示要以身作则，当好班级"排头兵"，做好大家的"火车头"，为把五（15）班建设成为优秀班集体而努力奋斗。

（资料来源：蔡长凤：《五（15）班新学期班干部会议》，湄潭县浙大小学微信公众号，2021年8月31日）

在案例 2-11 的班干部会议中，蔡老师一共做了三件事：第一件事，对上学期班干部的工作情况进行总结和评价，既肯定了优秀班干部的贡献，也对部分不作为的班干部提出了批评和整改意见，为新学期的班干部工作指明方向；第二件事，小班干部们就自己上学期在班级管理的过程中遇到的困难进行交流讨论，相互支招，学习借鉴，这一部分真正落实了学生主体，由学生提出问题，也由学生思考、商量解决问题的方法；第三件事，再次对班干部工作中需要注意的事情进行强调。可以看到，这次会议的效果是十分显著的，激发了班干部的积极性和主动性，促使他们更好地履行自己的职责。可以说，新学期第一次班干部会议的成功召开能够为整学期的班干部工作打下坚实的基础。

（四）重视个别指导

班干部在工作中会遇到许多难题，例如如何应对班上同学不服从管理的情况、如何平衡好履行职责和与班上同学和谐相处之间的矛盾、如何提高工作效率等，有时也会听到一些不好的声音，比如"爱打小报告""当个班干部了不起"等，更有甚者还会出现班干部被班上同学嘲讽的现象，这些都会导致班干部情绪低落，心理压力大，不利于班级管理工作的有序开展。因此，班主任要善于观察班干部的动向，敏锐捕捉班干部的异常表现并进行及时的心理疏导。

案例 2-12

我班的值日小老师小妍工作一直勤勤恳恳，认真负责。有一次，小妍突然到办公室对我说："卢老师，我不想做值日小老师了。"听后我的心一沉，觉得自己的班主任工作没做好，便关切地问："请说说你的理由，让老师来帮帮你！"值日小老师很苦恼地说："因为做值日小老师很累，值日生打扫卫生总是拖拖拉拉，我等他们做完再检查，要等到很晚！"

听了值日小老师的话，我微笑着说："你真的是因为累就放弃挑战吗？如果你想当逃兵，我也不会取笑你的。但我更愿意帮帮你，让你做一个勇敢而有责任心的超级英雄！"值日小老师一听老师愿意帮她，两眼放光，连忙说："卢老师，我很想帮班级做事，可是他们都不听我的！"我说："你有一颗关心班级的心，这很可贵。你想值日生们听你的话，一点都不难。首先，当有同学的值日工作做得不够好时，你能否轻言细语地跟她们说，并尽量用商量的口气提出自己的意见？其次，你能否不要站在教室里指手画脚，对这个同学说不是，对那个同学说不是？你能否动起手来，看哪个同学需要帮忙，就去帮一帮？"值日小老师听了我的话恍然大悟，对我说："卢老师，我知道了。我现在就去试一试。"现在，小妍又坚守着自己的服务岗位，而且如鱼得水，乐在其中。

（资料来源：卢妙云：《善做伯乐 知人善用——浅谈小学低年级班干部的选拔与培养》，东莞市学校德育研究会微信公众号，2021 年 3 月 25 日）

案例 2-12 中，当听到小妍不想再担任值日小老师后，卢老师并没有第一时间就去指责小妍，而是先耐心询问小妍原因，并对小妍愿意为班级服务的想法提出表扬，再逐一指出小妍在工作中存在的问题，帮助小妍渡过难关。

第三节　班干部的考核与激励

一、设立班干部的考核机制

案例 2-13

　　中新网 6 月 26 日电 据深圳市龙岗区人民政府新闻办官方微博消息，6 月 26 日，深圳市龙岗区教育局发布关于"吉华街道华龙学校四（2）班学生被班长处罚"事件的情况通报。通报提到，学校已要求班主任召开班会，对班长进行了严厉的批评和教育。

　　通报称，6 月 25 日，有家长反映吉华街道华龙学校四（2）班学生被班长处罚。获悉情况后，龙岗区教育局要求街道教办及时介入核实情况。经核查，上周五该班班长组织课间阅读，发现 12 名同学不认真，以踢脚等不当的方式进行处罚和纪律管理。

　　对此，学校已要求班主任召开班会，对班长进行了严厉的批评和教育，班长认识到了自己的错误并向同学诚恳道歉，班主任也进行了自我检讨并向家长道歉。目前，学校已对学生们进行安抚，对班干部队伍进行调整，并将有关情况向家长说明和道歉。

　　龙岗区教育局责成学校妥善处置此事，要求学校以此为戒，强化班主任队伍建设，引导学生用正确的方式管理班级；同时要求全系统加强学生干部的管理。

　　（资料来源：《深圳一小学班长体罚同学 当地教育局：已批评教育》，https://baijiahao.baidu.com/s?id=1637391839194656211&wfr=spider&for=pc，2019 年 6 月 26 日）

互动思考 ▶▶▶ ┈┈

　　班主任应如何避免上述现象的发生？

　　近年来，与班干部权力有关的校园事件频繁进入教育视野。班干部年纪小，容易受到周围不良风气的影响，如若再缺失对班干部的监督考核，他们就很容易错误使用班主任赋予自己的管理权和自主权，利用职务之便以权谋私，将教师的信任当作保护，让权力变成了霸权。因此，班主任要重视对班干部的考核。班干部考核是对班干部进行管理的重要环节，指对班干部在学习、工作表现等方面作出的具体评价。考核的主要目的是规范班干部的行为，防止班干部权力的扩大，更好地发挥班干部的模范带头作用。对班干部进行考核的过程，也是一个不断总结班干部队伍建设经验，发现并解决班干部队伍建设中出现的问题的过程，班干部岗位的设置是否合理、选拔过程是否公正、培养方式是否科学……这些都可以从对班干部的考核中获取有效信息。

（一）考核时间

从考核时间上看，班干部考核有定期考核和不定期考核两种。定期考核可以以周或月为时间单位展开，也可以在学期中和学期末展开，在固定的时间对班干部的工作进行考核。不定期考核一般是当班级中发生了班干部滥用权利、以权谋私的事件时，针对这一事件对班干部进行考核。

（二）考核内容

考核内容应该是全面广泛的，不能只注重班干部的学习成绩，忽视班干部品德的发展。一般来说，可以从"德、勤、能、量、学"五个方面考核班干部。

德：班干部的道德品质、思想观念、言行举止。

勤：班干部的工作意愿和工作积极性。

能：班干部的工作能力，如组织能力、协调能力、人际交往能力等。

量：班干部的工作质量、工作数量、工作完成度等。

学：班干部的学习成绩。

如表 2-1 所示，虽然具体的表述有所差异，但大多数班级都是围绕"德、勤、能、量、学"五个方面对班干部进行考核的。

表 2-1 班干部考核评价表（公平公正填写）

考核内容	分值	学生 1	学生 2	学生 3	学生 4
严于律己，诚实守信，遵守校规班规、各方面起带头模范作用，维护班级利益	20				
学习态度端正，努力争取进步，课堂听课专注，积极参与小组讨论，踊跃发言，课后不浪费时间，学习效率高	20				
注意仪容仪表和个人卫生，团结同学，待人有礼，不讲脏话，主动帮助同学，做事情考虑别人的感受	20				
对本职工作责任心强，作风踏实，不投机取巧，工作尽心尽力，虚心接受意见	20				

续表

考核内容	分值	学生 1	学生 2	学生 3	学生 4
工作不拖拉，会想办法，同学拥戴率高，工作效果明显	20				
合计总分	100				
对班委工作的建议					
你觉得班级里还有哪位同学更适合担任什么班级职务？（为班级更好地发展慎重考虑）					
对班级建设的建议					

（资料来源：当班主任的王林老师：《班主任必备 | 班干部期末考核评价》，当班主任的赛老师微信公众号，2023 年 6 月 19 日）

（三）考核主体

班干部考核主体要尽可能全面覆盖，将自我考核、教师考核、学生考核和学校考核结合起来，尽量避免单一考核者的个人偏见、"晕轮效应"等对考核结果的影响，保证考核结果的客观公正。

1. 自我考核

自我考核有利于班干部在回顾自身工作情况的过程中不断总结经验教训，提高后续工作的工作效率。自我考核一般通过班干部述职的形式进行，即班干部汇报时间周期内工作计划的完成情况，汇报内容包括这段时间做了哪些具体的工作、哪些比较满意、哪些还存在不足、改进措施是什么、对班级管理工作有哪些意见或建议、自己的心路历程等。通过班干部述职，班主任能够较为集中地发现班干部工作中存在的不足，及时做出有针对性的反馈。除了阶段性的班干部述职，平时班主任也要重视锻炼班干部的自我分析和自我调整能力，这里可以是对班级工作情况的整体分析，也可以是对近期某个重要事件的分析。

案例2-14

小杰 2012 年 9 月末的单项自我分析

升上初中后，我因几次不写语文作业"光荣"地当上了语文课代表。9 月结束了，我总算能写语文作业了，但收作业还是拖拖拉拉的，王老师催几遍后我才送去。在布置国庆节作业时，王老师放狠话说，国庆节回来后，我如果再把"作业放手里等着升值"（语文老师原话），我就要替他改作业，我的个乖乖！我决定，国庆节回来后，每天早到校 15 分钟用于收作业，在晨读前把检查结果一并送给王老师；语文课前一定去办公室帮王老师拿东西，也顺便送刚收到的语文作业；动员同桌刘梦雪（因为她的桌洞、桌面整理得极有条理）做我的"私人助理"（以每周三我帮她拖教室地板为"交换"），提醒我及时收作业；列出经常晚交作业的"黑名单"，交给王老师来督促。

（资料来源：王立华：《自我分析：班干部自我培养的有效方法》，《中小学德育》2023 年第 4 期）

通过案例 2-14 可以看到，小杰通过自我分析，终于体会到了语文老师的良苦用心，在自我调侃中表达了自己改掉拖拉习惯的决心，总结出了收发语文作业的时间、处理晚交作业的同学的措施，提高了自己的工作能力。

2. 教师考核

教师考核中最重要的主体是班主任，班干部作为班级的管理者和组织者，其工作涉及班级日常管理的方方面面，而班主任作为班级管理的引导者和指导者，对班干部的工作有着更为全面和客观的了解。班主任参与了班干部设置、选拔和培养的全过程，对每一位班干部都有着更深入的了解，能够因材施教指导班干部的行为，并根据班干部的反馈及时调整和改进治班策略。

在实际工作中，班主任往往面临诸多挑战，难以面面俱到，因此班主任要学会借助科任教师和生活老师的力量，让他们也参与到班干部考核之中，从更广泛的角度对班干部进行考核。科任教师参与班干部考核，可以辅助班主任开展工作，减轻其负担。通过与班主任的沟通与合作，科任教师可以为班级管理提供有益的建议和意见，共同推动班级的进步，尤其是对各科科代表进行考核时，任课教师和自己的科代表接触更多，给出的评价更加全面客观。生活老师主要是对班干部在食堂、寝室等非教学场所的表现和工作情况进行考核。

3. 学生考核

班干部由全班同学共同选出，为全班同学服务，同时也要受到全班同学的监督。学生参与班干部考核，有以下作用：

第一，提高班干部的工作能力和责任意识。学生的参与能够让班干部感受到自己的工作是受到监督和评价的，从而增强班干部的责任意识和民主意识，促使班干部更加关注同学们的需求和意见，更好地履行自己的职责，为班级服务。

第二，落实班级民主管理。所有学生参与其中，有利于充分发挥集体的智慧和力量，集思广益，共同促进班级的进步，同时也能够让每一位学生感受到自己的主体地位，真正地把自己当作班级的主人，增强民主意识和参与意识。同时，每一位学生都是小观察员，都能够发表自己关于如何更好地建设班集体的看法和建议，对班干部的工作进行客观的评价，这样，在增强学生集体意识的同时，让每一位学生都能真正地参与到班级管理的过程中。

第三，促进学生成长和发展。在考核班干部的过程中，学生能够对公平和公正有更进一步的认识，意识到尊重他人、团结协作的重要性，这为帮助学生树立积极向上的价值观打下坚实的基础。同时，学生在参与过程中有机会了解到班干部的工作内容和职责，理解班干部的所作所为，同时也能培养自己的沟通表达能力和独立思考能力。

在具体的实践中，考核方式要多样化，可通过交流讨论、问卷调查、个人发言等形式展开，并且要注意以下几点：

第一，制定科学的考核标准和内容。考核的标准和内容要根据班级和学生的实际情况来制定，要具有可操作性和针对性。班主任应提前制定好考核的标准和内容，将其告知学生，并向学生说明考核的目的、意义和要求等，让学生有充分的时间思考和准备。

第二，合理安排考核时间和方式。时间上，以不影响学生的正常学习为前提；方式上要多样化，但不管采取哪种形式，考核过程都要公开透明，严格遵循公平、公正、公开的原则，让每个同学都能够表达自己的意见和建议。

第三，重视反馈和总结。考核后的反馈和总结很重要，对于好的意见和建议要认真听取并及时给予回应，对于班干部的工作表现要客观评价并给予指导和支持，对于班级管理存在的问题要及时改进和完善，进一步推动班级管理的改进和发展。

📝 **案例 2-15**

班干部考核：自评他议促成长

1. 考核方式

（1）成长档案，回顾反思。为班干部建立成长档案，定期组织班干部例会回顾班干部工作中的得与失：两周一回顾，一月一小结，期末大总结，班干部针对自己的工作情况进行自我反思点评，实行星级自评，以视频形式记录工作总结，记录班干部成长轨迹。

（2）民主评议，榜上有名。在班级成立由非班委成员组成的"学代会"负责对班干部进行日常监督，每月末，学代会负责组织全班同学、全体家长及任课老师对班干部进行满意度调查，每月对于满意度最高的班干部，班主任负责公开表彰、上墙。

（3）星级评价，最美班干。对班干部的考核采取星级评价制，根据每月满意度调查结果，班干部可以得到不同的星级，如获得班级满意度最高的班干部可得三星，获满意度前 50% 的班干部得二星，获满意度后 50% 的班干部得一星，满意度最低的班干部则不得星。学期末汇总各月得星，成为班级最美班干的评选指标。

2.考核奖惩

根据得星总数，获得最多星者即为本学期"最佳班干部"，下学期可免选直接续聘该职务。根据得星数，其他班干部分别可被评为"最佳奉献奖""最有耐心奖""最真诚奖""最称职奖"等。对于满意度低、得星数低的班干部，由班主任决定是否续聘。

（资料来源：葛晓晓：《德育探索（二十八）〈班"官"成长纪事：小学班干部培养有效途径的探索〉》，象山县教科研中心微信公众号，2023 年 3 月 23 日）

案例 2-15 既注重了班干部的个人成长与反思，又体现了民主监督与激励机制，学生、教师、家长都是考核主体，能够对班干部的工作表现和能力水平进行客观全面的评价。同时，奖惩机制的设立也为班干部提供了持续的动力和目标。

二、促进班干部成长的激励措施

要想实现班干部由"会做"到"做好"的转变，离不开班主任的激励。班主任激励班干部的过程，就是班主任创设满足班干部各种需要的条件，增强班干部参与班级管理的动机，调动其积极性和创造性，促使班干部产生实现班级管理目标的特定行为的过程。

（一）以正向激励为主

班级管理中的正向激励是指通过班主任的鼓励、物质奖励等多种外部诱因，给予学生适当的正向强化刺激，使学生产生动力，自觉将班级管理者提出的要求内化成自己的行为方式，并朝着预期目标前进。作为一种教育手段，正向激励的最终目的在于让每位班干部都拥有良好的自我认同，相信自己是班集体中重要的、必不可少的一分子。

"正向教育激励的价值就在于正面提振受教育者的善良本能和积极品性，正向赞美他们的良好人格和优秀人性，给他们以成长的信心和力量。"① 常见的正向激励形式有正向目标激励和正向语言激励。

1. 正向目标激励

正向目标激励指根据学生发展需要，设置有意义的、连续的目标，以达到激发学生的动机，调动学生积极性的目的。班干部和班主任共同制定管理目标，一方面以目标为引领，降低班干部管理的盲目性；另一方面明确的目标也会在无形之中给予班干部一定的压力，促使班干部化压力为动力，规范自身行为，提高管理能力。在使用正向目标激励时，班主任应注意以下几个方面。

第一，制定班干部可接受的目标。维果茨基的"最近发展区"理论提出的实际发展水平和潜在发展水平之间的距离正是教师鼓励学生努力的空间，因此班主任要根据每一位班干部的最近发展区，帮助班干部找到适合的管理目标。第二，促使个人目标和集体目标相结合。个人目标的实现依托于集体目标的实现，而集体目标的实现离不开每一个个人目标的达成，班干部作为班级中的"火车头"，其个人目标是一定要和班级目标一致的。第三，给班干部持续不断的目标激励。要想激励班干部持续提升管理水平，就需要不断地给班干部提出新的、更高的目标，前一个目标的实现都会给予班干部充分的满足感和成就感，并激励班干部朝更高的目标努力。

2. 正向语言激励

正向语言激励是班主任对班干部进行有效激励的重要手段之一。班主任的正向语言激励能够让班干部感受到自己的付出得到了认可，促使班干部从内心产生一种积极向上的动力，从而更加主动地参与班级管理，发挥自己的潜能。在使用正向语言激励时，班主任应注意以下三点。

第一，肯定和表扬要及时。这就需要班主任不断提高自身观察、分析和判断的能力，及时发现班干部在工作中的闪光点。第二，表扬要真实具体。要结合具体事件、具体动作、具体对象，让班干部明确知道自己受到表扬的原因，才能帮助班干部明确自己的优点，从而更好地发挥自己的优势。例如，班主任可以对班干部的具体工作进行细致的点评。第三，要对班干部工作进行定期反馈，以确保正向语言激励更具持续性和系统性。

---

① 邵泽斌.从工具性激励到共在性审美：论教育中的正向激励与相依成长 [J].高等教育研究，2020，41（4）：76-83.

（二）恰当使用负向激励

负向激励是一种心理过程，旨在削弱个体的需求和动机，降低其行为积极性。常见的负向激励手段如惩罚、批评、记过、扣分等，以减少学生某一行为的发生概率，达到摆脱不良行为的目的。当班干部犯错误时，采取适当的负向激励能够让班干部意识到问题的严重性，时刻严格要求自己，规范自己的言行举止。

在制定具体的班干部激励措施时，将正向激励和负向激励结合使用能够发挥最大的激励作用，但需注意：第一，因材施教选择激励措施。班主任要根据班干部不同的性格特点，采取不同的激励措施，例如对性格内向的班干部要以正向激励为主，多多沟通，多多鼓励，对于负向激励的使用要慎重。第二，把握激励的度。任何激励措施都是要在一定的次数和频率之内才能真正发挥作用，一旦滥用，就会产生反作用。

思考与讨论

1. 请阅读材料①，作为班干部，小明有哪些值得其他同学学习的品质？结合案例，谈谈班干部在班级中扮演着怎样的角色，发挥的重要作用是什么？如果你是班干部，你将如何更好地发挥自己的作用？

【材料①】

小明是阳光小学五年级（1）班的班长，一直尽心尽力地为班级服务。他不仅在学业上表现优秀，还注重自己的言行举止，遵守纪律，经常主动帮助同学，但同时也会严格监督其他同学的行为，当发现有同学违反纪律时，他会及时提醒，积极维护班级的学习氛围。在一次班级活动中，小明负责策划和组织。他提前与同学们商议活动内容，制订详细的计划，并分工给每位同学，最终活动取得了圆满成功。小明也经常与老师交流，并及时传达信息。当然，他还非常暖心，当有同学遇到困难或心情不好时，他会主动安慰和帮助他们，为他们提供支持和鼓励。

2. 请阅读材料②，作为班主任该如何处理这种情况呢？

【材料②】

平时表现不太好的龙龙一直想当班长，但一直未能如愿。这次班干部竞选，龙龙又落选了，龙龙提出想转到一所自己能当班长的学校。龙龙的爸爸打电话给班主任，希望老师能让龙龙当班长。

3. 请阅读材料③，作为班主任该如何处理这种情况呢？

【材料③】

班主任为了规范最调皮的学生小阳的行为，让他担任纪律委员，刚当班干部时，小阳感到特别新鲜，很好地约束自己，可没两天，新鲜劲一过，小阳的坏习惯全显露出来，以管理为由在自习课上大喊大闹，还带头打闹，同学们要求班主任撤他的职。

第三章
如何开展小学主题班会

学习目标

　　1.学习主题班会对学生发展的作用，设定符合学生发展需求的主题班会目标及主题班会内容。

　　2.学习策划和组织主题班会活动，能够撰写一份合格的主题班会方案，掌握实施过程中的关键步骤。

　　3.学习运用多种评估方法来衡量主题班会的教育效果，通过反思和学生反馈，不断优化班会设计，以促进学生的全面发展和班会质量的持续提升。

思维导图

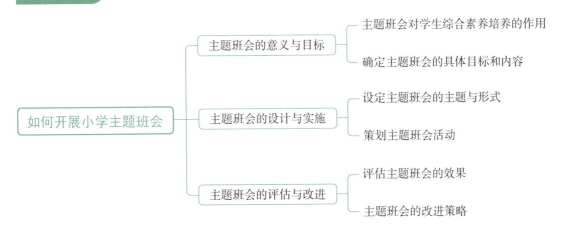

以往关于主题班会的解释通常是为达成特定教育目标、围绕某一个主题而对学生群体开展的班会活动。《中国中学教学百科全书：教育卷》指出，主题班会是"在班主任的指导下，由班委会组织领导开展的一种自我教育活动，是班主任对学生集体进行思想教育的一种重要途径。"[①] 但局限在思想教育方面似乎让主题班会的定位过于笼统，未突出主题的特色，因此本书认为主题班会是围绕着特定的主题开展的，在班主任的带领下、班集体成员共同参与的班级活动，能够解决班级发展过程中存在的教育性问题，具有鲜明的教育性、主题性、主体性。本章将从主题班会的意义与目标、主题班会的设计与实施、主题班会的评估与改进三个方面讨论如何开展主题班会。

第一节　主题班会的意义与目标

一、主题班会对学生综合素养培养的作用

主题班会不同于一般意义上的常规班会与其他班级活动，主题班会既能够对整个班集体发挥群体性的教育功能，在正向的情感感染之下引导班级舆论，规范班级行为，塑造良好班风，增强班级凝聚力，打造优秀的班集体，又能发挥对学生个体的教育作用，针对班级发展过程中实际存在的问题对学生进行正确的价值引导，健全学生的人格，并落实到学生的日常行为中，最终实现学生自我教育、提高学生综合素养的目标，将学生培养为全面发展的人才。具体而言，可以把主题班会的作用归纳为以下几个方面。

（一）认识提升

学生的品德心理结构可从知、情、意、行四个方面来概括，其中道德认知是学生对客观存在的道德关系以及处理这些关系的原则的认识，是学生品德结构中的引导性要素。只有建立起完善的道德认知，才能为道德情感、道德意志、道德行为的良好发展打下坚实的基础。主题班会是班主任针对学生在成长发展的过程中出现的个体道德发展问题和群体道

---

① 许嘉璐，林崇德.中国中学教学百科全书：教育卷［M］.沈阳：沈阳出版社，1990：166.

德发展问题，通过采取生动有趣或令人深省的活动形式，为学生传递道德知识，澄清学习和生活中存在的道德模糊区域并及时纠正道德不良现象，使学生逐步建立起完整的道德是非观的一种教育活动。

✎ **案例 3-1**

公民意识培养主题班会

● **班会目标**

　　① 让学生理解"公民道德规范"20 字的含义，争做文明小公民。

　　② 培养学生良好的道德品质，根据自己的道德认知能力、道德判断能力，就不同的环境和具体情况做出最佳判断，做出相应的道德行为。

　　③ 学生能自觉地按《小学生日常行为规范》内容规范自己的行为，由此使学生注重良好习惯的养成，不断提高自身素质。

● **班会过程**

　　1. 学生看思想道德公益广告《将爱心传送下去》

　　短片内容：晚上妈妈给儿子洗完脚以后，又给婆婆洗脚，孩子看到妈妈的举动后立即也给妈妈端来一盆洗脚水。

　　2. 学生齐背《公民道德建设实施纲要》最基本的 20 个字

　　爱国守法，明礼诚信，团结友善，勤俭自强，敬业奉献。

　　3. 学生们观看自己拍摄的录像，并指出不文明行为

　　主持人：下边我们做个游戏，名字叫"黄金眼"。游戏是这样的：我们先播放同学们拍摄的一些片子，大家看看片子中有哪些不文明的行为，然后进行抢答，答对一题加 10 分，最后我们评出前三名。

　　第一个片子内容：画面中依次出现一个"注意防火"的牌子，牌子上还画着一团火和一个灭火器，写着电话号码、地址、贴着小广告的宣传牌、广告牌等。

　　第二个片子内容：在动物园的狮虎山，一只老虎正在睡午觉，旁边立有禁止向动物扔杂物的警告牌，但还是有不少人向老虎身上扔石头要把它砸醒。在熊山，许多人一边逗狗熊一边将手中的东西投给狗熊，有香肠、香蕉皮、苹果核等。

　　第三个片子内容：春天，刚发芽的柳树枝上只剩下稀稀落落的一点儿柳芽；夏天，绿油油的草坪上有的人在踢球，有的人躺在上面；秋天，香山的路上有的游人手里拿着红叶；冬天，有人用力踹树，使树上的雪落在别人身上。

第四个片子内容：马路被挤得水泄不通，一辆小汽车堵住了对面一大串车的去路。汽车司机在那儿赌气，不但不让，还索性下车耗着。有的人急得直接按喇叭，可小车就是不理，行人从车的缝隙中穿行。

第五个片子内容：画面依次出现滴着水的水龙头，大白天开着灯的明亮教室，扔在垃圾箱里的馒头、白纸。

主持人：请回答片子中哪些行为不文明？开始抢答。

4．学生看自己拍的照片，指出不文明的行为

主持人：同学们做生活中的有心人，拍了些照片，请你看一看照片中反映了哪些不文明的事？

第一张照片内容：挂在电线上的风筝。文字内容显示风筝说："偏在天桥上放！偏在天桥上放！这回满意了！"

第二张照片内容：狭窄的楼道中堆放着杂物。

第三张照片内容：残缺的垃圾桶。文字内容显示垃圾桶说："别把我的上衣拿走！"

第四张照片内容：一群学生在麦当劳内大吃大喝，身上穿着名牌衣服，手上戴着高级手表。文字内容显示"生日PARTY"，一学生讲："我老爸有的是钱，随便点！"

5．学生自我教育，表演自编小品《文明，就差这一点》

主持人：习惯的养成不是一朝一夕能完成的事，这就要求我们每个人严格约束自身言行，做到天天遵守、时时克制，直到非常熟练，成为生命的一部分，想丢也丢不掉，便成了好习惯。对于一个集体，只有多数人养成了好习惯，才能形成好风气；只有形成了好风气，才能促使其他的人更加进步，才能使我们的社会更加美好。下面由同学们表演自编的小品节目《文明，就差这一点》。

6．学生讨论交流有关文明的话题

主持人：我们看了这么多、听了这么多有关文明这个话题的事例。现在，请同学们自由讨论交流对文明这个话题的看法。

7．班主任总结

班主任：在这次班会的准备和召开过程中，我高兴地看到每一个同学都积极主动、认真地参与到整个活动中来，表现出了极高的主人翁精神，希望大家将这种积极进取、勇于创新的精神发扬下去。这是一次非常成功的班会，大家通过从身边收集到的很多不同方面的小事，认识到习惯虽小，造成的影响却很大这个道理。因此，我们

要按《中小学生日常行为规范》中的要求规范自己的言行，从我做起，从小事做起，从现在做起，做文明人，共建文明、美好的幸福家园。

（资料来源：纪微：《在集体中健全人格》，东北师范大学出版社2010年版，第37～44页）

案例3-1主题班会设计通过抢答互动的形式澄清学生在日常生活中的认知错误，让学生在提问抢答、互相讨论、自我反思总结的过程中深刻感受到自身公民意识的提升，巧妙地解决了学生道德发展过程中容易出现的问题，形成正确的公民价值观，让学生逐步建立起完整的道德是非观，明白了规范言行、积极进取、从小事做起的重要性。

（二）情感感染

主题班会通过特定道德主题的设置、情感基调的引导与全部班集体成员共同参与其中的方式，能够实现集体氛围的渲染。学生通过自己亲身参与主题班会中的讨论、表演等，能够在主题班会进行的过程中产生知识的吸纳与情感的共鸣，触动内心世界，进而激发道德情感。同时因为班集体成员的共同参与，学生之间形成强大的班级凝聚力与良好的情感氛围，积极的道德情感在班级成员之间相互传递，形成情感感染效应。

案例 3-2

闪闪的红星

● 班会目标

①认知目标：通过观看电影，学生了解中国革命历史中的儿童英雄，意识到自身价值要在国家的整体发展中实现。

②情感目标：通过体验守密、藏盐、送信等活动，学生充分认识到身为中国少年的责任担当。

③行为目标：通过与剧中的小英雄对比，学生反思自己的行为，树立远大理想，发扬少先队员的优良作风，将爱国情怀落实到实际行动中。

● 班会过程

导入：讲述小英雄的故事

教师：同学们，五年级的你是否还记得一年级入队时的光荣场景？我们胸前的红领巾代表着什么？

学生1：它是五星红旗的一角，是革命先烈用鲜血染红的。

教师：老师想考一考大家。革命年代涌现了不少和你们年龄相仿的小英雄，谁能说一说他们的故事？（教师出示小兵张嘎、小英雄雨来、小英雄王璞、小英雄海娃的图片。）

（学生分享故事。）

教师：看来同学们对小英雄的故事非常了解，这些小英雄都值得我们学习。今天，让我们跟着电影《闪闪的红星》，看看潘冬子是怎样一步一步成为红军的。

环节一：动手动脑真体验

1. 心有信仰——守密

教师：电影中有潘冬子坚守党的秘密的情节，我们在生活中也要保守秘密。比如，陈老师告诉大家一个重要信息，要求大家要保守秘密，不能告诉任何人，你们会怎么做？请大家以小组为单位，快速阅读老师给的信息，一会儿请两名同学分别扮演询问者和被询问者。被询问的同学必须严守秘密，一旦泄露即视为失败。

（学生情境演绎。）

学生1：老师刚才和你说了什么呀？快告诉我。

学生2：不行，老师说了要保密。

学生1：你告诉我吧，我一定不会告诉别人的！

学生2：那也不行，万一你泄密了怎么办？

学生1：如果你把信息告诉我，我周末带你去环球影城玩。

学生2：不去，下次我可以自己去。

学生1：你太不够意思了吧，我可是你最好的朋友，你竟然不告诉我，我要和你绝交。

学生2：就算绝交我也要保守秘密！

（教师与学生交流感受。）

教师：当好朋友向你承诺不会把信息告诉别人时，你心里怎么想？

学生2：虽然他说了不会告诉别人，但我还是很担心他会说出去，还是不告诉他更安全。

教师：当他表示约你去环球影城玩时，你是否心动？

学生2：我很心动，很想去，但我可以以后去。

教师：当他提出要和你绝交时，你是怎么想的？

学生2：我心里很难受，因为他是我最好的朋友，但是守信比朋友更重要，守信是少先队员重要的品质。

教师：其实在和平年代，我们依旧要为国家保守秘密，你们知道具体怎么做吗？

学生3：在路上看到军人，不能随便拍他们的照片，更不能把照片发到网络上。

学生4：电脑的内外网不能混用。

学生5：定期给电脑杀毒，防止被攻击。

教师：和平年代也要保守国家的机密！听到你们的回答，老师很欣慰，你们和潘冬子一样勇敢、忠诚！让我们一起来回顾这个片段。

（教师播放《闪闪的红星》片段。）

2. 巧运物资——藏盐

教师：潘冬子的妈妈不把秘密告诉胡汉三，壮烈牺牲。潘冬子看到妈妈牺牲了，变得更加坚强，他立志要除掉汉奸。接下来的情节是潘冬子帮助红军运送物资。如果你是潘冬子，你会如何藏盐？

学生1：先把盐放进瓶子里，加水并摇晃瓶子使盐溶解，制成盐水。再把盐水倒在毛巾上，等需要用的时候，再把毛巾里的盐水拧出来。这样就可以不被敌人发现。

学生2：他们组的方法和电影里潘冬子的方法一样。

学生3：潘冬子好聪明啊，要不是看过电影，我真想不出这个办法。

教师：同学们，年龄不是阻挡我们实现理想的理由，我们要用智慧跨过前行路上的坎儿。让我们一起来回顾这个片段。

（教师播放《闪闪的红星》潘冬子运盐片段。）

3. 智慧传递——送信

（教师展示潘冬子写信的图片。）

教师：看到这张图，你们回想起了电影中的哪个情节？

学生1：潘冬子知道了敌人的秘密，想写信给八路军，让他们截获那批粮食。

教师：我们也来开展一次送信活动，以小组为单位，我把"机密信件"给最后一排的同学，各小组商量送信的方式，思考怎样才能最快、最安全地传递给组长。注意，这是一个秘密行动，在传递过程中，你们不能离开位子，更不能大声喧哗，一旦暴露，这次行动就视为失败。

（各小组实践演练，传递"机密信件"，两名同学扮演敌人干扰行动。）

教师：结合刚才的活动，你们觉得要想完成党和国家交给你们的任务，应该具备什么条件?

学生2:要具备团结的品质,我们组商量好谁传给谁,谁保护谁,明确责任,所以我们小组是最快传递过去的。

学生3:要讲究策略,我们组用假消息迷惑敌人,成功传递了真消息。

环节二:情感升华表决心

1.守护荣光——参军

(教师播放潘冬子参军的视频。)

教师:终于,在杜鹃花开得最灿烂的时候,潘冬子戴上了闪闪的红星,成为一名光荣的红军战士,实现了他的梦想。让我们跨越时空,对潘冬子致以最响亮的喝彩,老师也忍不住说,潘冬子,你是少年的骄傲!

(学生写下自己的感想或者想对潘冬子说的话,并在班上分享。)

2.学生交流梦想

教师:如今,我们生活在和平年代,和潘冬子比起来,我们是幸福的。你的梦想是什么?

学生1:我想成为一名航天员,为祖国的航天事业作贡献。

学生2:我想成为一名解放军,保家卫国。

学生3:我想成为一名运动员,在奥运会上夺金牌,为国争光。

教师:看了《闪闪的红星》,我们看到了潘冬子的机智、果敢、坚毅。如果未来的你遇到这些情况,你会怎么做?

教师:未来的你若是一名医生,当一种新型传染病席卷全国,此时,国家需要你前往一线,你会怎么做?

学生4:我会毫不犹豫地前往一线,为祖国贡献自己的一份力量。

教师:若你是一名消防战士,突发火灾时,人民需要你,你敢去救援吗?

学生5:我敢!这是我的责任,我会毫不犹豫地扑灭大火,救出人们。

教师:若你是一名学者,在国外看到一些颠倒黑白、扭曲中国形象的新闻,你会怎么做?

学生6:我会告诉他们中国的实际情况,和他们据理力争。

3.传承红色精神

教师:听到同学们的回答,老师被深深地感动,我为你们的决定感到骄傲。过去,这颗闪闪的红星照耀着潘冬子一路跟党走，今天，老师将这颗红星送给大家，愿你们每个人都能像红星一般闪耀，照亮中国的未来。老师还为大家准备了一份礼物，请各组组长上台领取红色革命故事书。希望同学们多翻阅这些书，从中汲取力量，争做新时代好少年，为共产主义事业奋斗！

（教师带领全体同学庄重宣誓。）

教师：准备着，为共产主义事业而奋斗！

全体学生：时刻准备着！时刻准备着！时刻准备着！

（资料来源：陈丹宁、赵霞：《闪闪的红星——小学五年级"爱国主义教育"主题班会》，《新班主任》2023年第22期）

案例3-2主题班会以电影《闪闪的红星》为主题素材组织开展守密、藏盐、送信等主题鲜明、形式多样的体验活动，让学生在沉浸式体验活动中跟随主人公潘冬子的步伐体会革命年代中少年儿童的艰难困苦与责任担当，同时通过主题班会中班主任的语言与动作，逐步引导学生了解国家发展的不易，并在班级中酝酿起爱国爱党的情感氛围，以此激发学生心中的爱国情感与家国情怀。通过和潘冬子对比，学生逐步明确自己的理想信念，明白自己的家国责任与担当。这样，班级内部形成强大的凝聚力与浓烈的爱国情感氛围，这种爱国情感深深触动学生的内心世界，为其爱国精神的形成奠定重要基础。

（三）价值引领

主题班会的设定通常围绕着特定的道德主题展开，围绕该主题创设道德问题情境，学生充分表达自己的想法，互相交流不同的观点，在观点交锋的过程中得出更全面的思考与感悟，明辨道德是非并提升道德素质，树立起正确的世界观、人生观、价值观，形成坚定的人生信仰。同时，开展主题班会能够在班级内形成正确的舆论与良好的班风，使班级成为学生价值观念成长的摇篮。

 案例 3-3

时代的榜样　前行的力量

● 班会目标

①认知目标：明确榜样对人生的指引作用，确立自己的榜样。

②情感目标：体会时代榜样的精神品质，增强对榜样力量的认同感，激发学生树立远大理想，努力成长为时代榜样的斗志和家国情怀。

③ 行为目标：完成力量卡的填写，并将榜样赋予的力量与实际生活相结合，思考具体的落实行动。

●班会过程

环节一　致敬榜样　感受力量

（黄文秀的事迹导入）

1. 请同学分享黄文秀的事迹

2. 播放学生表演的五四戏剧节剧目《大山的女儿》片段

3. 三个问题引导学生思考

问题一：听了黄文秀的事迹，观看了视频，你有什么感受？

问题二：如果你是黄文秀，当你面对"留下"和"回去"时，你会做出怎样的选择？

问题三：你如何看待黄文秀的选择？

4. 以小组为单位给黄文秀写一段颁奖词

5. 呈现黄文秀入党申请书中的一段话

教师总结：她的坚守初心和责任担当是青年人学习的榜样，她的精神化作一股前行的力量激励了很多青年人。榜样的力量到底有多大呢？习近平总书记曾说过："我们50年代出生的这代人都深受焦裕禄精神的影响，是在焦裕禄事迹教育下成长的。我后来无论是上山下乡、上大学和参军入伍，特别是后来当县委书记、市委书记，一直有焦裕禄的影子伴随。见贤思齐，总是把他作为一个榜样，对照自己。"可见榜样赋予的力量是无穷的，内化于心，外化于行。

环节二　走近榜样　积蓄力量

活动一：分享榜样故事

每个人的人生轨迹不同，梦想不同，可能榜样也不同。请两位同学上台分享他们心中的榜样人物。

教师总结：榜样可能是像邓稼先、王亚平那样已经找到自己的人生目标，并且将个人发展与祖国命运紧密相连的英雄人物，他们更像远方一颗闪亮的星指引我们前行，也可能是我们身边简单平凡的人，却在平凡中做着不平凡的事。

活动二：全国十位新时代好少年的事迹

展示十位新时代好少年的事迹，提出问题：这些少年为什么被评为新时代好少年，你觉得新时代好少年应该是怎样的一种精神"画像"？

教师总结：在他们的身上我们看到了新时代少年的自强不息、求真务实、友爱奉献，他们虽然能做的不多，却在自己的能力范围内践行着时代少年的榜样示范作用。

活动三：确立榜样人物，填写力量卡

引导提问：你有崇敬的榜样人物吗？他（她）带给你怎样的力量？

环节三 成为榜样 绽放力量

活动一：榜样精神的传承

播放《榜样7》采访王亚平的视频。

引导提问：

1. 主持人说"心有翅膀都飞到太空了，这心的翅膀得多大多美啊，是什么样的一双翅膀？"王亚平是怎么回答的？

2. 王亚平的事迹带给你怎样的启示？

活动二：成为榜样 绽放力量

榜样给了我们力量，这股力量转化成哪些切实行动呢？结合你的榜样和平时的学习生活谈一谈你的想法。

环节四 课堂小结

引导学生再次审视班会课的主题"时代的榜样 前行的力量"，挖掘主题的含义。

（资料来源：四川省成都市第七中学初中学校 刘翠翠）

案例3-3主题班会以黄文秀的事迹作为导入，引出榜样的作用这一主题，班主任让学生思考自己的榜样并在班会的讨论与交流中感受榜样的作用与意义。四个主题班会环节层层递进，通过"致敬榜样 感受力量""走近榜样 积蓄力量""成为榜样 绽放力量"三部曲之后总结，让学生在时代榜样这一情境中感受优秀人物身上的道德品质，并逐步建立起符合社会主义核心价值观的正确思想观念，激发学生奋勇向前的精神。

（四）行为规范

学生能够全面参与到主题班会设计、组织、开展、延伸的全过程，学生这种深度参与的行为使得主题班会发挥出提升学生道德认知水平、激发学生情感共鸣以及建立正确的价值观念等作用。同时，在主题班会的开展过程中，学生们不断发生思想碰撞、重塑，并由此逐步提升自己的认知，内化于心、外化于行，按照新获得的认知来规范、调整自身的道德行为与学习行为。由于这种行为规范不是源于外部的说教式的教育结果，而是学生自己在自身沉浸体验后潜移默化的行为改变，因此，学生充分接纳并认可这种自觉形成的行为结果，学生的行为表现得到长期性的自觉规范。

📝 案例 3-4

关爱生命，安全出行

● 班会目标

通过展开"关爱生命，安全出行"的主题班会，使同学们借助生动鲜活的案例和积极有效的互动，进一步增强交通安全意识，自觉遵守交通法规，提高自我防范能力，积极宣传并真正实践交通安全理念，有效地防止安全事故的发生。

● 班会过程

1. 调查数据凸显交通安全隐患

播放交通事故视频短片《坐在篮球里的女孩》，展示出行方式随机调查的资料短片，初步使同学们切身感受到，在所有的安全隐患中交通安全占有相当大比重。

2. 寻找、发现身边的交通安全隐患

展示交通安全事故造成伤亡的数据，明确交通安全隐患就在我们身边并且无处不在，随时都可能对我们造成伤害。同学们自由交流生活中所看到的、感受到的交通安全隐患，初步认识到遵守交通规则的必要性和重要性，树立交通安全意识。

3. 观看交通安全案例，直面交通安全事故的危害

播放有关安全事故的资料短片，展示发生在身边的交通安全事故及相关统计数据，使同学们深刻地感受交通事故的严重危害性及交通安全的重要性。

4. 深入讨论交通安全的必要性，树立交通安全意识

学生交流观后感受并结合自己的实际谈谈应该怎样遵守交通法规，切实提高自我保护能力。

5. 接受交通安全知识的宣传

由交通大队的工作人员给同学们讲解常见的交通标志含义以及该怎样遵守交通法规，使同学们由感性的交通安全意识上升到理性的、专业的交通法规的操作。

6. 提出倡议，强化交通安全意识

同学们描绘规范的交通秩序下人们幸福生活的美好情景，并由此倡议大家从我做起，从现在做起，严格遵守交通规则，积极实践交通法规。强化学生的交通安全意识、实践交通安全理念。

7. 献计献策，建言交通安全

以学生的视角为交通安全提出建议，促使同学们关注交通，由此培养学生关注社会的责任感和使命感，进一步深化和升华本次班会的主题。

8. 班主任总结

老师针对交通安全的现状和危害程度以及同学们安全意识的形成过程进行总结。指明现在的交通安全隐患是由多方面原因导致的，需要全社会积极行动，号召同学们从现在做起，遵规守纪，加强自我防范意识，时刻树立安全第一的交通安全理念，积极宣传并真正实践交通安全，有效地防止安全事故的发生。

（资料来源：迟希新：《有效主题班会十讲》，华东师范大学出版社 2022 年版，第 22 ～ 23 页）

案例 3-4 中的这场主题班会活动紧扣交通安全主题对学生展开安全教育，通过教师引领的方式提高学生的安全知识，以视频案例生动引发学生的情感共鸣，提高了学生的交通安全意识，让学生自身沉浸体验后自觉产生行为改变，规范了学生的日常交通行为。

二、确定主题班会的具体目标和内容

主题班会的目标设定通常基于活动展开的背景，如国家与学校教育计划、班级发展中的实际情况等，具体目标的设定要充分考虑学生的成长规律。是否实现或者多大程度实现了主题班会的目标是评价主题班会开展有效的重要因素之一。2017 年 8 月教育部正式颁布的《中小学德育工作指南》对德育总体目标与学校在各学段应达到的目标、德育内容以及实施途径和要求作出明确规定，是班主任在设计主题班会的具体目标与内容时的权威性参照。

（一）确定主题班会的目标

确定合理的主题班会目标是成功开展活动的前提，也是评价本次活动有效性的重要因素之一。合理设定主题班会目标需要班主任对国家和学校教育计划、班级发展实际情况以及教育教学活动都有着深刻理解，避免主题班会目标"假大空"的问题出现。设定主题班会的目标既要考虑到宏观层面的教育计划与政策要求，也要考虑到微观层面的学生个体发展问题与要求，有效引领班级成员提升道德水平。班主任确定主题班会的目标时应注意以下几方面。

1. 调整主题班会目标层次

主题班会目标定位过高是班主任在实践中频繁出现的问题之一。在现实主题班会教案中经常会看到如"树立学生的价值观""树立远大理想与志向""培养学生的使命感"等目标用语，这些主题班会的目标将自身定位过高，远离了学生的现实生活与成长需求，在此情形下，学生难以理解老师的价值要求，甚至会引起反叛的心理，有意做出与主题班会引导的目标相反的行为。这种情况不仅不利于学生的道德发展，还可能对主题班会的育人效果产生负面影响。因此，班主任在确定主题班会的目标时要注意调整目标的层次，让主题班会的目标尊重学生道德发展的客观规律，还要针对班级现实发展中出现的特殊情况，实事求是地确定主题班会具体目标，使主题班会的目标发挥出激发学生内心对道德发展的情感共鸣，并促进其进一步转化为道德行为的作用。例如，与其设定一个宏大的目标如"培养学生的使命感"，不如将其细化为更具体、更贴近学生生活的目标，如"引导学生认识到自己在学习、家庭和社会中的责任，并鼓励他们积极承担自己的责任"。这样的主题班会目标不仅更容易被学生理解和接受，也更有可能激发他们的行动热情。但调整主题班会目标层次并不意味着降低对学生的发展要求，而是通过更具体、更实际的目标来引导学生逐步成长。班主任在确定主题班会的目标时应发挥目标的超越性功能，给学生制定具有向上牵引作用的目标，指引学生的发展方向，培养学生的道德品质并不断提升其道德境界。

总之，班主任在确定主题班会的目标时，需要平衡好高远理想与学生实际需求之间的关系。通过调整目标层次并细化具体目标，班主任能够更好地激发学生的参与热情并促进他们的道德发展。同时，通过发挥目标的超越性功能，班主任可以引导学生不断追求更高的道德境界并实现自我超越。

2. 锚定主题班会主要目标

班主任受全面发展育人的思想影响而又未得到实际可行的行动指导，以及想要兼顾个体特殊情况、班级整体发展、重大时事新闻、国家与学校教育计划等多方面发展需求，在开展主题班会的现实过程中容易出现目标预设过多的问题。过多的目标设定集中在一场主题班会活动中会导致内容繁杂无序的问题出现，学生对每个板块浅尝辄止，无法深入探讨和体验，更难以产生深刻的共鸣。因此，班主任在确定主题班会的目标时要锚定主要目标，有所取舍，突出重点，找到当前学生发展的主要问题，形成主题班会的核心，聚焦于学生可培育的道德要素来确定主题班会的目标。在确定具体目标时要根据学生的年龄、具体问题来分析将本次主题班会目标的重点放在"认知""情感""行为"的哪一方面。例如，对于低年级的学生，班主任可能更需要通过游戏和活动等方式引起学生的情感共鸣，培养他们的团队合作意识和集体荣誉感；而对于高年级的学生，班主任可能更注重于引导他们深入思考社会问题，丰富他们的社会认知，形成独立的价值观和判断力。此外，如果一个主题涉及的内容较多，班主任可采取系列化主题班会的做法，将一个主题分为若干子主题，每个子主题锚定同一主题下的不同的主要方面，逐个解决复杂的发展问题。

3. 目标表述语言翔实易懂

在策划和撰写主题班会的目标时，班主任有时可能会受到日常阅读的文学作品的影响，倾向于使用华丽、辞藻丰富的语言。然而，这种语言风格往往过于注重形式而忽视了内容，导致目标表述空洞，缺乏对学生现实发展问题的具体指导意义，削弱了主题班会的教育效果，难以进一步促进学生的道德发展。因此，班主任在表述主题班会目标时要注意语言翔实易懂，能够对实际的教育活动起到引领作用。主题班会的目标要求能够清晰地传达本次活动的核心目的和期望达到的效果，避免使用过于复杂或晦涩的词汇。同时，班主任要注意根据班级实际发展情况与需求来确定主题班会的具体目标，提高目标的针对性和实效性。但语言翔实并不意味着用词随意或过于口语化，班主任在撰写主题班会方案中的目标时要注意规范用语，依据《中小学德育工作指南》等指导性文件制定符合班级实际的主题班会目标，使目标既具有形象性和具体性，以便学生能够更好地理解和接受，又具有规范性和概括性，以便能够准确地传达班会的育人理念和要求。此外，班主任在表述主题班会的目标时，还需要结合学生的实际情况进行翔实的阐述。班主任可以通过具体的案例、故事或情境来帮助学生更好地理解目标的意义和要求，从而激发学生的参与热情和行动力。

4. 主题班会目标能被测评

主题班会的目标设定往往容易只重视语言的表达而忽略了实际的达成效果测评。班主任设定的主题班会目标是关于学生道德水平提升方面的要求，设定时如果对道德认知、道德情感、道德意志等构成要素表述含糊，那么在后续的活动展开过程中就难以给予学生实际的变化测量与评估，也难以判断教育目标的达成效果，从而无法指向学生的实际道德生活。因此，班主任在确定主题班会的目标时要注意目标可测评化。在确定目标时可根据 MORS 法则（又被称为具体性原则），由 Measured（可测评）、Observable（可观察）、Reliable（可信赖）、Specific（明确化）构成，用来帮助明确目标方向并测评目标完成度。

首先，班主任在确定主题班会的目标时要明确本次班会的作用领域与范围。主题班会是为解决当前学生个体或班级存在的道德发展问题而展开的教育活动，通常会首先作用于学生的道德认知领域。因此主题班会的目标可锚定在道德认知领域，可以设定主题班会的目标为"学生能够清晰表达对某一道德问题的看法"或"学生能够辨析不同道德行为的对错"等形式。这样的目标既明确又具体，便于后续班主任进行观察和测评。其次，班主任能够通过观察学生的外部行为来判断目标的达成效果。例如，在主题班会结束后，班主任可以持续观察学生在日常生活中是否将所学的道德知识应用到实际行动中，并确认学生的行为变化是真实且持久的。最后，班主任还可设置主题班会效果检验环节来验证开展效果，使主题班会的目标可测评化并指向学生的实际生活。例如，可以设计一份前置和后置的调查问卷或测试卷，让学生在主题班会开始前和结束后填写。通过对比学生在活动前后的答题情况变化，班主任可以直观地了解他们的道德认知水平是否有所提高。

（二）设定主题班会的内容

主题班会活动既要从学生实际出发，遵循学生的道德发展规律与身心发展特点，细心观察班级与学生个体的道德发展中存在的问题，又要充分结合《中小学德育工作指南》等指导性文件，以此作为权威性参照设定主题班会的内容。在实际主题班会的设计过程中有时会出现每次主题班会单独呈现导致前后毫无衔接，无法检验学生的道德发展成果，或是一次主题班会无法完全讲明白主题班会的内容的情况。因此，班主任在设定主题班会的内容时要注重充分发挥系统思维，着眼于学生道德教育的整体发展，同时抓住学生发展的关键问题，加强前后班会之间的联系，形成螺旋式上升的主题班会系列活动。

1. 主题班会的横向内容设计

教育部发布的《中小学德育工作指南》中指出德育的内容要包括理想信念教育、社会主义核心价值观教育、中华优秀传统文化教育、生态文明教育、心理健康教育等多个方面。新时代要求培养德智体美劳全面发展的建设者和接班人，因此班主任在设计主题班会的总体内容安排上要尽可能地做到全面、多层次、多维度，在确定主题和选择内容时要充分结合《中小学德育工作指南》考虑到良好品质的人格中包含的共同特质，让主题班会的价值教育尽可能全面覆盖高尚品格的各个层面。

在具体的主题班会内容设计上，班主任可从学生的道德认知、道德情感、道德意志、道德行为等方面着手，规划各方面的道德教育内容。首先，班主任可以从学生的道德认知层面出发，通过组织讨论、演讲等形式，让学生了解并认识到什么是正确的道德观念，如何在实际生活中践行这些观念。例如，班主任可以围绕"诚实守信"这一主题设计一场班会活动，让学生分享自己或身边人的诚信故事，从而深化对这一品质的理解。其次，学生的道德情感的培养同样重要。通过情景模拟、角色扮演等活动，让学生在体验中感受到道德情感的力量。比如，班主任可以采取模拟一个公共场所的场景的方式，让学生扮演不同的角色，体验在公共场所如何做到文明礼貌，从而培养他们的公德心。再次，学生的道德意志培养也不容忽视。班主任可以通过设置挑战任务、组织志愿者活动等形式，让学生在实践中锻炼自己的意志品质。比如组织一次环保志愿者活动，让学生在实践活动中学会坚持与奉献。最后，道德行为的养成是德育的最终目标。班主任可以通过制定班级规范、开展文明行为评比等方式，让学生在日常生活中养成良好的行为习惯。例如通过设立"文明之星"等评选活动，鼓励学生在日常生活中做到讲文明、树新风，立志成为社会主义接班人。

除了关注以上四个维度，班主任还需要留心观察班级学生发展的实际情况，关注班级和学生个体发展过程中存在的具体问题，并结合国家和学校的教育计划来设计主题班会的内容。同时，班主任也要密切结合社会时事新闻热点，按照学生身心发展规律与需求来设计主题班会的内容，充分利用主题班会这一途径提升学生的道德认知与道德情感，培养学生热爱国家、服务社会、乐于奉献的精神，同时强化学生的学习动机，为学生将来的成长打下坚实的基础。

2. 主题班会的纵向顺序设计

学生发展呈现顺序性的特点，每个年龄段的学生呈现着不同的特征，需要班主任根据实际情况来调整主题班会的具体内容与形式，来完成相应阶段的发展任务，使主题班会的教育效果更具有针对性。例如，一年级到六年级的学生身心快速发展，班主任要根据每个年级的学生呈现的总体特点以及日常观察到的班级成员表现出的具体成长问题来确定教育主题，建立起贯穿学生整个小学生涯的主题班会时间轴（见图3-1）。一年级可以以养成良好卫生习惯为主题，引导学生衔接日常生活与学校生活；二年级可以以日常行为规范为主题，帮助学生逐步形成良好的规范意识与行为习惯；三年级可以以安全教育为主题，让学生在面对火灾、地震、交通事故时能够有一定的应对能力；四年级可以以感恩教育为主题，引导学生学会感恩、学会赞美；五年级可以以爱国主义教育为主题，发扬民族精神，培养学生爱国守法的观念，逐步建立起社会主义核心价值观；六年级可以以心理健康教育为主题，让学生领悟自我价值，培养学生形成强大的内心，建立起正确的人生观、世界观与价值观，为今后的学习生涯打下良好的基础。

图 3-1　主题班会纵向设计图

在实际主题班会的设计过程中，班主任经常遇到一次活动无法完全展示设定的主题班会内容的问题，导致主题班会教育浅显化，无法引起学生的反思与共鸣。此时班主任需要运用系统思维按照纵向的维度来设计系列化的内容安排，将大的主题细分为若干子主题，在每个子主题呼应总主题的情况下侧重不同板块的内容展开教育。例如，以社会主义核心价值观教育为主题的班会活动，班主任可从爱国主义教育、国情教育、国家安全教育、民族团结教育、法治教育、诚信教育、文明礼仪教育等多个方面前后衔接，引导学生牢牢把握国家层面的富强、民主、文明、和谐的价值目标，深刻理解社会层面的自由、平等、公正、法治的价值取向，自觉遵守公民层面的爱国、敬业、诚信、友善的价值准则，将社会主义核心价值观内化于心、外化于行，为将学生培养为社会主义的接班人做准备。此外，《中小学德育工作指南》对各学段的德育目标也作出了明确规定，要求引导小学低年级学生热爱中国共产党、热爱祖国、热爱人民，爱亲敬长、爱集体、爱家乡，了解自然与生活常识，养成基本的文明行为习惯；要求小学中高年级学生了解家乡发展变化、国家历史常识、中华优秀传统文化和党的光荣革命传统，并初步形成规则意识和民主法治观念，具备保护生态环境的意识。因此在不同的年级对于同一主题可采取逐步深入的方式设计内容，例如，开展保护环境的主题班会时，对于二年级的学生可从身边的水资源浪费现象着手设计活动，引导学生形成资源保护的认识，对于五年级的学生则可从资源存量紧张的问题着手，引起学生的情感共鸣，让学生逐步具备环境保护的意识。

3. 主题班会的系列化设计

由于学生的身心发展呈现出一定的顺序性，因此班主任在指导学生的发展过程中既不能逾越过程跨步前进，也不能逆向成长违背规律。学生身体内部的各大系统成熟顺序大致是：神经系统、运动系统、生殖系统。此外，学生的身心发展还呈现出阶段性的特点，既表现为量的积累，同时也存在质的飞跃。皮亚杰的认知发展阶段论、埃里克森的人格发展八阶段论从不同的标准出发总结各年龄段呈现的不同特征与矛盾，以及面临的不同发展目标。但总的来说教师在教育过程中要面临的是一个个不同的学生个体，学生的发展呈现出整体性的特点，教师要把学生看作复杂的整体的存在，在主题班会开展的过程中坚持学生德、智、体、美、劳等方面的全面发展。因此在设计主题班会的过程中，班主任需要注重学生发展过程中呈现的顺序性、阶段性、整体性等特征，将整个小学阶段的主题班会视作一个大的整体，并在各个年级、各个月份不断细化，最终形成一个完整的主题班会系列集合，发挥出整体最优教育效果。

此外，考虑到单次主题班会的时长有限，承载的主题班会内容也有限，班主任在具体设计主题班会活动时就要充分考虑到所选择的主题下包含的具体内容项目、活动的环节与过程、教育效果的巩固与延续等方面，如果一次主题班会活动不能将以上方面完全表现出来，班主任可以采取总分、拆分等形式，将所选择的主题进一步细化，分在多次主题班会活动中进行，形成一个主题班会活动系列。

① 总分形式系列。班主任可以将该系列的第一次主题班会作为本次内容主题的引入介绍，在之后的若干次主题班会中分别按照主题的各个构成要素来展开每一次活动，就像写作文一样在开头表明文章的中心思想和主要观点，并在随后的段落中依次表明细化的各个分论点，不断将主题丰富、深化，让学生在一系列主题班会活动中深刻体会到该主题的意义，充分发挥出该主题的教育效果。例如，以爱国主义教育为主题的班会活动第一次主题班会可以设计为"童心共筑中国梦"，让学生初步感受艰苦奋斗、辛勤劳动的中华民族传统美德，感受各民族的联合、团结和国家的统一，自觉维护国家的主权，在随后的几次班会中可以以"民族历史：心有山河、国有芳华""寻脉中华传统、厚植文化自信""传承红色基因、争做时代新人"为主题，从中华民族历史、民族优秀传统文化以及国情教育等方面出发让学生在一系列主题班会活动中培养民族自尊心与自豪感，从而坚持爱国、爱党、爱社会主义的高度统一。

② 拆分形式系列。考虑到单次班会承载的内容量有限，班主任可以将一个较为庞大的主题内容按照一定逻辑拆分为两到三个部分，将一整个主题班会活动分成两到三次来完成，从而减轻班主任的教育压力，同时优化对学生的价值教育效果，避免由于单次主题班会信息量过大而导致学生无法消化的问题出现。在具体操作时，班主任可以根据主题内容的内在逻辑和学生的实际情况对主题进行拆分。以"环保与可持续发展"主题为例，班主任可以将其拆分为"环保的重要性"和"如何为可持续发展作贡献"两个部分。第一次班会重点让学生了解环保的紧迫性和必要性，第二次班会则让学生探讨如何在日常生活中为环保出力，并鼓励学生在实践中付出相应的行动。

第二节　主题班会的设计与实施

在明晰主题班会的意义及目标后，就到了主题班会的关键阶段，即主题班会的设计与实施阶段。在设计与实施阶段主题班会需要经历哪些流程？这是需要小学班主任重点关注了解的。了解每一流程里的具体内容，班主任才能明晰自己在班级主题班会的设计与实施阶段需要完成的具体任务，组织和开展好一场优秀的主题班会。一般而言，主题班会设计与实施阶段的重点流程包括设定主题班会的主题与形式、撰写主题班会方案、组织和引导主题班会。

一、设定主题班会的主题与形式

（一）明确班会主题

主题班会的"主题"，好比一支曲子的基调，是用来定音的，因而一次成功的主题班会必须主题鲜明。主题班会的主题设计乃至最后确定，通常是由教育目的决定的，小学班主任在确定班会主题时可以从以下几点进行思考。

1. 根据各级教育计划的实施确定主题

在教育实施过程中，各级教育单位，包括国家、地区以及学校层面等，都会根据自身的具体情况制订相应的教育计划。班主任在组织和开展主题班会时，可以依据这些教育计划来确定班会的主题，以确保班会活动与教育部门的整体工作方向相协调，共同完成好培养德智体美劳全面发展的社会主义建设者和接班人的教育任务。例如：班主任可参考《中小学德育工作指南》中提出的中小学德育五项内容——理想信念教育、社会主义核心价值观教育、中华优秀传统文化教育、生态文明教育和心理健康教育来设定班级系列主题班会；同时，班主任还可配合学校的常规教育计划，如开学典礼、寒暑假、期末考试、毕业季等，组织"开学第一课""欢乐寒假，安全先行""减压赋心能，快乐赢期末""童年不散场"等主题班会。

2. 针对班级实际问题确定主题

主题班会的一个重要目的就是解决问题，促进班级健康发展。班级日常管理以及教育教学中出现的实际问题，都是主题班会选题的重要来源。班主任应对班级学生的成长过程、班级的教育活动、学生的日常生活进行细心观察，从中发现存在的问题，并针对这些问题来确定班会主题。例如，如果班级中存在学生之间关系紧张、团队协作能力差等问题，可以组织以"和谐相处，团结协作"为主题的班会，引导学生们学会相互理解、包容和协作；如果发现班上学生饮食不合理、缺乏锻炼导致肥胖率较高，可以举办以"生命在于运动"为主题的班会，教导学生认识良好身体素质的重要性，合理规划饮食结构，定期开展体育锻炼。班主任在管理班级的过程中，也需要防患于未然，不能总是处于被动应付、解决问题的状态，要能根据班级学生的特点结合教育教学规律，积极规划班级管理工作。因此班主任可以从促进学生全面发展、班级可持续发展中发现归纳主题，如为了培养学生的集体荣誉感，增强班级凝聚力，树立集体意识，可以召开"团结互助，我爱我班"的主题班会。

3. 配合节日活动确定主题

班主任可以选择在有重要教育意义的节日或者纪念日开展与该节日活动主题相关的班会。在现实生活中有很多节日适合作为主题班会的主题，比如适合进行传统文化教育的中华传统节日、适合进行理想信念教育的建军节、适合进行生态文明教育的植树节等。班主任可在条件允许的情况下，在节日当天开展对应的主题班会，通过对节日相关背景知识的介绍，深化学生对相关主题内容的理解和认识。同时，节日或者纪念日的特殊氛围也会进一步突出班会的主题。

4. 结合时事热点确定主题

班主任还可以关注国内外时事热点，从中挑选具有教育意义的主题开展班会。这样既能增强学生的时事意识，拓宽学生的国际视野，又能引导学生关注社会、关注国家。针对一些重大国家政策、历史事件、科技创新等热点话题，可以组织主题班会，让学生们了解国家的发展变化，培养他们的民族自豪感和责任感。例如，2023年我国成功举办了成都大运会、杭州亚运会，班主任可以从中提取主题召开班会，激发学生的家国情怀；就日本不顾各方反对将核污水排入海洋这一国际事件召开主题班会，让学生明确中国的大国担当，最终增强自己的责任意识。

（二）设计班会形式

主题班会的形式是十分丰富的，班主任在明确班会主题后，可以根据班会目标结合主题的特点，选择适合的班会形式。常见的主题班会形式有讨论式、报告式、竞赛式、表演式、参观式、游戏式等。

1. 讨论式

这是师生围绕一个主题，在主持人的引导下，全体同学展开讨论，各抒己见，以期形成共识的班会形式。讨论是集体参与的最好形式，讨论可以调动班级全体成员的积极性，发挥班级成员的主体性，促进他们对问题的思考。在讨论中，学生认识相关主题，辨明是非，提高认识。这种形式创设了一种民主、平等的氛围，给学生提供了一个既能自由表达自己的想法，又需要认真倾听别人意见的场合，无疑可以培养学生的民主意识，提高学生的参与能力。

2. 报告式

报告式主题班会就是主题班会以专人报告的形式进行。根据报告人身份的不同，它有两种形式：一种是请专业人员、模范先进人物、知名人士做讲演的报告会；一种是由学生自己充当报告人，汇报自己的成绩或参加某项活动的情况。比如班级请模范学生宣传自己的学习经验、学习方法就是典型的报告式。用报告的形式开展主题班会活动，其好处是主题明确、内容集中、信息量大。第一种形式的优势在于，因报告人的身份和报告内容而产生一种震撼力，让学生终生难忘；第二种形式则因为报告内容来自身边的同学，针对性和说服力强，对做报告的学生也是很好的锻炼。

3. 竞赛式

竞赛式主题班会就是通过竞赛来进行主题教育。不甘落后是小学儿童共有的心理特点。主题班会采用竞赛的形式，就是为了调动小学生参加集体活动的积极性，激发他们的上进心，从小培养他们的竞争意识和团队精神。

4. 表演式

表演式主题班会就是将教育主题融入表演活动中。小学生具有较强的好奇心和探究欲，教育活动的效果在一定程度上取决于学生的参与程度，形式新颖、娱乐性强的主题班会往往能够满足学生的好奇心，调动起学生参与活动的积极性。因此可以设计一些娱乐表演式的主题班会，将深奥的教育道理寓于活泼轻松的游戏之中，使学生在不知不觉中受到教育。即使是一些较为严肃的主题也可以在不偏离主题的情况下，采取自编话剧、小品、合唱等形式进行组织，以达到提高教育效果的目的。

5. 参观式

参观式主题班会是走出教室，用见闻社会现实的方式，使小学生受到主题教育。百闻不如一见，在有条件的情况下组织小学生开展参观活动，是引领他们走向社会的一种好形式，也是利用生活资源、社会资源对小学生进行教育的一种好方法。参观可以使小学生扩大眼界，更好地感知生活、接触社会，学习书本上学不到的知识，受到教育。可以组织学生参观革命纪念地，参观改革开放建设的新成就，参观博物馆、纪念馆、美术馆，参观各种文化艺术展览等。当下，全国文化、文物系统各级博物馆、纪念馆、美术馆对未成年人集体参观实行免票，这也为班主任开展参观活动创造了条件。

6. 游戏式

游戏式主题班会在游戏中体现教育主题。游戏是小学儿童喜爱的活动形式，可以"寓教于乐"。在主题班会活动中运用游戏的方式，可以激发学生们参与活动的兴趣，同时由于游戏活动的参与面广，也可以调动全体学生参与活动的积极性，培养集体主义精神。游戏的种类很多，形式多样。以游戏方式举行主题班会，班主任可因地制宜、因校制宜。

二、策划主题班会活动

（一）撰写主题班会方案

1. 撰写主题班会简案

要提高主题班会的有效性，就要加强对班会教案的研究。主题班会要写教案，首先应写好简案，但简案并不简单。一般来说，写简案应注意以下几点。

第一，明确设计背景。为什么要上这次主题班会，班主任一定要认真思考。在实践中，主题班会开展的原因可以概括为"上紧扣纲要，下联系学生实际"。所谓"上紧扣纲要"，就是班主任必须加强学习，认真学习党和国家、教育行政主管部门的重要文件，确立为国家育英才的使命感和责任感，根据有关教育文本思考什么该做、什么必须做。所谓"下联系学生实际"，就是班主任要认真研究学情，思考学生的特点，清楚怎样做才更适合学生的实际情况、更具有针对性和实效性。

第二，拟定响亮的标题。为了开好主题班会，班主任要给班会拟定一个响亮的标题，让学生一听到这个标题就产生好奇、向往。在拟定标题时，应力求表达明确、新颖生动、上口易记。

第三，教育目标做到集中、明确。班会应有明确的目标，而且目标要具体、实在，能落到实处。

第四，活动准备考虑要周全。活动准备是简案的重要环节，要做哪些事，应一一列出。

第五，过程详略要适宜，亮点要突出。主题班会的过程是教案的主体。对于简案，要把主要的步骤写清楚，以便于主持人把握。

2. 主题班会方案各个部分的撰写要点

（1）主题名称

主题名称是班会方案中的核心要素，它肩负着传达班会内容、性质和目标的重任。班主任在筹备班会时，应充分重视主题名称的选定，使其既能全面覆盖活动主题，又具有深刻的寓意，同时还要兼顾活泼有趣，贴近小学生的生活语言。一个好的主题班会名称能够激发学生的参与热情，促使他们积极投入到班会活动中。在确定主题班会名称时，有三个关键要点需要遵循。首先，名称要准确鲜明，新颖生动。这意味着名称要紧密围绕班会主题，让学生一眼就能明白班会的主题内容。其次，名称要具有一定的创新性，让学生感到新鲜好奇，从而引发他们对班会活动的兴趣。最后，名称要简洁凝练，便于学生记忆。这样的名称能够给学生留下深刻的印象，使他们在课后仍然能够回味无穷。

（2）班会背景

班会背景即回答为什么要实施这次班会，为什么要上这节班会？班主任一定要认真思考。班会背景中包括了对主题班会所要干预的问题的陈述，选择本次主题班会活动的理论依据，以及学生年龄特征的分析，这类似于学科课程教师在教案中的"学情分析"。

（3）班会目标

班会目标是主题班会实施后要达到的具体效果，可分为总体目标和具体目标。总体目标是主题班会要达到的总体教育效果，是概要介绍和描述；具体目标则是班会要达到的更为清晰的、具体的，甚至可以量化的态度和行为改变情况。例如，常见的"感恩父母"主题班会，其总体目标可表述为：通过主题班会让学生体会和感悟父母的养育之恩，滋养学生的感恩情怀和关爱品质。具体目标可这样表述：在认知目标方面，提高学生对父母养育之恩的认识，理解父母在个人成长过程中的付出与牺牲，让学生了解并认识到孝顺父母的重要性，以及孝道行为在社会和中华文化中的价值；情感目标方面，培养学生的感恩心态，激发学生对父母的感激之情和敬爱之心，增强学生对家庭的归属感和安全感，通过感恩教育促进家庭关系的和谐；在行为目标方面，引导学生将感恩之情转化为具体行动，培养学生的责任感和自主性，鼓励他们在日常生活中主动为父母分忧解难，通过实践活动，让学生学会以多种形式表达对父母的感激和爱意。

（4）班会准备

这是班主任为主题班会顺利实施而事先完成的各种物质上的和组织上的前期工作，包括活动中使用的用具、活动协调事宜等，如邀请家长和其他人员参加的具体布置。如果主题班会不是在自己的教室举行，还要提前进行活动场地的勘察和布置。

（5）班会过程

这是主题班会方案的核心内容，是主题班会筹划和组织实施过程的细节表述，包括活动导入的过程和方式、主题展开和深化的办法、班主任班会结束时的总结提升的策略等。这个部分要求尽量翔实、具体，应该概括每一环节的用时安排，主持人选择，以及总结发言的具体内容，等等。在这个环节班主任要确定好主持人，并写好主持人的"串词"。

案例 3-5

"'卷' or '躺'"主题班会课方案
——"热爱生命，健康成长"主题微班会

● **班会背景**

社会背景：近年来，"内卷""45°人生""躺平"等新兴词汇在社会群体中不断涌现，成为中年人，甚至是青年、儿童的口头禅。2020年，"内卷"这一名词因某知名高校一学生边骑车边用电脑的图片而意外走红网络，该学生被戏称为"卷王"，有关"内卷"的讨论风靡一时。与学术概念不同，日常语境中的"内卷"主要在个体与个体、个体与群体的互动中展开，经过社会舆论的发酵，各行各业都认为存在"内卷"现象，如职场内卷、养娃内卷等，"内卷"泛化现象严重。2021年上半年，一篇《"躺平"即是正义》的文章意外走红网络，"躺平"这一网络流行语意指放弃拼命工作，退出各类竞争，主动降低生活欲望，隐含着"怎么都行，看淡一切"的生活态度，传达出"一切都可"的随性心态。"45°人生"，则指处在"卷"和"躺"之间，既不甘心"躺平"，也无法奋起直追的尴尬状态。

教育背景：《中小学德育工作指南》明确提出心理健康教育要开展认识自我、尊重生命、情绪调适、人生规划以及适应社会生活等方面教育，引导学生增强调控心理、自主自助、应对挫折、适应环境的能力，培养学生健全的人格、积极的心态和良好的个性心理品质。因此，面对社会新潮对学生的心理影响和小学高段学生即将升学的现实情况，有必要通过班会课引导学生调适情绪，更好地规划自己未来的学习和生活，让学生以积极健康的心态去迎接未来。

班级背景：最近，学生中频繁出现"卷心菜""卷王""躺平""摆烂"等词汇，这样的口头禅与日俱增，影响了班级学习的氛围和校园生活的状态。努力学习的同学因为大家戏称自己"卷心菜"感到尴尬，"躺平"的同学因大家戏谑"摆烂"感到好玩、好笑，学习效果日益下降；"45°"的学生存在两者之间，更是迷茫、焦虑……这

些情况导致班级凝聚力下降、学习氛围变差。

● 学情分析

　　通过课前调查发现，目前六年级学生都存在不同程度的浮躁心理，且班级学生分化严重。有的学生为即将到来的初中学习未雨绸缪，努力学习；有的学生则沉迷玩乐，放任自流；还有少数学生学习状态不稳定，学习态度和学习效果时好时坏，不同程度影响了学生的学习状态和成长样态。

● 教学目标

　　①引导学生正视当下学习和成长出现的问题，积极思考，解决问题。

　　②培养学生热爱生命、积极向上的健康心态，树立正确的人生观。

　　③锻炼学生合作探究、思辨和规划的能力，在积极的心态和踏实的行动中收获精彩成长。

● 教学准备

　　① 查找资料，明确"卷""45°人生"和"躺"的来源、发展及影响。

　　② 设计课前调查表。

　　③ 课前调研：了解班级学生目前的学习和校园生活心理及状态。

　　④ 数据分析：明确班级学生当下心理状态，根据调查表分析原因。

　　⑤ 制作 PPT、数字故事、板贴等。

　　⑥ 收集学生一日或一周规划表。

● 活动形式

　　观看数字故事、小组讨论、主题辩论、自主规划。

● 活动过程

　　一、发现问题——数字故事还原成长心态

　　班主任引入：同学们，上周我和你们班主任（系借班参赛展示班会的模式）聊天时，她谈到最近班上学习氛围出现了分化，不少同学常常把"卷王""卷心菜""躺平"等词汇放在嘴边。因此我们也在课前对大家进行了调查，一起来看看咱们班的同学究竟为什么"卷"？又为什么"躺"？

　　班主任播放视频《数字故事》（课前调查结果），学生思考回答，其他学生可以适时补充。

　　班主任小结：同学们看得仔细，答得流畅，表扬！正如你们刚才所说，"卷"的同学是为了追求更好的未来，"躺"的同学是为了感受生活的轻松快乐，看起来都很有道理。今天是 2023 年的最后一天，再有半年我们就成为一名初中生了，接下来的学习和生活究竟应该"卷起来"还是"躺下去"呢？让我们用辩论的方式来找寻成长的答案吧！

二、解决问题——辩论方式探索成长方向

1. 根据自己课前的选择调整座位，形成辩论阵营

2. 请同学朗读辩论规则，明确辩论要求

3. 小组讨论：提炼并书写己方观点，张贴在黑板上

4. 展开辩论

①双方主辩陈词，30 秒；

②3 轮自由答辩，每轮 2 分钟，时间结束后班主任进行点评。

班主任小结：在正反双方激烈的辩论过程中，邱老师发现正反双方看似在争论"卷"和"躺"，实际上是在寻找生命的状态，"卷"方看重的是在有限的生命中努力学习，提升生命的价值，"躺"方在意的是当下的快乐，在轻松健康的氛围中感受生命的惬意。

班主任追问：请同学们思考，"卷"的人会一直卷下去吗？卷到一定程度后，他们会怎么样？"躺"的人会一直躺下去吗？躺下去的最终目标是持续躺着？还是会更好地卷起来？

5. 学生思考回答，其他学生可以适时补充

班主任小结："卷"和"躺"并不是对立面，虽"躺"犹"卷"，"卷""躺"并重才能既实现成长的快乐，又能提升生命的价值，因此，老师要送你们一个达到"卷"和"躺"平衡的法宝，那就是适度。适度地"卷"起来，让成长的节奏不至于过分紧张和压抑；适度地"躺"下去，才能欣赏到生命中更多的风景，这才是最健康的生命状态。

6. 随机采访：经过辩论，你改变了自己原来的选择吗？为什么？

三、合理规划——态度决定行动，规划演绎精彩

班主任：听说咱们班同学平时都有做时间规划的习惯，今天你们也将自己的规划表带来了。请大家拿出自己的时间规划表，运用适度原则修改自己的时间规划表。

随机分享，谈谈修改的地方。

教师追问：为什么要这样修改呢？看来，我们既要做好"卷"的准备，也要拥有"躺"的调节，在"躺"中找到生活的轻松，在"卷"中提升生命的价值，这一点，

老师在你的规划中已经找到了，你真会学习，为你的改变点赞！

四、课堂总结——做时间主人，促健康成长

班主任升华：孩子们，一节班会课的时间是有限的。在 2023 年的最后半天，我很荣幸能站在这里，和你们一起探讨"卷"和"躺"这一话题，我们一起找寻到了成长的答案。最后，我想引用今年高考全国甲卷的作文来结束此次班会课，大家请看。

（学生默读材料）

> 人们因技术发展得以更好地掌控时间，但也有人因此成了时间的仆人。这句话引发了你怎样的联想与思考？请写一篇文章，要求：选准角度，确定立意，明确文体，自拟标题；不要套作，不得抄袭；不得泄露个人信息；不少于800字。

班主任总结：我们的生命就是由无数个日日夜夜的时间构成的。关于生命，雷锋说要把有限的生命投入到无限的为人民服务之中去。保尔·柯察金说人生最宝贵的是生命，生命对于我们来说只有一次。一个人的生命应当这样度过：当他回忆往事的时候，他不因虚度年华而悔恨，不因碌碌无为而羞愧。今天，邱老师希望短短二十多分钟能在你们心中埋下一颗生命的种子，让你们在"卷""躺"并重的时间中去感受成长的快乐，收获生命的精彩和价值。

（资料来源：成都市盐道街道小学卓锦分校　邱华萍）

案例 3-5 的班会方案紧扣当前社会热点话题——"内卷"和"躺平"，班主任不仅关注了社会现象，更将其与《中小学德育工作指南》中的心理健康教育要求相结合，将心理健康教育与学生生活实际紧密联系起来。通过班会课的形式，引导学生正视成长中出现的问题，培养积极健康的心态。班主任在课前通过调查发现六年级学生存在不同程度的浮躁心理，基于这些调查发现，制定了具体的班会目标，使班会内容更加贴近学生的实际需求，提高了教学的针对性和实效性。在班会过程中，采用了观看数字故事、小组讨论、主题辩论、自主规划等多种活动形式，提高了学生的参与度和积极性。特别是主题辩论环节，让学生在激烈的思维碰撞中加深对成长问题的理解，锻炼了学生的思辨能力和表达能力，同时也让学生明白"卷"和"躺"并不是简单的二选一，而是需要在两者之间找到平衡，实现自我价值的最大化，这种价值观的引导对于青少年学生的成长具有重要意义。

（二）组织和引导主题班会

1. 班会工作的指导和保障

在撰写完主题班会方案后，为了确保班会工作的顺利进行，班主任需要在班会前、中、后每一阶段都作出部署，对主题班会进行有计划、有目标的指导和保障。

在主题班会开展之前，班主任须进行详尽的预备工作。首先，根据已拟定的主题班会方案及主题，召集班委共同制订班会活动计划，确保主题班会的顺利进行。该计划应涵盖班会目标、时间、地点、实施过程、注意事项以及主持人职责分工等内容。其次，班主任需依据活动计划分配任务，并在班会举行前核查各项任务的完成情况，以确保班会顺利进行。例如，主持人的主持词准备情况，以及主题班会所需的多媒体设备运行情况等。最后，为了确保主题班会的教育效果达到预期目标，班主任须根据班会主题精心设计相应的环境和活动。以"情系端午，传承有我"为例，可在教室周边墙上悬挂象征端午节的饰品如粽子、艾草等，同时在活动过程中播放古典雅致的琴音，以此营造出端午氛围。

在主题班会实施过程中，首先，班主任应对学生进行有序安排，明确规定学生的就座或站立方式，无论活动场地位于室内还是室外，均需考虑学生座位的编排。若在室内举行，则应确保座位布局有利于学生的迅速疏散，以应对可能的紧急突发情况；若在室外举办，则需关注场地的安全性，避免学生在危险环境中开展班会。其次，在活动进行中，班主任应积极调控各项进程，遵循事先制定的主题班会方案和活动计划，确保活动按部就班地进行。主持人、教师、学生、班委会、家委会等各方均需提前沟通协作。班主任要根据实际情况灵活调整班会各项进程，以保证活动的顺利进行和达到班会目标。最后，在班会结束后，班主任应按照预先的计划，安排学生对活动场地进行清洁整理，以确保后续教学工作的顺利开展。如在教室内举行班会，那么活动结束后须安排人员打扫卫生，恢复桌椅位置，归还借用的各类器材，并撤除与班会相关的环境布置。

在实施主题班会之后，班主任的工作仍需持续推进。首先，班主任要整理和归档相关资料。班主任需协同班委会或其他参与者，对班会活动中的各类资料进行搜集、整理和归档。这些资料包括但不限于班会活动的方案、计划、主持词以及现场实录等。其次，班主任须在班会结束后，关注班会成果的巩固，以实现对全班学生稳定且长期的教育目标，并根据反馈情况适时开展后续教育。[1]

---

[1]　葛明荣,孙承毅,王晓静.中小学班主任工作 [M].北京：科学出版社，2016：104-105.

2．主题班会开展的原则

（1）针对性

主题班会开展需要根据学生的身心发展特点、思想发展水平，结合学校、家庭和社会生活实际，针对学生思想、道德、学习、生活等方面的现状或出现的问题，广泛选取题材，进行筛选、提炼、设计、组织，及时对学生进行教育。开展主题班会如果没有针对性就会流于形式，所以班主任必须注重其针对性，随时把握学生的思想脉搏，明确学生中普遍存在的思想问题，及时组织主题班会。主题班会的针对性还表现在要根据学生的年龄特点来确定内容。如针对低年级第一学段的小学生，根据他们的心理、年龄特点，开展"好习惯助我成长"的主题教育，组织一系列围绕这一主题的班会，帮助一年级新生适应课堂学习，培养他们的学校规则意识，为以后的学习奠定基础；又如针对六年级第三学段的学生，组织"青葱岁月不迷茫"主题心理健康班会，引导学生在青春道路上更自信、更健康、更快乐。

（2）主体性

根据目前学界的调查研究，主题班会学生主体性突出不够，班主任"单向灌输"的问题较为明显。学生成为班会的被动接受者，主要表现在班主任对学生缺乏信任。现实中有些班主任不信任学生的探索精神和创新能力，对学生干预过多，且又出于追求高效的班会效果，因而"亲力亲为，一手包办"，自然而然形成了自己的"一言堂"。这种主题班会变成另一种形式的"说教"，学生丧失了应有的主体性地位，成了名副其实的"观众"，沦为活动的配角，对于相关主题教育长期处于被动接受状态，造成主题班会中学生的能力无处发挥，进而导致他们的能力停滞不前，甚至衰弱或倒退。因此在开展主题班会时要注重突出学生的主体地位，只有班主任让学生成为主题班会的"主人"，发挥学生的主体性，调动学生参加主题班会的积极性，才能使主题班会达到预设的教育目标。班主任在开展主题班会时应充分发挥民主集中制的原则，让全体学生都参与到班会主题的设计实施中，而不是将主题班会变成班主任或个别班委的单独表演。

（3）创造性

在开展主题班会时要充分发挥班主任及学生的创造性。许多小学班主任由于自身及外部等多种因素的影响，在主题班会设计与实施过程中墨守成规、溺于僵化模式，班委充当主持人按照通用的流程和仪式进行班会，这成了大多数主题班会的"模板"。这种开展方式会极大地限制主题班会的教育作用，进而导致主题班会开展过程的形式主义、过度倚重表演等问题出现。小学主题班会要想提高有效性，就必须不断进行理念和实施途径的创新。班主任在设计主题班会的过程中，应根据教育部德育要求和班级学生的现实需求与兴趣，征求学生意见，对设计主题班会的形式进行大胆创新，舍弃主题班会一成不变的模式。

（4）目的性

在组织主题班会的过程中，目的性尤为重要，它是核心原则。尽管班会的形式和内容具有吸引力，设计理念科学先进，但是我们不能忘记"为何出发"，即不能偏离开展该主题班会的目标，内容不能偏离主题。主题班会上大量充斥着的"假大空"现象，从根本上来说就是没有坚守目的性原则，具体表现为大部分班主任从主观上误解主题班会就是"才艺展示"会，过分追求形式，使活动形式不能支撑主题。在班会过程中，过分看重包装形式，表演味十足，学生的节目一个接一个，这种形式上的"浓墨重彩"像一场精心设计的晚会，十分华丽，却忽视了班会的主题教育性，将教育效果的"苍白无力"暴露无遗，使得班会活动趋向表面的浮华和内容的空虚。

（5）序列性

现在开展的主题班会大部分存在随意、零散和应付性，大部分的主题班会仅仅是为了应付学校安排的工作任务而已，这造成了在对学生德育完成方面的体系缺失。有的学校无论哪个年级，主题班会都是一个话题、一个场景。这样一些不成体系的完成任务式的活动不仅削弱了学生参与主题班会的热情，同时也给主题班会的德育效果埋下了重重障碍。因此开展主题班会时要注重序列性原则，不仅是实施过程按照既定计划走并在班会结束后开展巩固反思工作，而且要根据上级教育部门或是学校工作设计学期、学年的系列主题班会计划，避免主题班会零散浅显达不到预期的教育效果。如针对常规性的德育要求——爱国这一主题，班主任就可以设计分年级的爱国系列主题班会，使学生对爱国产生持久且深厚的理解。

第三节　主题班会的评估与改进

一、评估主题班会的效果

主题班会是围绕着特定的主题开展的，在班主任的带领下、班集体成员共同参与的班级活动，能够解决班级发展过程中存在的教育问题，通常主题班会作为一种重要的教育形式，能对学生的认识提升、情感感染、价值引领等方面产生积极影响。因此，为确保有效发挥主题班会对学生的教育作用，班主任需要精心设计并组织主题班会的开展，更要注意对主题班会的开展效果进行科学评估。对主题班会的开展效果进行评估，不仅能及时了解学生的收获情况，掌握学生对主题的理解程度与实践情况，也有利于班主任进一步优化后续的主题班会活动开展形式与内容，同时让班主任在评估的过程中充分认识自己，实现自我教育与自我成长。

（一）主题班会的评估要素

主题班会的评估要素是纵观整个主题班会设计、组织、开展等全过程，从中概括出的重点评测对象。班主任在对主题班会的效果进行评估时需要着重考察主题班会的目标、主题班会的内容、主题班会的过程与方法、班主任的行为、学生的行为、主题班会的教育效果等方面。通过对这些要素进行评估分析，班主任可以更加准确地把握主题班会的优点与缺点，为今后主题班会活动的设计与实施提供参考。

1. 主题班会的目标设定

传统主题班会在设计与实施的过程中往往存在着以"主题太大、内容太空、形式太假"为特征的"假大空"问题和以"主题缺失、主导缺失、实效太差"为特征的"两缺一差"问题。[①] 主题班会目标的设定是主题班会评估的起点，失去了正确的教育目标，整场主题班会活动就无法对学生发挥相应的教育效果。因此，在评估一场主题班会的效果时首先要考虑主题班会的目标设定是否科学、有效。一场有效的主题班会在目标设定时要符合学生的实际发展情况与国家教育计划，锚定主要方面，表述语言翔实，使目标清晰且能被测评。

2. 主题班会的内容选择

主题班会内容的选择是评估的关键。主题班会的内容应该紧扣相应的主题，具有一定的教育性、时代性和启发性。班主任在选择主题班会的内容时既要从学生实际情况出发，遵循学生的道德发展规律与身心发展特点，注意选择学生感兴趣的相关方面，引起学生内心的共鸣，又要充分结合《中小学德育工作指南》等指导性文件，涵盖理想信念教育、社会主义核心价值观教育、中华优秀传统文化教育、生态文明教育、心理健康教育等多个方面。此外，班主任还需要注意单次主题班会的内容量适当，不可过多导致学生无法消化，

---

① 朱洪秋.现代中小学主题班会模型建构与实践案例［M］.北京：研究出版社，2021：4.

也不可过少使整场活动缺乏教育深度。

3. 主题班会的过程与方法

主题班会的开展过程是设计主题班会的核心，涉及主题导入、主题开展与深化、主题总结与反思等多个环节。班主任要对主题班会的全过程有准确把握，这个过程包括角色分工与内容、各阶段的时间规划、需要布置的环境与用到的媒体设施等。整个过程要层次分明，且结构紧凑、衔接自然。开展主题班会的方法要多样而生动有趣，注重体现师生的双主体性与互动性。班主任应引导学生积极参与，鼓励他们发表自己的观点。班主任可以通过小组讨论、案例分析、角色扮演、知识与行为竞赛等方式，让学生在互动中学习和成长。同时，班主任还要注重氛围的营造，创造一个轻松、和谐、积极向上的环境，让学生愿意主动参与班会活动。

4. 班主任的行为表现

在主题班会中，班主任扮演着引导者和教育者的角色。班主任要充分发挥自己的主导作用，要具备良好的教育素养和组织能力，能灵活应对主题班会开展过程中出现的各种情况，能够根据主题班会的氛围和问题进行动态调整，为主题班会的顺利进行保驾护航。同时，班主任也要注重发挥学生的主体性，关注学生的情感和需求，激发学生的兴趣，引导学生积极参与到活动的讨论和互动中。此外，班主任还要注重自身的言行举止，融入自己的情感，营造氛围，引导学生建立心灵共鸣，树立良好的榜样形象，用自身的行为去影响和感染学生。

5. 学生的行为表现

学生作为课堂的主体构成，学生的行为对主题班会的最终效果呈现发挥着至关重要的作用。主题班会的最终目标是对学生进行正确的价值引导，健全学生的人格，并落实到学生的日常行为中，最终实现学生自我教育，提高学生综合素养。因此，一场成功的主题班会离不开学生的积极参与。班主任应关注学生的具体参与情况，鼓励学生积极参与讨论和互动。同时，班主任还应在活动结束后及时收集学生的反馈意见，了解他们对本次主题班会的看法和建议，为今后的主题班会活动改进提供宝贵的参考。此外，班主任还要留意学生在主题班会结束后的日常行为变化，以此判断本次活动目标的达成效果。

6. 主题班会的教育效果

教育效果的评估是主题班会评估的最终目的。班主任可以通过主题班会后的观察、测试和问卷调查等方式来评估班会的教育效果。评估内容可以包括学生对班会主题的理解程度、他们的行为变化以及班级整体氛围的改善等。班主任还可设置主题班会效果即时检验环节来验证本次活动的开展效果，主题班会结束后，班主任应及时、准确地收集效果评价，建立起师生间的反馈机制，以学生的评价为依据来进行后续工作的改进，不断提高主题班会的针对性与有效性，推动班集体共同成长。

（二）主题班会的评价方法

主题班会的评价方法指的是主题班会的评价途径和程序。常用的主题班会评价方法有成果展示法、学生自评法、班主任评价法、师生民主评议法、专家评价法以及量化评价法。[①]

1. 成果展示法

成果展示法是通过师生在主题班会上以及结束后所共同呈现出的作品成果来评价班会效果的方法。作品成果包括学生的诗歌、小品、歌曲、绘画、演讲稿、心得体会、调查报告、小发明以及教师的主题班会方案、会后经验反思、专题论文、调查报告、著作等。师生成果的共同展示不仅为教师、学生提供了一个沟通、交流、互相激励的平台，更为主题班会的评价提供了有力的材料支撑。班主任可以以展示的成果为依据，按其数量与质量进行主题班会的评价。数量方面，班主任可以关注师生在主题班会过程中以及结束后产生了多少作品、这些作品是否涵盖了主题内容的各个方面；质量方面，则可以关注作品的创新性、思想性、艺术性等方面，评估其是否达到了预期的教育目标。

2. 学生自评法

学生自评法是指学生在主题班会结束后对自己的行为表现、思想变化等方面进行自我评价的方法。这种方法能够帮助学生认识自己的优点和不足，激发他们的自我反思和自我意识提升。班主任可以提前设计一份自评问卷与评价标准，引导学生从参与程度、思考深度、合作交流、行为变化等方面对自己的表现进行评价，待学生自评结束后收回问卷，评价本次活动的教育效果。此外，班主任可以采取学生自我鉴定的方式，让学生自行感受新得出的经验体会、主题班会后自身的变化等，写成自我总结来评价本次主题班会。

3. 班主任评价法

班主任评价法是指在主题班会结束后，班主任根据预先在主题班会方案中制定的教育目标、内容、方法等方面的标准判断班级实际达成程度，以此评价本次主题班会的实际情况。班主任需要通过观察、记录、分析等方式，收集学生在班会中的表现信息。这些信息

① 庞伟.21 世纪新探：主题班会理论与实践：上 [M].哈尔滨：黑龙江教育出版社，2012：116-119.

可以来自于学生的发言、讨论、表演、作品等多个方面，也可以来自于其他任课教师、班级同学的评价和反馈。然后班主任将这些信息与评价标准进行对比，判断班级在各方面的达成程度，并给出相应的评价。评价既要肯定学生在主题班会中表现出的优点和进步，也要指出存在的不足和问题，并提出改进的建议和方向。

4.师生民主评议法

师生民主评议法是指用学生评价、教师协商、师生合作方式共同对主题班会效果进行民主评议的方法。这种方法能够充分体现学生的主体地位，促进师生之间的双向交流和互动。评议过程中，班主任可以引导学生从班会主题、活动形式、参与感受等方面进行评议，可以采取小组讨论的方式让学生自由发表看法与建议，小组长记录组员讨论结果。同时，参与本次主题班会的教师也要互相商讨各自的观察所得，对活动给出综合的评价。最后，班主任对学生的表现进行点评，学生对本次活动中教师的指导提出自己的看法，形成师生互动的评价氛围。班级成员在学生评价、教师协商、师生合评的过程中增进了交流与情感，形成了和谐、融洽的班级氛围，形成了自我反思、自我总结的良好习惯。

5.专家评价法

专家评价法是指邀请相关领域的专家、各级行政部门领导对主题班会进行评价的方法。学校可以邀请德育专家、教育学者、各级领导等作为评价者，预先制定评价标准和方案，定期组织专家来学校对各班开展的主题班会进行现场观摩和点评。专家们具有深厚的专业知识和丰富的实践经验，能够准确地发现班会中的优点和不足，提出有针对性的改进建议。因此这种评价方法能够从专业的角度对班会的主题选择、组织实施、教育效果等方面进行全面、深入的评价，对班主任提供宝贵的意见和建议，在评价中提高班主任的教育能力。

6.量化评价法

量化评价法是指通过制定具体的评价指标和评分标准，确定各项权重系数，对主题班会进行量化打分的方法。这种方法将主题班会各个环节按照科学、合理的标准进行评价鉴定，能够使评价结果更加客观、公正，便于对不同班会进行比较和分析，常用于各种主题班会评比活动。班主任可以根据班会的实际情况制定评价表，明确各项指标的评分标准，如主题班会实施过程、学生参与程度、活动创新性、教育效果等。然后对各项指标进行打分并汇总得出总分。评价标准应在主题班会开始前制定并公布出来，评价人员要做到公平、公正。

二、主题班会的改进策略

主题班会结束，并不代表任务正式结束。实际上，班主任在班会之后还有大量的工作需要去做，以此来发挥主题班会课的作用，同时为今后策划更优质的班会活动积累经验。具体而言班主任在班会后的工作集中于以下三个方面。

（一）主题班会后展开教育反思

班主任要在主题班会结束后积极开展教育反思，从主题班会开展的方方面面去看是否实现了教育目标，是否在某些环节有所疏漏。班主任需对一场主题班会的教育准备、教育实施、教育效果以及追踪教育进行全面反思。这涉及班主任对自身教育观念和教育实践的及时审视，或予以肯定、支持与强化，或予以否定、反思与修正，以不断提升教育效果。教育准备的反思主要关注班会前的准备工作是否充分，收集的材料是否与主题契合，布置的场地环境是否凸显主题，以及撰写的班会方案是否便于实施等一系列问题。对这些问题的思考将为下一次主题班会前的准备工作提供修正依据。教育实施的反思主要关注班会实施过程中班主任的言谈举止、组织协调能力以及学生参与程度等方面。班主任需要审视自己在班会上的引导是否清晰，是否给予学生充分的表达机会，是否有效地调动了学生的积极性，以及主题班会中的生成性问题及突发事件是否得到了妥善解决。同时，班主任还需关注班级氛围是否和谐，师生互动是否良好，这些都是教育效果的重要体现。对于教育效果的反思，班主任应关注全体学生以及个别学生的实际收获，包括他们的思想认识、道德素养和行为习惯等方面的提升是否达到了课前所设的教育目标，达成度有多高。对教育反思的最后一步，即追踪教育的反思。班主任要关注班会后的跟进工作是否到位。这包括对班会成果的巩固措施，以及根据主题班会后效果调查的反馈制定更进一步的教育计划。只有做好这一环节，才能确保班会的教育效果得以持续发挥。①

班主任在对主题班会各方面进行反思之后，需要将反思结果记录下来进行归档整理，便于后续开展研究改进工作。比如针对反思中发现的问题可以与同事进行讨论，如果问题较为有学术教育价值则可以申报课题研究或是将反思成果撰文投稿发表。

（二）积极倾听学生对主题班会的意见与建议

班会的教育对象是学生，班会的活动主体也是学生。因此，在主题班会结束后，班主

① 丁如许.班会课 100 问 [M].上海：华东师范大学出版社，2012：231-233.

任需要通过多种渠道积极倾听学生对班会的意见与建议。这不仅有助于了解学生对班会内容的接受程度，也有助于班主任从中汲取经验，为下一次班会做出改进。班主任除了常规的直接面谈之外，还可以通过多种途径来获取学生对于班会的评价及建议。班级日记记录了班级每天发生的事情，班主任查阅班级日记可以了解学生对于主题班会的感受及提出的问题。学生随笔也是班主任了解班情、思考怎样上好主题班会的有效渠道。在班会结束后，班主任为学生布置随笔作业，学生自由命题、随意取材写关于主题班会的思考，班主任可以从中获取学生的意见和建议。

班主任要真诚地对待学生的意见，做出实质性的改进。在听取学生意见后，班主任要对班会进行认真反思，找出存在的问题，并针对这些问题制定改进措施。在下次班会中，班主任要将学生的意见和建议融入班会活动中，让学生感受到他们的意见得到了重视和采纳，从而提高学生的参与度和积极性。

（三）开展主题班会改进研究

班主任在反思总结主题班会经验的基础上，可以开展主题班会的改进研究。通过科学化、系统化的探索，提升主题班会教育活动的有效性，促进学生在道德、智力、情感等多方面的全面发展，增强班级凝聚力和班主任的科研能力。班主任可从身边的学习共同体出发，开展合作学习与研究。在我国中小学，学校及教师培训部门通常会为班主任提供学习合作平台，并为其自主研发和行动研究提供有力支持。如名师工作室等校本研修项目，以"工作坊"形式推动班主任的专业发展。[①] 在此基础上，班主任可利用校本研修资源，实施主题班会的同课异构、听评课等研修模式，与研修教师及专家展开交流探讨，激发创新思维。在具备一定研究思路后，班主任应针对班级实际情况开展行动研究，将研究成果物化，以优化班级主题班会开展。在研究积累的基础上，班主任应迈向更高水平的班会研究，将主题班会与学生学习生活等诸多环节联系在一起，创建系统的主题班会活动课程，实现真正的立德树人。

---

① 迟希新.有效主题班会十讲：设计理念与实施策略 [M].上海：华东师范大学出版社，2022：184-199.

📒 案例 3-6

轻"盐"细语　润物无声

年级	主题活动	主题班会	目标
一年级	认识盐，了解盐的作用和价值。倾听关于盐的故事，知道"盐"多必失，只有适度运用才能最好地发挥作用	专注、有序	让学生树立人生价值观，明白只有通过把握好"度"，才能发挥最佳价值，借此进行自律的品格训练
二年级	1. 组织亲子活动，走访盐马古道，了解自贡的盐井及背后的故事 2. 开展盐井背后的故事交流会，在分享中受到感染 3. 学习《天车》儿歌	文明、礼貌	1. 寻找在悠长历史发展中留存下来的盐井文化精髓，了解盐井背后的故事，深刻体会中华民族厚重的文化传承，培养自贡人的自豪感 2. 从盐井故事中受到启迪，借此进行文明、礼貌的品格训练
三年级	1. 组织研学活动，参观燊海井和盐业历史博物馆，了解盐的制作过程 2. 在学习生活中组织关于团队合作的活动 3. 布置任务，训练学生能吃苦、持之以恒的品质	坚持、合作	1. 了解盐的制作过程，感受老一代盐工的聪慧、勤劳与锲而不舍的精神 2. 培养学生的团队合作、坚持不懈的精神
四年级	1. 组织游学，探访仙市古镇，感悟盐文化的魅力 2. 收集并分享盐商爱国的故事 3. 打造人人诚信、人人奉献的班级文化	诚信、爱国	1. 让学生进一步了解盐文化的历史渊源，感受盐文化是自贡这座城市发展的活力和动力 2. 培养学生的爱班、爱家、爱家乡的情怀
五年级	1. 开展志愿者服务等多种形式的公益活动，弘扬盐文化的精髓，做盐文化精神的传播者 2. 开展培养学生团队意识的活动 3. 举行"书法""诗歌"等比赛活动，陶冶学生的情操	责任、担当	1. 组织学生通过做志愿讲解员、实践汇报等形式，生动再现盐文化的精髓 2. 通过公益活动，培养学生的社会责任心，为盐文化的延续贡献一份力量
六年级	1. 开展论坛活动，梳理自贡人应具有的品质 2. 组织开展"话梦想"、文学社等活动，给自己的理想找个家	理想、规划	1. 通过多种活动，激发美好的自贡情结 2. 树立理想，为自己制定人生规划，成为家乡的骄傲

（资料来源：迟希新：《有效主题班会十讲：设计理念与实施策略》，华东师范大学出版社2022年版，第 184 ～ 199 页）

案例 3-6 中，班主任以家乡自贡的盐文化为班本课程的开发焦点，通过一系列不同年级的主题班会活动，使学生深度探究家乡盐文化的内在含义，体验盐文化的独特魅力，从而增进他们对家乡的认知和热爱。班主任精心设计了从一年级至六年级与盐文化相关的系列主题活动，巧妙地将盐文化与学生的心理年龄特征相结合，构建了寓教于乐的课程体系。

思考与讨论

假如你是班主任，请从下面三则材料中自选一则材料，并结合本章关于主题班会策划与组织的相关内容，设计一个有针对性的主题班会方案。

【材料①】

习近平总书记在北京育英学校考察时指出，提高人的健康素质，青少年是黄金期。这个阶段，长身体是第一位的，身体好了，才能为今后一生的学习工作打好基础。

【材料②】

班主任王老师在一次长途旅行的航班中，发现周围的年轻人都在玩游戏、看电影，几乎没有人在读书。这个现象引起了王老师的注意。他想到自己班上也普遍存在类似的现象，很多学生一出校门就拿出手机、平板电脑开始玩耍，班里一个学期能读完一本课外书的人很少。同时，许多学生家长反映，孩子完成作业后，要么玩电脑，要么看电视，用在阅读上的时间几乎没有。

【材料③】

中华传统节日作为中华传统文化中的重要组成部分，千百年来经久不衰，历久弥新。它以一种潜移默化、寓教于乐的形式来展示中华民族的精神世界，表达着对美好的理想、智慧与伦理道德的追求与向往，是弘扬中华优秀传统文化和传承中华传统美德的重要载体。但是，随着时代的发展，由于世界文化的融合和碰撞，越来越多的年轻人渐渐遗忘了、忽视了对中华传统节日的继承和弘扬，而大兴"过洋节"，赶时髦。这对于保持民族特色，弘扬民族精神，增强广大青少年对民族文化的认同感有着不可估量的危害。

第四章
如何实施小学生心理健康教育

学习目标

本章课件

　　1. 理解在当今社会背景下，青少年面临的压力和挑战，认识到青少年心理健康的重要性。

　　2. 了解青少年心理健康教育的主要内容，掌握评估学生心理健康状态的科学方法，能结合评估结果改进心理健康教育效果。

　　3. 了解青少年常见的心理问题，能够针对不同的心理健康问题制定并实施有效的心理健康干预策略。

思维导图

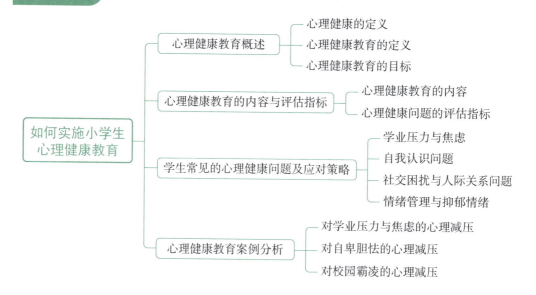

第一节　心理健康教育概述

　　学生心理健康问题是当今教育领域中备受关注的焦点，因为一个人的学业成就和全面发展不仅仅取决于知识储备，更关键的在于心理素质的培养。在这个纷繁复杂的社会，学生面对着学业压力、人际关系等多方面的挑战。国民心理健康调查（2021 年）数据显示，青少年抑郁的筛出率为 24.6% ；国家卫生健康委（2021 年）调查显示，青少年心理障碍的时点患病率为 17.5%[1]；2022 版"心理健康蓝皮书"数据显示，青少年抑郁、孤独、手机成瘾的现象有随着年纪增长而升高的趋势。住校、父母外出工作的青少年面临更多抑郁、孤独、手机成瘾问题。由此可见，青少年的心理健康问题不容忽视。

一、心理健康的定义

　　第三届国际心理卫生大会把心理健康定义为：人的身体无病症，智力水平符合正常人的标准，情绪稳定，人与人之间的关系和谐，呈现在别人面前的是积极向上的状态。[2] 从上述定义可知，心理健康主要是指一种高效而满意的、持续的心理状态，同时人的基本心理活动的过程和内容完整、协调一致，即知、情、意、行和谐统一。目前，在我国心理健康既指心理健康状态，也指维持心理健康、预防心理障碍或行为问题，进而全面提高人的心理素质的过程。

二、心理健康教育的定义

　　心理健康教育可分为广义的心理健康教育和狭义的心理健康教育。广义的心理健康教育是指一切有利于学生心理素质培养和人格健全的学校、家庭、社会的教育活动。而狭义的心理健康教育是指在学校范围内的，以培养心理素质和健全人格为目的的专门教育。[3] 由此可见，心理健康教育是一种通过教育手段，帮助个体发展和维护心理健康的过程。它的目标是提高人们在认知、情感、社会和心理层面上的能力，以应对生活中的挑战、增强

---

① 徐凯文 . 育心树人：中小学心理健康教育理论与实践［M］. 北京：中国人民大学出版社，2022：序言 .
② 王焕良 . 心理健康教育［M］. 北京：社会科学文献出版社，2009：2.
③ 同②3.

适应性、改善人际关系、促进幸福感，以及预防和减少心理健康问题的发生。中小学生的心理健康教育根据中小学生的心理发展特点，旨在培养他们积极的心理素质，提高应对生活压力和人际关系的能力，从而促进学生的全面发展，为国家培养高质量人才。

三、心理健康教育的目标

《中小学心理健康教育指导纲要（2012 年修订）》（以下简称新纲要）指出，心理健康的总目标是：提高全体学生的心理素质，培养他们积极乐观、健康向上的心理品质，充分开发他们的心理潜能，促进学生身心和谐可持续发展，为他们健康成长和幸福生活奠定基础。[1] 新纲要也指出，心理健康教育的具体目标是：使学生学会学习和生活，正确认识自我，提高自主自助和自我教育能力，增强调控情绪、承受挫折、适应环境的能力，培养学生健全的人格和良好的心理品质；对有心理困扰或心理问题的学生进行科学有效的心理辅导，及时给予必要的危机干预，提高其心理健康水平。综上所述，上述目标共同构建了一个全面的心理健康教育框架，旨在通过系统化的教育措施，促进学生在认知、情感、社会和心理层面的全面发展，为他们未来精彩的人生奠定基础，使他们终身受益。[2]

本节习题

第二节　心理健康教育的内容与评估指标

新纲要指出，学校心理健康教育的主要内容包括普及心理健康知识，树立心理健康意识，了解心理调节方法，认识心理异常现象，掌握心理保健常识和技能。其重点是认识自我、学会学习、人际交往、情绪调适、升学择业以及生活和社会适应等方面的内容，且不同的年龄段心理健康教育的内容有所不同。

---

① 教育部关于印发《中小学心理健康教育指导纲要（2012 年修订）》的通知 [EB/OL].（2012-12-11）［2024-03-12］.http://www.moe.gov.cn/srcsite/A06/s3325/201212/t20121211_145679.html.
② 俞国良.心理健康教育的新诠释：教育效能视角 [J].清华大学教育研究，2024，45（1）：110-119.

一、心理健康教育的内容

(一)智能训练

1．认知能力提升

认知能力是学生发展中的核心组成部分，包括观察、分析、判断和推理等方面。通过系统化的认知训练，致力于培养学生深刻的思考能力，使他们能够更准确地理解和解决复杂问题。这不仅有助于提高学生学科学习的水平，还为他们今后面对挑战时提供了坚实的认知基础。

2．创造性思维发展

创造性思维是培养学生成为富有创新力的未来领导者的关键。班主任需要注重激发学生的创造性思维，通过启发性的教学方法和实践项目，培养他们具有独立思考和解决问题的勇气。这种创新意识帮助学生不仅在学术领域有所体现，更为他们将来面对社会挑战时提供了创新解决方案的能力。

3．记忆与学习

在学习过程中，掌握有效的记忆技巧和学习策略至关重要。班主任需要通过指导学生采用科学的学习方法，培养他们的自主学习能力。学生将学会如何高效地记忆和运用知识，提高学习效率。这种主动学习的态度将伴随他们终身，为不断追求知识提供了可靠的支持。

(二)学习心理辅导

1．学习动机与目标设定

学习动机和明确的学习目标是学生成功学习的基石。在学习心理辅导中，班主任致力于帮助学生深刻理解个人学业动机，并引导他们设定明确、可行的学习目标。通过激发学习兴趣，学生将更具有学习的动力，为实现目标而不懈努力。

2．时间管理与计划制订

时间管理是学生塑造有效学习习惯的关键要素。班主任需要通过学习心理辅导，培养学生的时间管理意识，帮助他们理解时间的宝贵性。学生将学会制订科学、合理的学习计划，合理分配时间，提高学习效率，从而更好地应对各类学习任务。

3．克服学习焦虑

学业压力和考试焦虑是学生常面临的心理困扰。在学习心理辅导中，班主任需要为学生提供面对这些挑战时的心理调适方法，使他们能够更从容地应对考试压力和学业困扰。通过建立积极的心态，学生将更好地适应学习环境，减轻学习焦虑的影响。

（三）情感教育

1. 情感认知与表达

情感认知是学生情感健康的基石。在情感教育中，班主任需要致力于引导学生认识并表达自己的情感，培养他们敏锐的情感认知能力。通过情感表达的训练，学生将更好地理解自己的情感体验，建立起与他人更加深刻的情感连接。

2. 情感调节与管理

引导学生掌握有效的情感调节策略是情感教育的重要目标。在生活中，学生面临各种情感波动，需要学会如何调整和管理这些情感。通过情感管理的培训，学生将提高自己的情感管理水平，更好地适应复杂多变的社会环境。

3. 培养情商

情商是学生成功人生的关键要素之一。在情感教育中，我们强调发展学生的社交技能，包括沟通、合作和解决冲突的能力。通过培养情商，学生将更好地融入团队，建立良好的人际关系，为未来职业和生活奠定坚实基础。同时，他们也能更好地理解他人，形成同理心，促进社会和谐发展。

（四）人际关系指导

1. 同理心培养

同理心是建立良好人际关系的关键。在人际关系指导中，我们倡导培养同理心，旨在促使学生更好地理解和关心他人。通过情景模拟和互动活动，学生将更敏感地察觉他人情感需求，建立起积极向上的互动模式，从而提升人际关系的品质。

2. 解决冲突的技巧

人际关系中难免出现冲突，因此学习解决冲突的技巧对学生的发展至关重要。在指导学生学会处理人际冲突的有效方法时，我们注重培养他们的合作与团队意识。这不仅有助于提升团队协作水平，还能使学生能够更成熟地应对各类人际关系挑战。

3. 社交网络建设

健康的社交网络是人际关系健康的基石。人际关系指导旨在帮助学生建立健康、积极的社交网络。通过社交技能的培养，学生将更加自如地与他人交往，建立稳固的友谊和合作关系。这不仅有助于提升他们的社会适应力，也为未来职业和人生奠定坚实基础。

（五）健全人格的培养

1. 道德品质培养

道德品质是构建学生全面人格的基础。在人格培养中，应强调培养学生的道德观念和行为准则，促使他们成为具有社会责任感的公民。通过参与社会实践和道德伦理教育，学生将更深刻地理解公平、正义和责任的重要性，为将来在社会中担当角色做好准备。

2. 自我认知与自尊心

自我认知和自尊心是构建健全人格的内在支柱。在健全人格的培养中，我们引导学生正确认识自己，培养积极的自尊心和自信心。通过自我发现和个体差异尊重的教育，学生将更好地理解自己的价值和潜力，建立积极向上的人生态度。

3. 责任与担当

责任感和担当精神是健全人格的重要特征。在人格培养中，应引导学生树立责任感，培养积极承担责任的品质。通过参与社区服务和团队协作等活动，学生将逐渐明白自己在集体中的作用，培养对社会、对他人、对自己的责任心，为未来的领导与服务角色打下坚实基础。

（六）自我心理修养的指导

1. 自我意识培养

自我意识是个体心理健康的起点。在自我心理修养的指导中，应引导学生提高对自我需求和愿望的认知，帮助他们构建清晰的自我认知。通过自我探索和了解，学生将更好地理解自己的优势、需求和发展方向，为个体发展奠定坚实的基础。

2. 心态调整与积极心态

心态调整和培养积极心态是自我心理修养的关键目标。应着重培养学生积极面对困难，保持乐观心态的能力。通过心理训练和情感调适，学生将学会应对生活中的挑战，树立战胜困难的信心，培养积极向上的心态。

3. 自我反思与成长

自我反思是个体不断进步的桥梁。在自我心理修养的指导中，应指导学生通过反思认识差距，促进个人成长和发展。通过定期的个人反思和目标设定，学生将更有动力主动学习和进取，形成持续学习的习惯，为未来的个人发展和职业发展做好准备。

（七）性心理教育

1. 性健康知识传递

性健康知识是学生全面发展的重要组成部分。在性心理教育中，班主任及学科教师致力于提供科学、全面的性健康知识，帮助学生树立正确的性观念。通过开展相关课程和座谈活动，学生将更全面地了解生理、心理和社会层面的性知识，树立起正确的性观念。

2. 爱与尊重

爱与尊重是性关系健康的基础。在性心理教育中，应强调爱与尊重的重要性，培养学生良好的性道德观念。通过教育学生树立尊重他人意愿和权利的观念，建立积极、平等的性关系，促使学生在性方面形成健康的心态。

3. 性心理调适

性心理调适是性心理健康的重要方面。在性心理教育中，要引导学生建立有效的性心理调适策略，提高学生应对性方面问题的能力。通过心理辅导和实际案例讨论，学生将更好地理解性心理的复杂性，学会应对各种性关系和性健康问题，保持心理的平衡和健康。

二、心理健康问题的评估指标

（一）智力正常

心理健康评估中，智力正常是一个重要的指标。一般来说，智力正常表现为：① 在学业上有较好的表现，能够理解和掌握学科知识；② 参与课堂讨论，展现出较强的逻辑思维和创造性；③ 多方面兴趣广泛，表现出对不同领域的好奇心和学习欲望；④ 在解决问题时能够灵活运用知识和技能。一般可以采用智力测验来评估学生的智力水平，常用的工具包括韦氏智力量表、WISC 智力量表等。这些工具通过测量评估者的语言、记忆、逻辑思维等方面的能力，为评估者提供了客观的智力数据。班主任在智力正常的评估中，可以密切观察学生的学业表现、课堂参与度以及解决问题的能力。若发现学生在某一方面出现异常，应及时与心理医生或学校心理辅导员合作，进行更深入的智力评估。此外，班主任还可以鼓励学生参加兴趣班或课外活动，以促进其全面发展。

（二）情绪健康

情绪健康评估涉及学生的情感状态和情绪表达。一般来说，情绪健康表现为：① 学生能够维持较稳定的情绪状态；② 学生在面对生活压力时，有较好的调适能力；③ 学生能够有效表达自己的情感，愿意分享与他人沟通；④ 学生在学业和社交方面能够有所进步，积极参与各类活动；⑤ 对未来充满信心和期待。一般可以通过问卷调查、个别面谈和观察来检验一个人的情绪是否健康，常见的评估工具有儿童行为问卷（CBCL）[1]、抑郁自评量表（CES-D）等。在情绪健康方面，班主任可以通过关注学生的日常情绪表现，留意其是否有频繁情绪波动、情绪低落或者异常激动等情况。对于发现有情绪问题的学生，班主任可以进行个别谈话，了解其情感体验，同时与学校心理辅导员共同制定心理干预计划，提供及时的心理支持。

（三）意志健全

意志健全评估主要关注学生的自我控制、自律和毅力等方面。一般表现为：① 学生能够自觉完成学业任务，具备较好的学习计划和执行能力；② 对于困难能够坚持克服，不轻易放弃；③ 在自我管理方面表现出较好的意愿和实践能力；④ 学生在团队协作中能够履行自己的职责，维护良好的班级秩序。评估学生意志是否健全的方法主要包括观察、问卷以及个别面谈。班主任可以通过观察学生的学习态度、学科成绩、是否能够自觉完成任务等来初步了解学生的意志健康状况。在意志健全方面，班主任可以通过定期的班级会议或个别谈话，引导学生树立目标、制订计划，培养其自我控制和自律能力。同时，班主任与家长保持密切沟通，共同关注学生的学业发展，提供必要的支持和指导。

（四）行动协调

行动协调评估主要关注学生的身体协调和运动发展。一般表现为：① 学生在体育活动中积极参与，表现出较好的协调和灵活性；② 学生有良好的书写和手眼协调能力，能够完成各种手工制作任务；③ 学生在体育比赛或项目中表现出较好的运动技能，如跑步、跳跃等。一般了解学生行动是否协调常用的方法包括体能测试、动作观察等。班主任可以通过观察学生的体育课表现、参与体育活动时的协调性等来初步了解学生的行动协调水平。在行动协调方面，班主任可以鼓励学生参与体育锻炼和各类运动活动，提高其身体素

---

① Achenbach 儿童行为量表（Child Behavior Check List，CBCL），是应用较多、内容较全面的一种行为量表。它由美国心理学家 Achenbach 编制，包括 4～16 岁儿童少年部分和 2～3 岁婴幼儿部分。该量表自问世以来，在美国、荷兰、加拿大、法国、澳大利亚等许多国家得到广泛应用。我国在 20 世纪 80 年代由上海主持修订了 4～16 岁 CBCL 的家长用表，制定了中国常模。20 世纪 90 年代西安交大第二医院行为发育儿科研究室引进并主持修订了 2～3 岁 CBCL，并总结出了我国常模的数据，用于筛查婴幼儿的行为问题，可为衡量婴幼儿行为标准提供参考工具。

质和协调性。对于发现有明显协调问题的学生，建议班主任与学校体育老师和家长合作，制定个性化的锻炼计划，以促进其身体发展。

（五）人际关系适应

人际关系适应评估关注学生在群体中的交往能力和社交适应性。一般表现为：① 学生能够与同学和老师建立良好关系，表现出尊重和友善；② 在小组活动中，学生能够有效合作，分享想法和资源；③ 学生能够处理友谊中的小矛盾，具备解决简单的人际问题的能力。评估方法包括观察、问卷调查和小组讨论等。班主任可以通过班级集体活动、小组合作等情境观察学生的人际交往表现。在人际关系适应方面，班主任可以通过开展班级活动培养学生团队协作精神，提高学生的集体荣誉感。对于个别社交适应性较差的学生，班主任可以与学校心理辅导员合作，进行社交技能培训，提供有针对性的帮助。

（六）反应适度

反应适度评估主要关注学生在面对压力和挑战时的应对方式。一般表现为：① 学生能够适应日常的学业和生活压力，保持相对平静的情绪；② 在面对挑战时，学生能够寻找有效的解决方案，而不是过度焦虑或沮丧；③ 学生能够通过言语、写作或其他适当方式表达自己的情感，避免情感积压。了解学生的反应适度的方法通常包括情境观察和心理测试等。班主任可以通过观察学生在考试、竞赛等压力情境中的表现，了解其应对压力的方式。在反应适度方面，班主任可以通过班级活动培养学生的团队协作精神，鼓励学生主动参与，培养其适应新环境和应对压力的能力。同时，班主任还可以通过心理辅导、鼓励积极思考等方式，引导学生形成积极应对问题的心态。

（七）行为方式符合年龄特征

行为方式符合年龄特征评估关注学生行为表现是否符合其年龄阶段的发展特征。符合年龄特征的正常表现为：① 学生的行为与社会规范和校规相符，没有违法乱纪行为；② 学生能够在冲突和挑战面前保持冷静，具备自我控制能力；③ 学生对自己的行为负责，关心他人，表现出一定的责任感。通常来看，了解学生行为方式是否符合他的年龄特征的方法，通常包括行为观察和问卷调查等。班主任可以通过观察学生的日常行为、参与活动时的表现等，了解学生行为是否与同龄人相符。在行为方式符合年龄特征方面，班主任可以通过制定班级规范和榜样引导，促使学生形成积极的心态。

第三节　学生常见的心理健康问题及应对策略

　　学生时期，面对学业压力、社交困扰、情绪波动等多重挑战，心理健康问题不可避免地成为学生成长道路上的一部分。下面介绍学业压力、自尊与自信问题等心理问题的根本影响因素与症状表现，以及科学有效的干预和支持措施。

一、学业压力与焦虑

　　学习压力与焦虑是指在学生面对学业任务、考试压力等学习相关场景时，产生的一种情绪和心理状态。这种状态可能表现为紧张、担忧、不安，甚至影响身体的生理功能。已有研究表明，我国小学生心理健康问题的检出率由高到低依次是睡眠问题、抑郁、焦虑、攻击行为、退缩、违纪行为和躯体化，其中前三项检出率较高，后四项检出率较低[1]；初中生的心理健康问题中，焦虑、抑郁和自我伤害的检出率排在前三位，其次是自杀意念和睡眠问题；高中生心理健康问题中，抑郁，焦虑，睡眠问题排前三位，其次是自我伤害、自杀意念等。[2] 由此可见，青少年的焦虑问题较为严重，各个学段均有涉及。因此，理解学习压力的来源、影响因素以及相关症状，对于采取有效的干预措施，帮助学生更好地应对心理困扰至关重要。

（一）影响因素

　　学生学习压力与焦虑是一项严重的心理健康问题，受到多种影响因素的交互作用。首先，考试压力是学业压力的重要来源。学生可能因应试而感到紧张，对于成绩的过度焦虑可能影响学业表现和心理状态。其次，学习负担的增加也是导致学业压力的重要原因。大量作业、频繁考试以及各类课外培训可能使学生感到不堪重负，从而产生负面情绪。再次，家长对学业的高期望可能给学生带来巨大的心理压力，过高的期望可能导致学生产生学业

---

[1]　黄潇潇，张亚利，俞国良. 2010—2020 中国内地小学生心理健康问题检出率的元分析 [J]. 心理科学进展，2022，30（5）：5-16.

[2]　于晓琪，张亚利，俞国良. 2010—2020 中国内地高中生心理健康问题检出率的元分析 [J]. 心理科学进展，2022，30（5）：30-42.

压力与焦虑。另外，部分学生在学校环境中，与同学的一些竞争和比较可能也会导致焦虑情绪。最后，学生自己难以理解学科知识，过高的学业目标未能达成，以及学生对升学的不确定性也会增加他们的焦虑感。

（二）症状与表现

学习压力和焦虑表现出多样化的症状。在生理方面，失眠是一个显著的症状。学生可能因为思虑过多而难以入眠，或者在半夜醒来难以再次入睡，导致睡眠质量下降。食欲的改变也是常见的生理反应，有些学生可能因为紧张而食欲不振，而另一部分学生则可能通过过度进食来缓解焦虑情绪。头痛和肌肉紧张则是由于长时间的紧张状态引发的，表现为头部不适和肩颈部肌肉紧绷。此外，由于学业压力，一些学生可能会出现消化问题，如胃痛、腹泻或便秘。长时间的心理紧张状态还可能导致疲劳感，使学生感到疲倦且缺乏精力。

在心理方面，学业压力和焦虑也会显现出一系列的症状。第一，情绪波动是典型的心理反应，学生可能因为考试压力或学业负担而经历易怒、焦虑和沮丧等情绪。第二，注意力不集中是另一个常见的表现，学生可能由于过度焦虑而难以专注于学习任务，进而影响学业表现。第三，自卑感也可能在学业压力下产生，学生对自己的能力产生怀疑，出现自卑情绪。第四，退缩行为是一种回避学业或社交活动的表现，学生可能因为学业压力而选择回避，表现出退缩的行为。第五，社交障碍可能因社交困难和学业压力而产生，使学生主动回避社交场合。第六，负面思维也是学业压力和焦虑的心理反应之一，学生可能对未来产生悲观和消极的看法。

（三）应对策略

2018年全国教育大会上，习近平总书记强调了"坚持扎根中国大地办教育"的重要性。在我国，班主任作为思想政治和文化知识教育的重要实践者，逐渐成为心理健康教育的重要推动力量，为建设中国特色的心理健康教育体制提供了坚实支持。[①] 在面对学生出现的学业压力与焦虑问题时，班主任是学校中最亲近学生的人之一，需要采取一系列有针对性的措施来关心和帮助学生。

首先，班主任可以建立良好的班级氛围，提倡团结友爱，减轻同学之间的竞争压力。通过组织一些团队活动、合作学习，培养学生的集体荣誉感，让学生体验到共同努力的快

---

① 俞国良，张哲.中国特色班主任制度赋能中小学心理健康教育［J］.人民教育，2023（12）：46-49.

乐，减轻单一学科的竞争焦虑。

其次，班主任可以与家长建立紧密的联系，了解学生在家庭环境中的情况。通过与家长的沟通，了解学生的学习负担是否过重，是否承受着不同寻常的家庭压力，有针对性地提供必要的支持和帮助。

再次，班主任还可以通过定期的个别辅导，关注每个学生的学业情况和心理状态。倾听学生的心声，及时解答他们的疑虑，鼓励他们树立积极的学习态度，树立正确的人生观和价值观。针对学业压力与焦虑的症状表现，班主任需要及时辨别学生的心理状态，鼓励学生敞开心扉表达情感，提供心理咨询和辅导服务。班主任还可以引导学生学习科学合理的学习方法，培养其自主学习的能力，使其更好地应对学业挑战。

最后，班主任还可以组织一些有趣的活动，缓解学生学业压力。例如，开展一些课外拓展活动，提供学科以外的知识体验，让学生在轻松的氛围中学到更多的东西，拓宽视野，减轻单一学科的紧张感。通过以上有针对性的措施能帮助学生减轻学业压力与焦虑，为他们提供更加全面的支持，促进其全面健康成长。

二、自我认同问题

自我认同是个体对自己的认知和评价，包括对自身身份、价值、能力和角色的理解。自我认同是指学生对自我身份、价值和角色的形成和认知，涉及学生对自身特质、兴趣、信仰以及与他人的关系等方面的理解和评价。在学生时期，学生通过与社会、家庭和同伴的互动，逐渐塑造出独特的自我认同。埃里克森心理学理论中强调，学生的自我认同发展对于他们的身心健康和社交关系形成具有重要的影响，如果同一性危机无法解决，就可能导致学生在成长过程中陷入自我迷茫和停滞状态。[①] 对学生而言，这一危机的核心焦点是身份认同的混乱，即他们对于"我是谁"的问题感到困扰，进而非常容易产生自卑和自负的自我认同问题。如果这一时期的心理挑战得不到积极的解决和探索，就可能对学生的整体发展产生不良影响。

（一）影响因素

学生产生自卑心理和自负心理的原因涉及多方面因素，这两种心理状态之间可能存在复杂的动态平衡。首先，社交因素在这一过程中扮演着重要的角色。社交困扰、人际关系

---

① 陈琦，刘儒德.当代教育心理学［M］.3 版.北京：北京师范大学出版社，2019：34-42.

不良、同伴压力等因素可能导致学生产生自卑心理，难以融入群体。相反，过度的社交成功和过分的关注与崇拜可能让学生陷入自负心理，产生对他人的轻视。其次，学业因素也是影响学生自卑和自负心理的重要因素。在学业上遭遇挫折、无法满足外界期望、对自己能力的低估或过高估计，都可能引发不同程度的自卑或自负。再次，家庭环境是塑造学生心理状态的重要背景。家庭中的教养方式、亲子关系、父母的期望等都可能对学生的自尊心产生影响。缺乏家庭支持和关爱可能导致自卑，而在过分溺爱的家庭环境下，学生可能形成自负的态度。最后，心理健康问题也是导致自卑和自负的重要因素，例如焦虑、抑郁等。这些问题可能与学生遭受挫折的能力、对未来的不确定感等因素相互交织，形成对自我能力和价值的误判。总体而言，学生形成自卑和自负心理是一个多因素交织的复杂过程。深入了解学生所处的环境、心理状态以及社会压力，将有助于采取更有针对性的干预策略，帮助学生建立健康、平衡的心理状态。

（二）症状与表现

学生的自卑心理和自负心理表现出的症状和行为具有一定的特征。自卑心理的学生可能表现为社交回避。这种回避可能表现为对社交场合的回避，不愿意参与团体活动或课堂互动，害怕被他人评价。自卑的学生通常表现出低自尊，对自己的能力和价值产生怀疑，缺乏自信心。他们可能经常对自己进行负面的评价，关注自身的缺点而忽略优点，导致对自己产生负面看法。此外，情绪方面，自卑的学生可能经常感到沮丧、焦虑、压力大，情绪较为低落。而自负心理的学生可能表现为自我夸大。他们可能过分自信，夸大自己的能力和成就，对自己过高估计，难以接受他人的批评或建议，可能表现出不耐烦、愤怒的情绪。自负的学生可能忽视他人的看法和建议，只顾追求自己的意愿，并试图与他人竞争，不愿与他人合作。这些症状可能会对学生的学业、人际关系和心理健康产生负面影响。

（三）应对策略

面对学生在自我认同中出现的自卑与自负问题，班主任在工作中可以采取一系列有针对性的措施，以引导学生形成健康的自我认同。

首先，班主任可以通过个别谈心，倾听学生的心声。通过与学生的深入交流，了解其自卑或自负的原因，为学生提供情感上的支持，让学生感受到被理解和关爱。其次，班主任可以引导学生正确认识自身优点。通过开展一些小组活动，让学生自主发现并总结自己的优点，逐渐培养积极的自我认同感。再次，鼓励同学们在小组内互相肯定，提高对彼此的认同感。最后，班主任可以通过组织一些团队协作活动，让学生体验到团队的力量。在协作中，学生能够发现自己在团队中的独特价值，培养积极向上的自我认同感，同时学会欣赏他人的优点，进而改善自负心理。

此外，班主任可以提供一些心理素质培训，帮助学生建立积极的人际关系。通过培训，学生能够提升情商，学会更好地与他人交往，增强社交能力，从而减轻社交困扰。班主任还可以鼓励学生参与一些有益身心健康的活动，如体育运动、文艺表演等。这些活动有助于学生树立健康向上的自我认同，培养乐观积极的心态，降低自卑与自负的情绪。通过以上一系列的措施，班主任可以引导学生正确认识自我，促使其更加健康地成长。

三、社交困扰与人际关系问题

社交困扰与人际关系问题指的是个体在社交环境中遇到的困扰和挑战，以及因人际关系问题而引发的心理困扰。在学生群体中，这一问题常表现为与同龄人或他人的交往出现困难，可能包括但不限于社交回避、交往技巧不足、人际沟通障碍等方面的困扰。

（一）影响因素

学生产生社交困扰与人际关系问题通常涉及多方面因素。首先，社交焦虑可能是导致这一问题的原因之一。某些学生可能因过度担忧在社交场合中的表现而感到紧张和不安，这可能导致他们回避社交互动，影响与他人的正常交往。其次，同伴压力是社交困扰的常见因素之一。同龄人之间存在的社会规范和期望可能使学生感到压力，尤其是在面对群体压力时。同学之间的友谊、社交圈的形成，以及一些群体内的规范，都可能对学生产生积极或消极的影响。对于一些学生而言，同伴关系可能成为他们社交表现的焦点，因为他们希望在同龄人中获得认同和接纳。然而，过度关注同伴的评价可能使学生感到紧张、焦虑，从而导致社交困扰。最后，集体活动也是影响学生人际关系的重要因素。在集体活动中，学生可能面临合作、沟通和相互协调的挑战。对于一些内向或社交技能较为欠缺的学生而言，参与集体活动可能成为一种社交压力。他们可能感到在团队中难以融入，与同学建立良好关系的难度较大，从而影响了他们的人际互动能力。

（二）症状与表现

学生产生社交困扰与人际关系问题时，可能表现出多样的症状和表现，这涉及他们在学校和社交场合中的情感、行为和心理方面的反应。首先，在情感方面，学生可能经历强烈的焦虑和紧张。面对同学间的互动和社交活动时，他们可能感到不安、担心被拒绝或排斥，甚至出现自我怀疑和自卑情绪。这种情感压力可能影响他们的情绪调控，使其更容易感到沮丧或愤怒。其次，学生在人际交往中可能表现出回避和退缩的行为。他们可能会避免参与社交活动、回避与同学建立深层次的关系，因为害怕面对潜在的冲突或不适应集体性的互动。这种回避行为可能使他们被孤立，缺乏社交支持。再次，在心理方面，社交困扰可能导致学生自我观念的混乱。他们可能在"我是谁"的问题上感到困惑，缺乏清晰的身份认同，进而影响自尊和自信心的建立。这种心理压力可能对学业成绩和整体心理健康产生负面影响。最后，社交困扰还可能引发学生的学校适应问题。他们可能在学校中表现出注意力不集中、学习兴趣下降，甚至可能影响与老师和同学之间的良好合作关系。这一切可能在学业和社交方面形成恶性循环，加剧学生的心理健康问题。

（三）应对策略

面对学生出现的社交困扰与人际关系问题，班主任可以采取一系列措施来帮助学生解决问题，促进其积极参与社交活动，建立良好人际关系。

首先，班主任可以通过班级活动和课堂教育，强调团队合作的重要性，鼓励学生积极参与社交互动。通过集体协作的经验，学生可以更好地理解团队协作的价值，建立良好的人际关系基础。

其次，在个体辅导中，班主任可以与学生进行深入的沟通，了解他们的社交困扰和人际关系问题。通过建立开放的沟通渠道，学生更容易表达内心的困扰，班主任可以根据学生的个体情况提供针对性的支持和指导。鼓励学生发展积极的人际交往技能，如倾听、沟通、合作等，有助于改善社交关系。班主任还可以引导学生正视并处理人际冲突，通过沟通和解决问题的方式，促使学生学会与持有不同观点的同学相处。提供解决问题的方法，培养学生解决社交问题的能力，有助于他们更好地适应校园生活。

再次，心理健康教育的引导是关键的一环。班主任可以通过心理健康教育课程，教授学生解决社交问题的基本技能，如情绪管理、冲突解决等。通过心理健康的教育，学生能够更好地理解自己和他人，促进人际关系的和谐发展。在学校文化的塑造上，班主任可以鼓励学生共同创造积极的校园氛围。通过组织友谊日、文艺汇演等活动，提升学生的团结和互助意识，减轻社交困扰的发生。营造一个支持和理解的校园环境，有助于学生更好地融入集体，降低人际关系问题的发生率。

最后，班主任可以与家长密切合作，共同关注学生的社交困扰和人际关系问题。通过学校与家庭的协同努力，形成一个全方位的支持体系，更好地帮助学生建立健康、积极的人际关系，为他们的心理健康发展提供坚实的基础。

四、情绪管理与抑郁情绪

情绪管理是指对自己情感体验的认知、理解和调控的能力。在这一过程中，要学会有效地处理各种情感，包括积极的和负面的情感，以维护心理平衡。而抑郁情绪则是一种常见的心理健康问题，表现为长期的、持续的抑郁、沮丧情绪，伴随对生活兴趣的减退和负面思维的增加。通过情绪管理，青少年能够学会识别和理解自己的情感，采用积极的应对策略来调节情绪。

（一）影响因素

学生产生抑郁情绪的影响因素有多个层面，其中家庭问题和生活事件是较为深刻的影响因素。首先，家庭问题对学生情绪管理构成直接影响。不稳定的家庭环境、缺乏支持的亲子关系可能导致学生在处理情绪时感到孤立和无助。家庭冲突、离异、家庭成员患病等问题可能使学生承受额外的心理负担，进而影响他们的情绪管理能力。这种不安全的家庭环境可能埋下心理健康问题的种子，加重抑郁情绪的发生和发展。其次，生活事件对学生情绪管理产生直接影响。面对生活的变故，例如失业、亲人离世、搬迁等，学生可能感到无法掌控的生活压力。这些事件会触发负面情绪，使学生陷入情感的波动，增加情绪管理的复杂性。生活事件的不可预测性和不稳定性可能使学生难以应对，从而引发抑郁情绪。除了家庭问题和生活事件，学业压力也会影响学生的情绪管理。过重的学业负担、高强度的考试压力和竞争环境可能导致学生产生焦虑、紧张、失眠等情绪问题。对一些学生来说，持续的学业压力可能成为情绪管理困难和抑郁情绪的源头。它可能导致对自己能力的怀疑、对未来的担忧，从而加重情感负担，最终影响心理健康。学生的自尊心受到影响也可能产生多方面的负面效应。对自己的否定、自卑感可能使学生在面对困难时难以保持积极的情绪态度。低自尊心可能导致学生更容易受到外界批评的影响，从而在面对挑战时出现情绪波动。这种负面的自我认知可能成为抑郁情绪的潜在因素，使学生难以有效地处理情绪。

（二）症状与表现

在抑郁情绪发展的早期阶段，学生可能表现为情绪波动和情感不稳定。他们可能感到疲倦、消沉，对日常活动失去兴趣。在学业上，可能出现注意力不集中、记忆力下降的情况。社交活动可能减少，表现出回避同学和社交场合的倾向。这一阶段的学生可能会经历睡眠障碍，包括入睡困难、睡眠质量下降等。

随着抑郁情绪的加深，学生的症状可能进一步显现。他们可能经历食欲改变，表现为食欲减退或过度进食。情感上，可能感到无助、自责，对未来产生悲观的看法。在学业方面，表现为学习动力下降、成绩下滑。社交隔阂可能进一步增加，出现对人际关系的逃避。身体症状可能包括头痛、肌肉疼痛等，进一步影响生活质量。

抑郁情绪的严重程度加深时，学生的症状可能呈现出更为显著的特征。情感上可能出现无助感的加剧，可能伴随着持续的自我贬低和自责。学业上可能出现辍学倾向，甚至出现自残或自杀的想法。社交隔阂可能达到极点，与他人的交往几乎中断。身体症状可能加重，包括消化系统问题、体重明显下降或增加等。

总体而言，抑郁情绪的发展表现出逐渐加深的趋势。这些表现不仅影响学生的日常生活和学业成就，更对其整体心理健康产生深远的负面影响。

（三）应对策略

班主任在引导学生管理情绪和调节抑郁情绪方面扮演着至关重要的角色。班主任在引导学生管理情绪和调节抑郁情绪时，应注重培养学生的心理健康意识和情绪调节能力，以建立积极的情绪态度。

首先，班主任可以通过心理健康教育课程向学生传达情绪管理的重要性，帮助他们认识到情绪是正常生理反应，而积极的情绪态度有助于更好地面对生活中的挑战。

其次，在个体辅导中，班主任可以鼓励学生表达情感，提供一个开放、信任的环境。通过倾听学生的心声，班主任能够更深入地了解学生的情绪状态，及时发现问题。鼓励学生积极参与情感表达，可以帮助他们理清思绪，减轻内心负担。班主任还可以教导学生认知技能，帮助他们理解和分辨不同的情绪。通过认知技能的培养，学生能够更准确地意识到自己的情绪状态，为后续的情绪调节提供基础。引导学生正视和接受负面情绪，同时培养积极的思维方式，有助于降低抑郁情绪的发生风险。

再次，情绪调节技能的培养也是关键。班主任可以向学生介绍一些简单实用的调节方法，如深呼吸、放松技巧、运动等。通过教导这些方法，学生可以学会在面对压力和挫折时更有效地调节情绪，降低抑郁情绪的发生频率。在学校氛围的塑造上，班主任可以促进正面的班级文化，鼓励同学之间的互相支持和合作。通过共同创造积极的学习和生活氛围，学生更容易培养积极的情绪状态，减轻抑郁情绪的压力。

最后，班主任应与学校心理辅导师合作，共同关注学生的心理健康问题。在发现学生出现抑郁情绪症状时，及时引导学生寻求专业心理咨询，提供更全面的帮助。通过学校与家庭的协同合作，共同促进学生心理健康的全面发展。总的来说，班主任在引导学生管理情绪和调节抑郁情绪时，需要全面考虑心理健康的各个方面，通过教育、个体辅导、学校氛围的建设等多方面的努力，为学生提供有效的心理支持，引导他们养成积极健康的情绪管理习惯。

第四节　心理健康教育案例分析

一、对学业压力与焦虑的心理减压

案例 4-1

> 小亮是一个有抱负的学生，但最近他感到学业压力很大。他每天面对大量的作业和复习任务，感到时间不够用。小亮内心充满了焦虑和压力，他常常担心自己无法应对考试并满足家长的期望。他觉得自己的努力似乎永远无法得到认可。

（资料来源：爱吃甜点的布丁：《心理健康教育期末考试"案例分析题"》，布丁心理说微信公众号，2023 年 5 月 29 日）

小亮面对的学业压力主要表现为大量的作业和复习任务，导致他感到时间不够用。这种情况可能引发他的焦虑和压力，表现为内心的紧张和担忧。同时，过多的学业压力可能降低他的学习动力，让学习变得更像一种负担而非积极向上的体验。小亮遭受的学业压力与焦虑，深刻揭示了现代教育体系下学生心理健康面临的严峻挑战。这不仅是个体学生难以承受之重，更是对教育理念与方法的深刻拷问。在知识爆炸的时代，学生被赋予过高的期望与繁重的任务，忽视了他们作为独立个体的情感需求与心理成长。小亮的案例，是对

"唯分数论"教育模式的警醒。它提醒我们，教育的本质在于激发潜能、培养人格，而非简单的知识灌输与成绩比拼。我们应当反思，如何构建一个更加人性化、包容性的教育环境，让学生在追求学术卓越的同时，也能享受学习的乐趣，拥有健康的心理状态。此外，小亮的经历也强调了心理健康教育的重要性。

班主任针对此类问题，可以采取以下措施，帮助班上有类似情况的学生缓解学业压力并建立良好的学习习惯。

① 倾听和理解。倾听小亮的心声，理解他的感受。让他感到自己的情绪是被认可和理解的，有助于释放情绪压力。

② 个体辅导。给学生进行个体辅导，了解他们的学业和生活情况，听取他们的诉求和困扰。通过深入交流，帮助他们理清问题，树立积极的学习态度。

③ 制订个性化学习计划。帮助学生制订个性化的学习计划，根据他们的学科特点和学习风格进行调整。合理安排学习时间，分阶段完成作业和复习任务，避免过度压力。同时，帮助小亮明确学习的目标，并强调目标的合理性。让他理解自己的局限性，不过度追求完美，接受适度的挑战。

④ 学习方法指导。教导学生有效的学习方法，包括时间管理、记忆技巧、阅读策略等。培养他们提高学习效率的能力，减轻学习负担。

⑤ 心理健康教育。在班级中开展心理健康教育课程，帮助学生认识到学业压力的正常性，并教授应对压力的方法。分享应对焦虑、自我怀疑的技巧，以提升心理抗压能力。

⑥ 鼓励团队合作。培养班级团队合作氛围，鼓励学生相互帮助、共同学习。通过小组活动和合作项目，促进学生之间的互动，减轻他们的学业焦虑。

⑦ 家校合作。与家长建立紧密的联系，及时沟通学生在学校的表现和家庭环境。共同制订学习计划，家庭成员共同支持学生，创造有利于学习的家庭氛围。

⑧ 定期评估和调整。定期与学生进行学业和心理健康的评估，了解他们的进展和感受。根据评估结果，及时调整支持计划，确保其适应性和有效性。

二、对自卑胆怯的心理减压

案例 4-2

晓晓，7岁男孩，父母离异后随父生活，但因父亲外出打工，实际与不识字的奶奶相依为命。他聪明懂事，却表现出自卑和畏怯，他特别会看别人脸色，不管对老师还是对同学。比如他的作业有点潦草，还没等老师批评他，他就主动给老师说，下次一定会写得更好，或者干脆就重写。下课后，和同学在一起玩，他总是那个做事最多，出力最多的。他好像一直在讨好别人，怕老师不喜欢他，怕小伙伴不和他一起玩。尽管他很聪明，也不调皮捣蛋，但成绩一直中下游。他学习努力却成绩平平，专注力不足，书写潦草。同时母亲因抚养权问题较少参与晓晓的学习和成长，父亲远在他乡难以直接帮助。尽管晓晓参加课外辅导，但学习成效仍不佳。

（资料来源：宁静致远：《小学生心理健康案例》，ww 咖啡屋微信公众号，2024 年 5 月 25 日）

案例 4-2 是现代社会家庭结构与教育挑战交织的缩影，深刻揭示了现代社会中离异家庭儿童面临的复杂挑战。它不仅揭示了离异家庭儿童在情感与学业上的双重困境，更触及了社会支持体系与个人成长之间的微妙平衡。在该案例中，晓晓的父母离异，且都不在身边，长期和年纪大的奶奶在一起生活，这不仅使孩子缺少安全感，甚至给孩子造成了恐惧感。他习惯察言观色，习惯当别人的跟班，习惯鞍前马后为别人服务，这都来自内心的不安全感，来自内心的恐惧。他怕小朋友嫌弃他，怕别人不和他玩，所以他总想法讨好别人。他怕老师不喜欢他，他特别在乎别人对他的评价，他不敢做自己想做的事。他长期处于一种恐慌不安全的心理状态，极度压抑，已经形成了自卑畏怯的心理疾病。由此可见，晓晓因家庭结构的破碎与监护人的缺席，承受着情感与学业上的双重压力。自卑与畏怯源于对爱的渴望与不确定的安全感，导致他过分在意他人评价，努力讨好以求认同。学习上的困境则凸显了家庭支持系统的严重不足，奶奶的无能为力与父母的远程关怀难以填补教育的空白。此案例不仅是对个体命运的悲叹，更是对社会支持系统缺位的警示。它呼吁社会各界关注离异家庭儿童的心理健康与学业发展，建立更加完善的援助机制。

班主任针对此类问题，可以采取以下措施，帮助班上有像晓晓这样类似情况的孩子。

① 建立信任关系。班主任需要花时间与晓晓建立深厚的信任关系，让他感受到被理解、被关心。通过倾听他的想法和感受，班主任可以成为晓晓的倾诉对象和支持者。

② 个性化关注。了解晓晓的家庭背景、学习情况和兴趣爱好，制定个性化的关怀计划。这包括在学习上提供必要的辅导，确保他跟上课程进度；在情感上给予更多关注和鼓励，帮助他建立自信。

③ 增强社交能力。鼓励晓晓参与班级和学校的集体活动，为他创造更多与同学交流的机会。通过团队合作和社交技能的培训，帮助他建立健康的人际关系，减少孤独感和自卑感。

④ 心理辅导与干预。如果晓晓的情况较为严重，班主任应及时与学校心理咨询师合作，为他提供专业的心理辅导。通过专业的干预措施，帮助他处理内心的困惑和情绪问题。

⑤ 家校合作。与学生的家长建立紧密的联系，分享学生在学校的表现和情感状态。协作制订一份家校共同关注的计划，确保学生在学校和家庭都得到支持。

⑥ 树立正面榜样。班主任应成为晓晓的榜样，通过自身的行为和态度传递正能量。同时，在班级中树立其他积极向上的学生作为榜样，激励晓晓向他们学习，培养积极向上的心态。

⑦ 持续跟踪与反馈。对晓晓的成长过程进行持续跟踪，定期与他进行交流和反馈。了解他的进步和困难，及时调整帮助策略，确保他能够持续、稳定地成长。

三、对校园霸凌的心理减压

案例 4-3

2023 年 9 月 16 日晚，小强（化名）父亲得知上小学的儿子小强在校内遭遇同班两位男生凌辱，涉及被殴打、身体侮辱等恶劣行为，还得知小强自小学二年级起便常遭同班同学小轩（化名）凌辱，在小强读到四年级时，又有一位同班同学小壮（化名）加入到凌辱小强的行列，对方涉及辱骂、殴打、身体侮辱等。小强父亲根据儿子口述愤而写下事件经过，并于当晚将此事告知校方。

（资料来源：《山西大同一小学男生遭同班两男生凌辱，校方回应：正在处理》，https://www.thepaper.cn/newsDetail_forward_24721373，2023 年 9 月 16 日）

小强所遭遇的校园霸凌事件，其严重性令人痛心。他不仅要承受身体上的伤痛，更在心理上遭受了难以想象的创伤与羞辱。长期的欺凌不仅侵蚀了小强的自尊与自信，更可能在他心中埋下恐惧、无助与绝望的种子。他面临的不仅是当下的痛苦，还有对未来社交环境的深深忧虑。在本案例中，学校在管理上严重失职失责，造成恶劣社会影响。虽然涉事人员已被辞退，但是这从一个侧面说明，不少人包括一些教育行业的从业者，对于校园欺凌仍然缺乏足够的重视，甚至没把它当回事。小强所经历的，不仅仅是个人悲剧，也是社会问题的缩影。面对校园霸凌，加强青少年心理健康教育与干预显得尤为迫切。

学校是保护受欺凌学生的第一责任人。在校园欺凌事前预防措施上，要防患于未然，对有欺凌苗头的行为进行及时干预、控制。作为班主任，可以采取以下具体的建议来帮助青少年应对校园霸凌。

① 建立明确的反欺凌政策与举报机制，确保每位学生都知道如何安全地报告欺凌行为，且其报告会得到迅速、公正的处理。同时，通过班会、主题讲座等形式，定期开展反欺凌教育，增强学生的自我保护意识和法律意识，让学生明白欺凌行为的严重性和后果。

② 加强师生沟通与情感联系。班主任应密切关注青少年的情绪变化和行为异常，定期开展心理健康教育课程，引导学生正确处理冲突、尊重差异，培养他们的情感智慧。同时主动与学生交流，倾听他们的心声，特别是那些可能处于弱势或易受欺凌的学生。通过建立良好的师生关系，让学生感受到来自老师的关心和支持，减少他们因孤独无助而遭受欺凌的风险。

③ 建立学生互助小组或"安全卫士"团队，鼓励学生之间相互帮助、相互支持。这些小组可以定期开会，分享防欺凌知识和经验，共同营造积极向上的班级氛围。同时，对于已发生的欺凌事件，班主任应迅速介入，对受害者进行心理疏导和安抚，对施暴者进行严肃处理和教育引导，向全校传递对欺凌行为的零容忍态度，确保类似事件不再发生。

④ 加强与家长的沟通与合作。班主任应定期与家长联系，通报学生在校表现及可能存在的欺凌风险，共同商讨应对策略。家长也应积极参与学校的反欺凌工作，关注孩子的情绪变化和行为习惯，共同为孩子的健康成长保驾护航。

思考与讨论

1. 请阅读材料①，你认为小杰面对的学习困扰是什么？小杰为什么会觉得自己无法做好？他可能对学习产生了哪些消极的想法？学习困难对小杰的学习动力和自信心产生了什么影响？据此，班主任该怎么做？

【材料①】

小杰是一个勤奋的学生，但最近他遇到了学习上的困难。无论怎么努力，他总觉得自己无法做好。小杰感到沮丧和无助，他觉得自己永远无法达到期望的成绩。小杰内心充满了自责和挫折，他常常想知道为什么自己总是无法取得进步，为什么努力似乎毫无回报。

2. 请阅读材料②，你认为小华的内心情绪是什么？你认为小华为什么会对自己的表现不满意并觉得不够好？他对自己的能力和价值有何种内心独白？自卑心理对小华的自尊心和情感产生了什么影响？据此，班主任该怎么做？

【材料②】

　　小华是一个聪明的孩子，但最近他对自己的表现不满意，总觉得自己不够好。无论在学习还是在生活中，他都觉得自己比不上他人。小华内心充满了自卑和失落，他常常想知道为什么自己无法做到更好，为什么总是感觉自己的努力毫无意义。

第五章
如何应对小学班级突发事件

学习目标

1. 了解突发事件处理的意义与基本原则。

2. 了解班级突发事件常见的部分类型，从案例中理解突发事件发生的特点，掌握应对相似类型的突发事件的方法策略。

3. 了解什么是应急预案，以及如何编制应急预案，应急预案的基本程序等。

4. 了解班级突发事件解决后的班级恢复重建工作，为涉事学生及家长开展心理辅导工作。

本章课件

思维导图

如何应对小学班级突发事件
- 突发事件处理的意义与原则
  - 妥善处理好突发事件的意义
  - 突发事件的处理原则
- 常见班级突发事件的处理
  - 处理学生意外伤害事件
  - 处理班级纪律问题和冲突事件
  - 处理家校矛盾事件
- 突发事件应对策略与应急预案
  - 制定灵活应对策略与预案
  - 组织紧急处置与应急演练
- 突发事件后的恢复与心理疏导
  - 进行学生及家长的心理疏导
  - 组织班级恢复与重建工作

第一节　突发事件处理的意义与原则

一、妥善处理好突发事件的意义

班级中不可避免地会出现各种突发事件，这些事件给班级管理带来了显著的挑战，需要班主任认真思考并有效应对。能否有效处理这些突发事件是衡量一名班主任工作能力的重要标准。面对突发事件，班主任应采取适当的措施，合理地化解危机，甚至可以将这些事件转化为宝贵的教育资源，从而为学生和班级带来积极的影响。突发事件处理的意义主要体现在以下几个方面。

（一）有益于学生的健康成长

突发事件的有效处理对于学生的健康成长具有极其重要的影响。在班级环境中，常见的突发事件类型有师生冲突、同伴冲突、家校冲突、自然灾害等类型，这些突发事件诸如吵架、斗殴、财物丢失、偷窃、逃课、顶撞教师等都会在不同程度上威胁到学生的身心健康，妥善解决这些突发事件为学生在健康快乐的环境下成长提供了有力的保障，有助于学生在面对挑战时，培养冷静、理智的思维方式，增强自我保护意识与能力。同时，这也将增强他们的团队协作精神和提升集体荣誉感，促进学生全面、均衡地发展。

（二）助力教师专业素养的持续增强

在班主任工作中，面对突发事件不仅是对教师专业素养的挑战，更是其专业成长的重要契机。教师需具备敏锐的观察力和判断力，以及卓越的组织与协调能力，这些能力对于妥善解决突发事件至关重要。教师还应不断更新其教育理念，以适应动态变化的教育环境，并提升其在复杂突发事件下的应对策略。通过有效解决突发事件，教师不仅能够提升自身的专业水平，还能更有效地实现班级管理目标，进而提升教育教学的整体质量。

（三）保障班级的和谐稳定与健康发展

小学班主任是班级管理最直接的负责人和素质教育最前沿的实施者。无论是学生个体还是群体引发的突发事件，或是社会、自然等其他原因导致的突发事件，班主任能否妥善处理将会影响班集体的发展。

马卡连柯在长期的教育实践中总结：良好的班集体既是教育的力量，也是教育的对象。他指出："在教育对象是单独的个人的时候，我们应该考虑整个集体的教育。每当我们给个人一种影响的时候，这种影响必定同时是给集体的一种影响；相反，每当我们涉及集体的时候，同时也应当成为对于组成集体的每一个人的教育。"因此妥善处理班级突发事件，在提高教师威信的同时，不仅能促进当事人的思想与行为的转化，还能形成班级正确的舆论导向、良好的班风、和谐的人际关系，进而促进班级的健康发展。

（四）提升学校的社会公信力与影响力

学校作为培养人才的摇篮，其工作成果直接影响学生的成长和未来的发展。而班级突发事件的妥善处理作为学校工作的重要环节，对于树立学校的良好形象、赢得社会各界的认可与支持具有至关重要的作用。如果教师不能正确科学地处理突发事件，不仅会导致原有的矛盾更加激化，给学生的身心健康带来伤害，更可能诱发新的矛盾，如师生间的矛盾、社会与学校之间的矛盾等。这将严重损害教师、学校乃至整个教育行业的形象。在某些极端情况下，还可能导致严重后果。近年来，社会新闻中频繁报道的中小学生食物中毒、校园欺凌、学生自杀等突发事件都警示我们，不当的处理方式会极大损害学校在社会中的认可度。因此，我们必须高度重视并妥善处理各类突发事件，以维护学校的声誉和学生的安全。

二、突发事件的处理原则

突发事件指那些突然发生并可能对社会造成严重危害的事件，需要迅速采取应急措施加以应对。在学校的日常教育过程中，班级突发事件特指那些难以预料、发生频率较低，但要求迅速响应并进行特殊处理的学生相关事件。对于中小学突发事件的定义，虽然不同人可能有所差异，但普遍共识是，这类事件主要是指发生在中小学内部，同时会给学校生活包括学生自己造成严重威胁和损失的重大事件，甚至也会给学校带来较大的不良影响。在班级管理中，突发事件是普遍存在的，对班主任来说是一个极具挑战性的难题，需要认真思考并采取恰当的措施加以解决。在处理班级突发事件时，班主任应遵循以下原则，以确保事件得到妥善处理。

（一）客观性原则

客观性原则是指班主任在处理突发事件上要坚持客观立场。客观性意味着班主任在处理问题时不能受个人情感、偏见或主观意愿的影响，而要根据事实和理性分析来做出决策。班主任在处理一些矛盾冲突问题时要以事实为依据，避免仅凭传闻或未经证实的信息采取行动。在面对突发事件时，班主任需保持冷静，不让个人情绪干扰判断，对待所有涉及事件的学生和教职工要一视同仁，不偏袒任何一方，确保各方都受到公正对待。只有坚持客观性原则解决突发事件，才不会影响班主任在学生、家长及学校中的公信力。

（二）教育性原则

教育性原则是指班主任处理班级突发事件时以教育为目的，班主任应该把握教育时机，在妥善处理突发事件的同时，也要让学生在这一过程中接受教育，以促进学生的健康成长。如果班主任从自己的角度出发，只关注自己的名誉或者只是为了简单地解决突发事件本身，那么班级突发事件的教育性就难以发挥。因此，教师在处理突发事件时要高瞻远瞩，着眼于使学生受到教育，将意外事件变为教育资源，使学生从中受到启发。

（三）及时性原则

及时性原则是指班主任在处理班级突发事件时要及时果断地处理。班级突发事件意味着事件处理的紧迫性，如果不能及时有效地处理，不仅会影响班级的健康发展，还可能纵容恶劣行为。遇到突发事件班主任要尽量及时处理，根据事件的情况采取合理策略，在处理过程中，遵循学校和教育部门的相关规章制度，确保行动的合规性。

（四）因材施教原则

因材施教原则是指班主任在处理突发事件时要兼顾班上学生的个性特点和差异性。在遵循学生身心发展规律的基础上，实施科学合理的教育，确保每位学生都能实现全面发展，处理突发性事件要充分考虑到学生的个性特点，以确保能够根据每个学生的具体情况进行灵活应对。总之，既要考虑全体学生的一般特点，也要考虑到涉事学生的个别差异。

（五）冷处理原则

"冷处理"并不意味着对问题避而不谈，更不是将问题拖延至无法收拾的地步。拖延只会加剧事态的严重性。班主任面对突发事件时，应当保持冷静，避免仓促表态或做出结论，如果贸然实施"热处理"，就容易发生失误或难以取得最佳的教育效果。首要任务是深入了解事件的始末，确保全面掌握事实真相，草率行事和盲目判断往往会令自己陷入不利境地。在面对突发事件时，班主任应保持冷静、公正和宽容的态度，优先保障正常的教学秩序和班级稳定。待活动结束后，再进行妥善处理，以达到更好的效果。

第二节　常见班级突发事件的处理

在班级中，突发事件是不可避免的，是影响班级管理的大问题，所以班主任对待突发事件必须认真思考且迅速做出反应。学校生活是社会生活的一部分，对学生的成长发展具有极其重要的意义，学校不仅是学生学习知识、追寻智慧的场所，同时也是一个人口密集的环境，存在着不少安全隐患，突发事件也时有发生。尤其是小学生，受到自身成长因素的影响，心智尚未成熟，体格发展也尚未强健，因此突发事件在其身上发生的可能性也较高。

在班级发展中，突发事件呈现出多发的态势，根据不同的分类标准，可以将突发事件分为若干个类型。一是以突发事件的主要参与者的关系为标准，可以分为学生之间的事件、师生冲突事件、家校矛盾事件等。学生之间的事件也是班级管理中常见的类型，主要以学生之间的矛盾为诱因，对班集体团结具有重要的影响，比如学生之间的斗殴、吵架纠纷等事件；师生的冲突事件则是学生与教师之间因为某些偶然因素诱发的矛盾纠纷，比如学生上课与教师顶嘴，做出不尊重教师的行为等，随着学生的自主意识和权利意识的不断增强，这类突发事件的发生也比较常见；家校矛盾事件主要是学校与家长之间因为学生的教育问题导致沟通不畅。二是根据突发事件的诱因可以分为学习事件、教育事件、情绪事件等。学习事件比如考试作弊；教育事件比如体罚引发学生的旷课行为；情绪事件主要由当事人产生不良情绪从而导致的突发事件，比如破坏公共物品等。

互动思考 ▶▶

如果我是班主任或者其他科任老师，面对突如其来的状况会如何处置？

一、处理学生意外伤害事件

📝 **案例 5-1**

校园意外伤害

镜头一：在 2005 年 10 月 31 日晚上 7 点，某市小学四年级教室内学生正在上晚自习，老师此时正在讲台上批改作业。大约过了半个小时，一名 9 岁名叫杨杨的女生隔着教室过道，手撑着两边的课桌在跳跃时不慎摔倒在地，顿时就大哭起来。老师立即将这名女生先送往医务室，发现她的两颗牙齿部分摔断，随即医务人员就进行了牙齿修补手术，还好没有出现生命危险。

（资料来源：《校园意外伤害案例》，https://wenku.so.com/d/bcd7d6b6743e01d19d4a371ed53c5e54）

镜头二：那是很多年前的一次体育课，因为当时学校要举办广播操比赛，体育教师们都在忙于巩固和提高学生们的广播操的技术动作，可能是因为学生对练习内容感觉有些厌烦，一个男生跳上了他身后的一副双杠，当时老师正带着学生练得起劲而忽视了他的行为。事故瞬间发生了，这名男生从双杠上掉了下来，头朝下重重地摔到了双杠下面的水泥地面上（学校为了稳固双杠，在双杠下面的地面上打的水泥地）。不知是谁喊了一声说这名学生从双杠上摔下来了，大家的目光都转向了这名受伤的学生，此时受伤的同学完全处于昏迷状态。只见靠近受伤学生的 4 名学生一下子把受伤的学生抬了起来，向学校大门方向飞奔而去。

（资料来源：李厚余：《一次刻骨铭心的伤害事故》，《中国学校体育》2019 年第 10 期）

案例 5-1 的两个镜头都不禁让人唏嘘。校园安全始终是一个永恒的话题，在校园生活与活动时，必须增强安全意识，时刻注意了解一些自救、互救等的预防意外伤害的基本知识。当班上发生突发事件时，班主任了解相关事故的法律法规是前提，在处理相关突发事件时也要采取教育智慧。如果遇到紧急重大校园突发事件，那么班主任必须衡量具体情况，再决定是否上报到学校。如需上报，则要在第一时间向校长或值班领导报告，并及时向相关部门报案请求援助。学校要建立健全校园重大突发事件信息报告制度，确保信息畅通，确保监测与预警系统正常运行。比如在传染病暴发、食物中毒时，应当坚持日报告制度和零报告制度，以便及时、有效处理，防止事态蔓延。学校在突发事件处理期间要指定专人实行 24 小时值班并设立专用联系电话，确保信息传达及时、准确。在处理集体性突发事件时，要想办法把参与者分开、隔离，及时疏散围观人群。应当根据需要收集好证据并保护好现场，然后组织突发事件中的人员撤离现场。最重要的是学校也要注重提高师生安全责任意识，在遇到突发事件时师生要有自我保护意识，同时，各部门、各职责人员能够有理有力有节地将突发事件处理得相对稳妥，全体人员共同努力构建平安和谐校园。

对于学生意外伤害处置，班主任要第一时间赶到现场，联系校医务室，必要时要拨打120；接下来就是要联系家长，稳定学生及家长的情绪，并如实告知学生的情况；再次，要及时询问相关人员，了解清楚具体状况，写成书面材料向上级报告，查明真相；最后一步是要做好学生及家长的慰问工作以及相关的赔偿问题，在班级中也要召开相应的主题班会，对全班同学进行安全知识教育，向学生普及自救、互救等知识。应对意外伤害流程如图5-1所示。

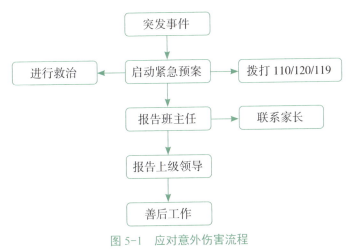

图 5-1　应对意外伤害流程

案例5-2展现了一位班主任在学生意外伤害事件中的卓越应对能力。班主任采用了以下流程进行处理：预判情况—报告上级—了解经过—多方沟通—协调处理—后续教育—持续跟进。整个过程做到了及时到位、程序正当、多方协作、通情达理，为我们树立了学习典范。

案例 5-2

学生意外伤害优秀处理案例

某天课间，小 H 急着冲去上厕所和迎面走来的一位高年级同学撞在了一起，额头磕在高年级同学的牙齿上，当场形成一条 2cm 左右的伤口。我把班级交给副班主任后，第一时间带小 H 到医务室就医，医务室对其伤口进行了简单的消毒，并告知需要送医院缝针，我立即把此事报告给学校安全主管，并联系校车将孩子送往医院。

送医的过程中我联系了小 H 的妈妈，告知了孩子的伤情以及事情的大致经过，在我们到达医院后不久他的妈妈赶到了，她情绪还算稳定，但见到受伤的孩子后，心疼得流泪了。我全程陪着孩子缝针并安抚好他的妈妈。就医结束后我请校车师傅将小 H 和他的妈妈送回家，并告知家长我将立马回学校去处理这件事。

回到学校，我多方了解事情经过，跟小 H 叙述的基本一致：小 H 从教室冲向厕所，高年级同学正从他的教室走出，小 H 的速度太快冲到高年级同学身上，头部磕在高年级同学牙齿上，于是受伤。从高年级同学班主任口中得知，该同学平时并不是调皮的孩子，在我们送医的过程中他也很担心小 H 的伤情，高年级班主任马上联系了对方家长，对方家长得知后也非常配合，当天晚上带着水果、牛奶到小 H 家中道歉，并表示愿意承担所有医疗费用。

后续，小 H 返校之前，我在班级召开了一次班会，将整个事情的经过在班级还原，对以下行为进行肯定：①班级同学及时告知班主任同学受伤情况；②受伤同学全程没有哭闹；③撞人同学及时承认错误并登门道歉；④小 H 及其家长大度、包容，原谅过错方。随后，班级总结本学期发生的其他意外受伤事件，并讨论，如何降低意外受伤的概率，如果小 H 当时是正常的步行速度走进厕所可能就不会发生被撞事件。

（资料来源：成都美视学校　李枥舟）

案例 5-2 中，李老师在处理学生小 H 突发意外伤害的事件时，展现出了卓越的专业素养和深厚的人文关怀。她迅速而准确地分析了事件的原因和性质，通过多方了解还原了事件经过。在处理过程中，她不仅确保了小 H 得到及时救治，还全程陪同并安抚了小 H 和家长的情绪，根据自己对学生、家长的了解，以家校互相信任为基础，进行了有效的家校沟通，将不良影响降到最低，体现了对学生的尊重与关爱。同时，她还抓住这次教育契机，挖掘本次事件背后的教育价值，在班级开展主题班会，将事件经过在班级中还原，并对相关行为进行了正面评价，见微知著，防微杜渐，把预防突发事件作为班级常规的管理内容，起到教育全体学生的作用。

纵观整个事件的处理流程，李老师应急和应变能力出色，目标清晰、措施恰当，她的行为充分体现了教育情怀和教育智慧，为处理学生突发意外伤害事件树立了榜样。

二、处理班级纪律问题和冲突事件

在班级中我们能经常看见，学生之间因某些言论或行为产生矛盾冲突。班主任需要认真且理性地对待这些矛盾冲突，妥善地化解这些突发矛盾，促进班集体的团结。学生在一起学习、玩耍的过程中，不可避免地会产生一些小摩擦和小纠纷。换个角度来看，学生之间的纠纷也有利于培养孩子的自我保护意识，让学生自己学会如何正确地与人交往，还有利于锻炼学生的意志力。但如果老师处理不当的话就会产生严重的后果，因此，班主任对于学生之间的纠纷和矛盾要慎重对待。中小学生之间发生的小矛盾和小摩擦等往往是由一些小事引起，不是道德范畴的纠纷，一般过一段时间就会和好如初。因此，老师对待学生之间的某些冲突时不要盲目地急于解决，可以采用"冷处理"的原则，也就是尽量交给学生自己解决，让学生试着如何正确与人沟通、交往，学会调节关系，也能进一步促进学生的社会化发展。必要时老师再出面巧妙地化解彼此间的纠纷。

 案例 5-3

"动物模仿操"引发的"争斗"

在江苏省南京市某实验小学的一节体育课上，肖老师带领同学们进行完热身运动之后，就让每一小组的同学自行进行"动物模仿操"的练习。每个小组的同学都在自己的区域练习，而老师则在各个小组里巡回辅导。突然，平时自称"小喇叭"的小丽同学有些幸灾乐祸地大喊着："快来看啊，这边打架了！噢噢，打架了！"肖老师循声望去，只见操场中间有一小部分学生正围在一起。肖老师赶紧跑过去，发现李刚和张明缠在一起，费了好大的劲才把他俩分开。但是，两人还是不服气，都涨红了脸，双方各执一词，互不相让，继续争吵。李刚涨红了小脸说道："老师，张明他是故意的，把我绊倒后，还缠着我不放，不知道他想干什么？老师，您可要好好说说他……"还未等李刚讲完，张明就冲到肖老师的面前："老师，不是的，不是的，我是和他在玩表演呢。我是蛇，他是青蛙，我们是天敌，遇到他，您说我能干啥呢？当然要进攻了。"其他同学听了之后都大声笑了起来。张明越说越激动，甚至拿两只手在那里比划起来。本来快要平静的场面又再次激烈起来，似乎又有了争斗的气势。肖老师赶忙安抚他们激动的情绪，让场面渐趋缓和。肖老师细细揣摩着："是呀，孩子都没有错，一个融入了情境教学中，并将情境延伸；一个是按照我讲的，只是单纯把自己学习的动物行走表演给同学们。难道问题是出在我身上？"思考了一会儿，肖老师灵机一动:"你们都没错,错在老师,是老师没有讲清楚。刚才张明同学模仿的是蛇,李刚同学模仿的是青蛙,他们遇到了,当然要争斗。所以,两位同学活灵活现地给我们上演了一场生动的动物模仿。他们的缠斗也模仿得惟妙惟肖,大家给他们掌声!"

(资料来源:肖伟:《浅析小学体育课突发事件处理艺术》,《体育世界(学术版)》2017年第11期)

案例5-3中,肖老师在第一时间以冷静沉着的姿态应对了这场"小闹剧"。对于案例中性格较为争强好胜的学生如果以严肃的态度对待,反而会引起学生的不满和逆反心理,事态也可能往不好的方向发展。肖老师巧妙地调整了既定的教学程序,成功地将此次纠纷转化为学生的课堂"表演秀",及时地化解了学生之间的矛盾。这种方式不仅维持了教学过程的动态平衡,也做到了不伤及学生的自尊心,同时也将体育课所要求的动作都传授给了每一位学生。教师在面对类似的班级突发情况时,要做到在不伤害学生的前提下,根据课堂的具体情况冷静妥善地处理。纠纷课堂转化成"表演"课堂也需要教师具有巧妙且熟练的教育技巧,不仅考验的是教师的耐心和爱心,教师的智慧也尤为重要。在面对学生的打架纠纷问题时,可参考图5-2的流程。

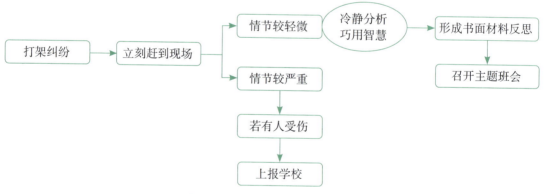

图 5-2　处理学生打架纠纷流程

同时,在教育教学实践中,师生之间也会因为某种原因发生争执,从而导致彼此"对峙"的局面。及时有效、妥善处理教师与学生之间的误会及矛盾,可以消除师生之间的对立情绪,促进师生关系的和谐。对此,班主任要站在客观的角度了解事件的详细情况并作出公正的处理。

案例 5-4

"刺头"学生的"转型"过程

有一天，班主任李老师上课正讲得起劲，同学们也听得很认真。但在这时她发现了一个女学生正在看小说，于是就边讲课，边悄悄地走向她的座位。当走到她旁边时，李老师以"迅雷不及掩耳"的速度伸出手把她的小说收了过来。正准备批评她时，一件意想不到的事情发生了。那位女学生站起身来，急速地走上讲台，将讲台上的课本和备课笔记全部拿到自己手里。她是班上有名的"女刺头"，站在讲台旁手拿着老师的备课笔记与课本，瞪着眼看着她。李老师站在她的座位旁，顿时觉得呼吸急促，手发麻，头上冒汗，与她怒目相视，双方都不相让。教室里寂静无声，气氛十分紧张，大家等待着事态的进一步发展。李老师觉得这次明明是学生不对，应该趁机好好镇她一下，先把她的书包从窗口丢出去，然后走上讲台把她推出教室。但刹那间，李老师又猛然想到，假如她不肯出教室，甚至大吵大闹怎么办？不是越闹越糟吗？不但课上不下去，还很可能将事情闹得无法收场。在师生双方头脑发热的时候，绝不能盲目行动，先要保证把课上下去。于是便强压住上冒的怒火，勉强小声对她说："好吧！你不要再看小说了，好好听课。"说着将小说放回到她的课桌上，那位女学生看到老师这样对待她，也把老师的课本与备课笔记放回讲台上，回到了座位上，李老师又继续完成了本堂课的教学内容。

在之后的几天里，李老师并没有立即找这名学生谈话，而是先在班干部会议上把当时的想法告知大家，解释遇到那种情况老师的做法是为了顾全大局。并在班会课上也教导学生要有大局观念，对待思想上的问题也不能简单、粗暴地处理。这时，李老师仍未找那名学生谈话，但她发现这名学生的态度慢慢有了变化。在一次外语课中，李老师发现这名学生听得很认真，就邀请她回答问题并表扬了她。后面李老师让一名同学请她到办公室，并与她促膝长谈，先是表扬了这名学生最近优良的表现，接着再谈及上次课堂上发生的那件事。没想到，这名学生竟流着眼泪主动向李老师道歉，李老师也宽慰她，并表明了自己从未计较此事，跟她讲明了道理，告诉她这样的处事方式会对自己不利。至此，李老师与这名学生的隔阂也烟消云散了。

（资料来源：吴志樵、刘延庆：《班主任怎样应对突发事件》，安徽人民出版社 2012 年版，第 28 页）

案例 5-4 中，班主任李老师处理此次冲突事件做得非常恰当。第一，做到了沉着冷静，这是应对突发事件的首要条件。李老师第一时间顾全了大局，完成了整堂课的教学任务。第二，机智果断，用合理的话语结束了冲突，先平息事件，后续再进行处理。第三，她注意到进行教育引导，注重对全班同学的思想教育，促进学生身心的健康成长。

当然，除了班主任与学生难免会产生冲突，科任老师也不可避免地会与学生产生矛盾，此时就需要班主任发挥作用。首先，班主任要摸清楚矛盾的起因，耐心地听取科任老师的反映，请科任老师不带私人情绪地讲明与学生发生矛盾的过程。班主任在充分了解事实的基础上明确双方的责任。如果是学生的错误，那就要对其进行耐心的教育，让学生认识到科任老师对他的教育是正确的，要尊师重道。其次，班主任在处理学生与科任老师之间的冲突时，也不能够掺杂个人的恩怨。最后，班主任可以借此机会在班级中开展班会活动，召开关于尊师爱生的主题班会，并邀请班级科任老师参与，促进师生关系的和谐，架起师生之间的感情桥梁。正确处理师生之间矛盾的流程如图 5-3 所示。

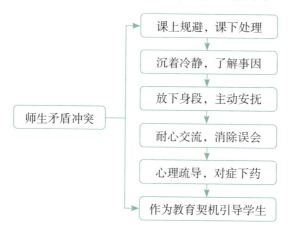

图 5-3　处理师生矛盾冲突流程

 案例 5-5

面对科任老师的"告状"

"你们班学生真的很过分，一点都不尊重老师。"英语老师下课后气冲冲地回到办公室，书往桌子上一摔，来到班主任面前"诉苦"，办公室的老师也在听英语老师的讲述，原来是上课的时候老师要求学生把重点词句在书中勾画出来，有一名学生经过几次提示就是不画，英语老师拿起该学生的书检查时，学生却大声地说"这是我的私人财产，你没有权利碰它！"，弄得英语老师很是尴尬，班主任则只有迅速地前往班级"事故"现场。像这种事件在校园内也不少见，它们共同反映出校园中的一个现象——科任老师向班主任"告状"，想借助班主任的力量管理学生。在教育变革、教育理念不断更新的今天，这个话题值得进一步讨论。面对这样棘手的问题时，班主任应该怎么做呢？

遇到案例 5-5 这类情况，可以从以下几方面进行处理。

① 冷静面对，安抚情绪。学生在课堂上经常会出现违规违纪的行为，这是长期存在的一个普遍性问题，因此，班主任要冷静地面对科任老师的"告状"。在处理双方矛盾发生的这一阶段，班主任要以平和的心态去了解事件的全貌，公正有效地处理。同时，这一阶段也正是双方情绪都比较激动的时候，班主任要安抚科任老师和学生的情绪，让双方都能够平静下来沟通交流。

② 真情沟通，查明原委。班主任要选取恰当的时间和场合与学生进行沟通，了解事情发生的原委，选择适当的时机与科任老师进行推心置腹的交流，通过双方的表述，再进行客观的处理。班主任是重要的角色，要为科任老师与学生的沟通创造良好的条件，良好的沟通可以消除很多误会。

③ 心理疏导，品格培养。班主任要积极做好学生的心理疏导工作，走进学生的内心，通过讲明科任老师的良苦用心和劳动成果，让学生理解老师。同时，要在班级召开相关的主题班会，让学生更加明确班级的"规则"意识，通过表扬鼓励班级正面榜样的效应让学生逐渐改善自己的行为。

三、处理家校矛盾事件

 案例 5-6

被溺爱的孩子

五年级男生小强，脑子很聪明，但也调皮捣蛋。一天内，他打架两次，班主任均进行了批评教育。下午放学排队时，他故意伸出腿绊了小吴一下，导致小吴下巴磕到台阶上流血了，嘴也肿了。班主任批评了小强，并要求他叫家长。第二天一大早，小强妈妈来到学校，班主任讲述了前一天发生的三件事，希望家长回家教育孩子，帮助孩子改正错误。小强妈妈说："孩子昨晚都哭了，老师批评孩子过于严厉，小题大做了，孩子都想转学。"见沟通失败，班主任只能苦笑。小强妈妈还说："孩子大了自尊心很强，在家不舍得批评，以后无论孩子在学校犯啥错误，老师给家长打电话，家长来学校处理，但是老师不能批评小强。"班主任只好说："保证做到。"下午，校长找班主任谈话，原来小强妈妈向校长告状，认为班主任对孩子挑刺，没有耐心。班主任很心酸。之后，小强也知道了这些事情，上课更调皮了。班主任尽量克制，提醒自己少招惹小强。但是小强又经常惹事，班主任不管不行，管了不对。

（资料来源：雷艳茹：《巧用沟通技巧，化解家校矛盾》，雷艳茹名班主任工作室微信公众号，2023 年 12 月 25 日）

学生犯错误，班主任对其批评教育，是再正常不过的事情。可是，如果遇到对孩子特别袒护的家长，势必就会引发家校矛盾。这样一来，不但会伤害到老师，还会让孩子分不清是非，日后对孩子教育起来更难。案例 5-6 中的小强妈妈便是一个袒护孩子的家长，在这种"庇护"下，小强果然在课堂更加放肆。班主任可以按以下方式处理。

首先，面对家长的指责与质疑，班主任应保持情绪稳定，避免采取对抗性行动。相反，应积极与家长展开深入沟通，确保家校矛盾得到及时解决，避免拖延。在处理矛盾时，班主任应正面看待家长对教育的关注和支持，肯定其监督作用，并通过这种方式缓解紧张氛围，为进一步的沟通创造有利条件。在本案例中，班主任在事故发生后未能及时采取上述措施，错失了解决问题的最佳时机。甚至在校长与班主任沟通后，班主任仍未及时与家长取得联系，进一步加剧了问题的严重性。为避免类似情况再次发生，班主任在处理学生事故时，务必保持高效沟通，确保家校双方共同合作，为孩子的健康成长创造良好环境。

其次，有效运用沟通技巧对于化解家校之间的矛盾至关重要，对于案例中的"小强"及其妈妈，班主任可尝试采用"三明治"式的沟通策略。这一策略的核心在于将批评或建议巧妙地置于两次表扬之间，类似于三明治的结构，即两层丰富的赞扬中间夹着一层精练的指正，以便批评更易于被接受。在针对小强的批评之前，班主任应基于平时对孩子的深入观察和了解，事先进行充分的准备。发掘出值得肯定的长处，以此降低孩子的抵触情绪，使其更愿意倾听班主任的后续意见。随后，在批评过程中，班主任应明确指出孩子的错误所在，并为其提供改正的具体建议。紧接着，顺势鼓励孩子付诸实践，采取积极的行动。对于小强妈妈，班主任需引导其认识到过度偏袒孩子可能带来的负面影响。通过引导她进行换位思考：如果受伤的是小强，她会期望对方家长如何行动？这种方法有助于与小强妈妈达成共识。具体来说，双方应就以下两点达成一致：一是携带营养品去探望受伤的同学；二是主动承担医疗费用。

最后，班主任还应该积极进行记录与报告工作。班主任应该详细记录处理小强这件突发事件的具体流程及结果，这些记录可以用于与家长和学校管理层的沟通。

处理家校矛盾流程如图 5-4 所示。

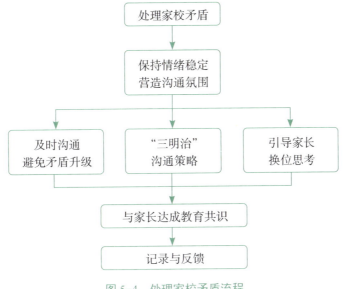

图 5-4 处理家校矛盾流程

互动思考 ▶▶▶

上述几种案例引发了您怎样的思考？您认为，班主任在遇到班级冲突问题时，正确的处理态度和方式是怎么样的？请谈谈您的理解。

本节习题

第三节 突发事件应对策略与应急预案

一、制定灵活应对策略与预案

（一）校园突发事件需要建立的机制

校园突发事件的发生，无论什么类型都会在一定程度上对儿童和青少年的安全和健康造成影响，一旦发生了某种类型的突发事件，就会在不同程度上、在各种途径扩散，对师生、学校、社会产生重大的影响。针对现存的问题，学校要做到"未雨绸缪"和"防患于未然"，而不是突发事件发生而造成了巨大影响后才去"亡羊补牢"，要预防控制校园突发事件的发生，减少突发事件对儿童和青少年带来的伤害和影响。因此，学校在制定发展规划时要有前瞻性，要把师生的利益放在首要位置，充分保护他们的权益不受伤害，适时做好校园突发事件的安全管理。对于突发事件的预防最重要的是要统一思想、提高认识、加大投入，并且建立一套系统的事件管理综合协调系统，同时在此基础上加强政府、学校以及各级各类相关组织的管理能力与防范意识。《中华人民共和国突发事件应对法》第30条规定："各级各类学校应当把应急教育纳入教育教学计划，对学生及职工开展应急知识教育和应急演练，培养安全意识，提高自救与互救能力。"因此，学校要注重对学生的安全教育和安全培训，提高学生的安全意识和自救能力。

第一，要建立以三方为主的良好沟通预警机制。一是增强政府、学校和在校师生的沟通，有效的沟通才能化解矛盾。二是要加强与家长的沟通。对于学生在校园中所遇到的学业问题、心理问题、人际关系等问题而诱发的突发事件，学校根据具体的情况与家长进行沟通，有针对性地做好疏导和帮助工作，减少突发事件对学生本人造成的不利影响。三是保持并增进与社会的沟通，将学校周边所发生的令人关注的事及时向学校领导和师生反馈，防止校外发生的不良事件影响校内师生或其他人员，同时，社会上的相关部门也可为学校提供必要的预警设备或基础设施。

第二，建立健全的组织机制。尽管突发事件来势凶猛、猝不及防，但如果学校成立了应急反应小组，有充分的组织准备，就能降低事件带来的伤害。一是要保证人员各司其职、准确到位，各个部门、各个成员要明确自己的工作，承担相应的责任；二是准备必备的器材设备，许多突发事件的处理就需要相关的设备；三是有充足的经费，这是应对突发事件所必需的物质条件。

第三，建立重要的育人机制。一是要在事前进行教育，即做好安全教育、法治教育等的思想引导，增强小学生自救互救能力，提高师生及校内其他工作人员的防范意识，创建一个和谐、稳定、安全的校园育人环境；二是要在事中教育，即在事件发生的过程中安抚和稳定相关人员的情绪，保证事情能够得到正常的处置；三是要在事后教育，处理校园突发事件不只是为了平息事件，保护师生的生命财产安全，同时也要借助某类典型的突发事件对学生进行教育引导，实现教育价值的最大化，让学生长经验、增智慧，学会"吃一堑，长一智。"

第四，要有灵活的应急机制。一是各个部门的相关人员在突发事件发生后要迅速到位，重要的负责人员要亲自到现场进行领导，根据制定的预案去解决问题。二是处置方式要恰当。针对不同类型的事件要讲究方法和策略，如果是一些具有巨大伤害性和违法性的事件，学校的态度要坚定明朗，坚决杜绝不利于师生身心健康的事情发生，各部门要做到快速反应，果断进行处置。三是服务工作要到位，突发事件发生后要做好善后工作，尽快恢复常规的教学秩序，减少事件带来的不良后果。

第五，建立规范的应急管理信息平台。随着现代信息科学技术的发展，我们已经进入了信息数字化时代。因此，我们也应该顺应时代的潮流，跟紧时代的步伐，充分借助这一力量构建起网络监测机制。一是架好学校、政府、社区、社会团体之间的沟通桥梁，通过资源优势互补，形成一个效率高并且充满活力的信息共享平台；二是在日常的工作生活中借助这一平台，做好安全知识、突发事件应急管理知识等的教育，加强对教职工以及其他工作人员的安全培训与教育，增强师生自救互救能力，更好地维护学校的正常运作与健康发展，创建一个和谐、稳定、安全的校园育人环境；三是当突发事件发生时，各部门的相关人员通过信息平台能够迅速通报突发事件的状况，及时获得上级下达的指令。

（二）校园突发事件的应对技巧

1. 积极面对，遇事冷静沉稳

在班级突发事件中，班级氛围往往会因为事件的发生而变得紧张和动荡。在这种情况下，学生通常会密切关注班主任的反应和情绪表达。因此，班主任若能展现出冷静和沉稳的特质，对于缓解紧张气氛、稳定学生情绪具有积极的示范作用。这种示范不仅有助于平息紧张情绪，而且为有效处理突发事件奠定了坚实的基础。如果班主任在处理突发事件时缺乏冷静，急于求成，就容易忽视对事件成因和来龙去脉的深入了解。这样可能导致偏听偏信、主观臆断，或仅从现象出发来认识和解决问题。在这种情况下，班主任可能会急于下结论、判断是非，从而难以把握处理突发事件的分寸，导致处理过程不尽如人意。

因此，班主任在面对突发事件时，应当采取积极主动的姿态，迅速而全面地掌握事件的相关信息，进行细致的分析，并在处理过程中恰当地把握分寸，等待最佳的教育时机，为全面、彻底解决突发事件做好充分准备。这样才能确保突发事件的妥善处理，为教育教学工作创造和谐稳定的环境。

2. 日常积累，善用专业知识

在班级中，班主任作为学生日常管理和教育引导的关键角色，其工作效能在很大程度上依赖于扎实的理论基础和丰富的知识储备。在面对班级中可能出现的各类突发事件时，班主任需依托于系统化的学习，通过教育心理学、应急管理、法律法规等多个领域的专业知识，形成科学的处理策略。这种持续的专业发展不仅有助于保障学生的安全，而且能够有效预防和减少事件的负面影响。

在当下的教育环境中，由于外部因素的复杂性和学生问题的多样性，班主任必须不断提升自身的知识水平和应急处理能力。通过参与专业培训、研讨会、在线课程等多种形式的学习活动，班主任可以不断吸收新的教育理念、心理干预技巧。班主任应在面对班级突发事件时，迅速采取行动。第一时间赶赴事发地点进行紧急处置，是每位班主任应尽的责任。到达现场后，班主任要迅速评估事件情况，制定合理的处置方案。同时，保护现场，确保证据不被破坏，为后续调查提供有利条件，要耐心倾听当事人和旁观者的陈述，了解事情经过。这有助于全面了解事件真相，为后续处理提供依据。在沟通过程中，班主任要保持公正、中立的态度，避免对当事人造成二次伤害。

3．学会组织，善后体现智慧

班主任在处理班级突发情况时要学会调动全体学生管理班级的积极性。做好班级的管理工作，仅仅依靠班主任自身是难以完成的，班主任的精力毕竟有限，班集体的每一分子都应该出力，要培养一支思想过硬、行事果断的班干部队伍，是班级工作稳定的重要支柱，也是预防和减少突发事件的核心力量。

突发事件的处理，在制止、调查、分析、教育、处理之后，一般可告一段落，恢复正常。但班主任不能认为突发事件处理平息后，突发事件就结束了，而是要针对不同的突发事件做好教育辅导等善后工作。这包括对受伤害学生进行心理辅导和安抚工作，利用突发事件进行集体教育等。

4．因势利导，重在教育引导

突发事件总是在突然之间就发生了，难以预料和防止，有的涉及个人，有的关联整个班集体。涉及个人的事件，可能会对学生的思想品德、个性和身心健康造成巨大的影响；涉及班集体的，则可能会引起全体学生或大多数学生思想情绪上的强烈震动。班主任需要在最短的时间里，以灵活应变的能力，机敏地应对事件的发展。教育是一件极其严肃的事情，也是一门艺术。正如德国教育家第斯多惠所说，"教学的艺术不在于传授本领，而在于激励、唤醒和鼓舞。"

对于突发事件的发生，班主任要把握教育的契机，借助身边的实例对学生进行春风化雨般的教育。因此，对于突发事件后续的教育反思，班主任对学生的教育要以共情为主，寓教于情，在对学生进行教育引导时要充分考虑学生的身心发展状况和理解能力。借助突发事件因势利导，进行艺术化的处理能呈现出"一箭双雕"的作用。班主任要做班级文明的劝导员，班会的主持人，及时地召开主题班会，与全班同学进行交流探讨，巧妙且及时地控制舆论，使突发事件成为教育引导学生的重要契机。总之，班主任要坚持"以人为本"，以促进每一位孩子的成长为目的，本着教育从严、化解矛盾、宽容处理、引导全班的原则，在处理问题时实事求是，找出症结，继而解决问题，在处理各种突发事件时拥有足够的教育情怀和育人智慧。

5. 加强德育工作，提高教师专业能力

育人是班级发展的立足点和归宿，但是如何实现育人的最佳效果存在方法论上的价值判断差异。坚持德育为先，道德育人，就是要在班级中以发展学生的道德为首要核心，引领师生进行道德价值判断，明确师生各自在班级中的角色意识与责任。在处理突发事件的过程中，班主任要坚持道德育人，加强学生的德育工作，确保处理事件的方式方法具有道德性。

首先，要让每个学生都明白在面对突发事件发生时，师生是命运共同体，班主任要引领学生共同承担起班级发展的责任，将突发事件置于促进班级共同成长的角度去思考和处理。其次，班主任要借突发事件的发生加强学生思想道德教育，引导学生刻苦学习，倡导学生自我教育、自我管理，培养学生正确的安全观与生命观等，在突发事件发生时学会自我保护以及保护他人。最后，班主任要在每一个突发事件中都能得到成长，不断地吸取经验教训，提升和打磨自己处理突发事件的能力，锻炼自身的意志力。当发现有不良现象的苗头，班主任要主动出击，将事件解决在萌芽状态，不让其发展、蔓延而变得复杂化，当事态有可能继续发展和扩大时，必须用果断的语气和措施，及时抑制冲突。班主任也可以将班级所发生过的各种突发事件进行整理分类，根据不同的类型召开一系列的主题班会，除了对学生进行个别化的教育之外，也可以开展分类家长会，配合学校做好家庭教育，从而实现育人目标。

6. 日常总结经验，形成教育专家智慧

面对以上发生的事件，班主任要学会冷静，及时采取科学方法和育人艺术，有效解决课堂问题，培养学生正确的人生观和价值观。如何处理班级内的突发事件，关系到一个班级是否能稳定地发展，也能从侧面反映出班主任的工作管理能力和艺术。因此，班主任平日里要多研究和反思自身存在的班级管理问题，挖掘每一次事件背后深层的原因与需要改进的地方，不断地总结经验，形成班主任日志。在面对突发事件时做到因势利导、随机应

变，能够及时、正确地作出应对。同时还要善于捕捉教育契机，把问题变教育资源，培养学生自我教育的能力。校园内的突发事件带来的危害较大，事件一旦发生之后，必须采取有效的防护措施，建立快速的反应机制，尽可能地降低事件带来的不良后果。如果是较为严重的突发事件，学校要迅速组建事件处理小组，安排统筹事件的处理工作，将突发事件的处理流程转化成较为系统化的工作。在事件处理完之后，学校应安排班主任及其他人员进行讨论总结，提炼此次突发事件的经验教训，形成教育专家智慧，避免再次发生此类事件。因此，在不断总结经验的过程中，班主任也应该形成较成熟的教育智慧，面临突发状况时，能控制好自己的情绪，保持头脑清醒，做出更准确的判断。

一名优秀的班主任也是一名"救火员"，要能够管理好班级，协调家校之间、师生之间、同事之间等多重关系。应急处理好班级各种突发事件也是班主任的必备技能，对班主任成为教育专家有一定的积极意义。

（三）校园突发事件应急预案的编制

应急预案是指政府及相关部门预先制定的，针对各类突发公共危机事件的应对方案。为了使相关部门在危机事件发生时，能够迅速反应和救援，减少危机带来的损失，防止事态进一步扩大，应急预案的制定应具有高度的科学性和针对性。[①] 我国在对中小学突发事件管理的过程中存在以下问题：理性认识不深刻，没有形成系统的校园安全理念；对安全教育理念和安全基础设施投入不够，缺乏对突发事件的教育；在应对突发事件的问题上缺乏系统的领导协调机制，应变能力不足。[②] 因此，学校要形成对校园突发事件应急管理的系统理念；加强对学校各种基础设施的安全管理与投入；加大对教职工以及其他工作人员的安全培训与教育；建立健全学校应急管理机制，统筹协调资源系统。在应急预案的编制上，要考虑专家与师生的参与度。预案的操作性要强，应该使每一个参与者都熟悉预案的正确流程与操作方法，对于各部门的职责划分要在预案中体现，综合协调各部门的能力与职责，建立有效的监测预警系统，能够随机应变，及时作出调整。

1. 应急预案编制的目的和依据

学校制定应急预案是为了预防和处理校园突发事件。恰当且易操作的预案是预防和应对突发事件的第一道防线。它不仅决定了学校及相关负责人员能否在事件发生之前感知到危机并进行预防。在事件爆发时也能"临危不惧"，迅速反应到位，给出相应的措施与决

① 徐勇.学校突发公共卫生事件危机管理理论与实证研究 [M].北京：科学技术文献出版社，2014：15.
② 朱理哲.当前中小学突发事件管理机制建设研究 [J].当代教育理论与实践，2011，3（9）：22-24.

策。也决定了在事件发生后能否做好善后等各项工作。因此，学校在编制应急预案时，一定要对应急预案有深入的理解与认识，明确预案制定的目的。

学校制定突发事件应急预案要依据《中华人民共和国突发事件应对法》《国家突发公共事件总体应急预案》以及各级教育部门制定的教育系统突发公共事件应急预案。

2. 应急预案编制的原则

第一，以人为本。中小学生的安全一直受到国家、社会的高度关注。而学校突发事件的受害者往往是学生。因此，对于学校突发事件处理的预案在编制上要体现出"以人为本""以学生为本"，保护好师生的生命财产安全，遵循生命至上。这也是坚持以人为本的要求。

第二，合法性。应急预案的编制必须严格遵循各种相关法律法规的要求，保证其合法性和合理性。这是编制应急预案的制度保障要求，不能逾越法律的界限。

第三，科学性。应急预案的编制不能胡编乱造，也不可直接用其他学校或者其他机构编制好的预案。因为每个学校的情况是不一样的，要做到与本校的实际情况相结合。脱离了客观事实的预案是不具有科学性的，也是不被认可的。预案编制越科学，在实际操作的过程中就会越顺利，事件的处置也会越合理。

3. 应急预案的体系

学校应急预案的编制应该形成体系。按照文件政策要求，针对学校各级各类可能的突发事件和所有的危险源，要制定专项应急预案和现场应急处置方案，明确各部门人员及其相应的职责要求，明确事前的预防、事中的处置和事后的善后工作。

应急预案体系主要包括三大部分。第一，综合应急预案。所谓综合即从整体上阐述处理学校突发事件的应急方针方案、相关政策，应急组织的机构及相关职责、行动、措施、保障等。综合应急预案是相关人员在面对突发事件所要依据的一种综合性文件。第二，专项应急预案。其主要是针对具体的突发事件类别（如学校食物中毒事件、意外踩踏事件、意外伤害事件等）、存在的危险源和应对措施而制定的相应的计划与方案。它是综合应急预案的重要组成部分。同时，专项应急预案的制定也要以综合应急预案为参照，按照综合应急预案规定的程序和要求进行组织和制定，并且作为综合应急预案的附件。其中，专项应急预案要有具体的处置措施和救援程序。第三，现场处置方案。其主要是针对某个地区具体的场所、设备、岗位所制定的应急处置措施。因此，现场处置方案针对性强，可操作性高，所有相关人员都应该熟练掌握，并且通过定期或不定期的演练做到迅速反应、恰当处置。

4. 应急预案编制的程序

应急预案编制的最基本程序如图 5-5 所示，主要包括七部分，分别是应急预案总策划、成立应急预案编制小组、进行相关资料的收集、对校园危险源与风险的评估、对于校园应急能力的评估、编写应急预案、应急预案的评审与发布。[1]学校要遵循法规条例，并根据本校的具体情况编制适用于自身的应急预案。

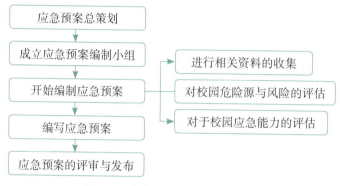

图 5-5　应急预案编制的基本程序

应急预案的编制要有总的策划，明晰的预案编制整体框架。一个完整的预案框架主要包括总则、组织指挥体系、管理流程、保障措施、附录部分。[2]

开始正式编制预案之前，首要的任务就是要成立预案编制工作小组。学校应急预案小组就是将学校中相关部门以及相关专业技术的人员进行有效整合，是面临突发事件时能够快速决策、传达信息与咨询的最有效的方式。其能够确保应急预案的可操作性和完整性，也能为学校应急的各方位提供重要的协作和交流的机会。在预案编制小组中，首先要明确预案的主要负责人为编制小组组长，最好是校内的最高管理者（如校长），主要负责人需要具备良好的问题分析判断能力和较强的心理素质；其次，最高决策领导者要明确重要的部门以及其职责，比如牵头部门要由学校的总务处来负责；再次，要让更多的领导、部门及相关教职员工参与其中，加强交流，进行广泛的沟通；最后，要邀请专家进行技术支持。应急预案的编制是一项复杂的工程，邀请专家人员进行指导才能体现出预案编制的科学性、可行性和实用性。学校应急预案编制的小组成员一般包括：学校主管部门、学校各职能部门、教职工代表、学生代表、政府应急管理部门、消防、公安、卫生、医疗救急、技

---

① 赵正宏. 应急救援预案编制与演练 [M]. 北京：中国石化出版社，2019：94.
② 康伟. 校园危机管理 [M]. 哈尔滨：黑龙江教育出版社，2009：84.

术专家、新闻媒体等。① 对于应急预案编制小组人员的基本要求就是在活动开始之前，学校要以书面文字或者文件形式下发至学校各职能部门，明确各部门的参与人员，并且得到部门的认可，同时，也要做好邀请相关专家等人员的工作。

成立了预案编制小组后，接下来就要进行相关资料的收集。收集资料是编制预案的基础性工作，丰富的资料能够为预案的编制提供重要的工作保障。因此，学校各职能部门及相关人员要尽可能地通过多种渠道、多种方式收集相关资料。学校应急预案的编制所需要的资料包括相关的法律法规、技术标准、国内外关于突发公共事件的案例分析、国内外应急救援的经验和成果、学校技术资料、学校周边环境等的分析、学校周边可以利用的应急资源、其他相关资料。

对学校危险源与存在的风险进行分析，最主要的是了解学校的概况，比如学校的地址、人员等隶属关系、学校主要危险因素及周边的危险源、重要设施和周边布局情况等，必要时最好附上学校的平面图进行说明会更清晰。在对学校可能存在的隐患事件的排查和治理基础上，确定本单位的危险源，可能会发生的校园突发公共事件的各种类型与后果。接着对突发事件的风险进行分析，指出哪些类型的校园突发事件会产生严重的危害。最终形成独特的分析报告，分析的结果即可作为编制预案的基础。

对学校应急反应能力的评估，主要是评估学校是否有相应的应急装备，比如必备的灭火器、体温检测器、报警器等；是否成立了专门的应急队伍；学校的通信与信息技术等是否有完善的制度保障等。学校要根据本校的实际情况不断加强应急能力的建设。

针对校园可能发生的突发事件，按照相关规定和要求进行应急预案的编制。在编制的过程中要注重对参与人员的培训与教育，使所有的相关人员都清楚和掌握学校的危险源、存在的危险、相关应急处置方案和必备的应急技能。同时，应急预案也要注重综合协调各种资源，增进社会、地方政府、学校、社区等的沟通联络，使各部门之间的预案相互衔接、优势互补。

最后一步工作就是将编制完的应急预案交给相关部门进行评审，主要分为内部评审和外部评审两方面。内部评审由学校主要负责人组织相关人员进行评审；外部评审主要交给上级主管部门或地方负责安全的主管部门进行评审。内外部评审结束后，由学校按照规定报有关部门进行备案，并由学校主要负责人签署后再进行公布。

---

① 康伟.校园危机管理［M］.哈尔滨：黑龙江教育出版社，2009：84.

5. 应急预案编制的要求与步骤

依据《国家突发公共事件总体应急预案》所提出的要求，每一所学校至少要有关于安全事故、自然灾害、公共卫生事件等的专项应急预案，并且要有完整的体系。学校专项预案的制定要因时因地灵活制定。

专项应急预案的主要内容如图 5-6 所示。①

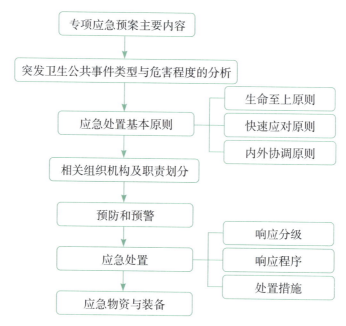

图 5-6 专项应急预案的主要内容

（1）应急预案编制的基本要求

① 必须严格按照国家相关法律、法规、规章制度标准的规定和要求；

② 按照本地区、本部门、本单位（即学校）的实际情况落实；

③ 对本地区、本部门、本单位（即学校）的危险性进行分析；

④ 应急编制小组成员的职责划分明确，并注明具体的落实措施；

⑤ 有明确、清晰、易操作的应急程序与处置措施，并且与本地区、本部门、本单位（即学校）的应急能力相匹配；

⑥ 有完善的应急保障措施以满足相关部门或人员的需要；

⑦ 应急预案的要素要齐全且完整，并且应急预案中附件所提供的信息要准确无误；

⑧ 本单位（即学校）应急预案的内容要与其他相关应急预案的内容相互衔接。

---

① 赵正宏.应急救援预案编制与演练［M］.北京：中国石化出版社，2019：94.

（2）应急预案编写的基本步骤

① 要确定本地区、本部门、本单位（即学校）的应急对象；

② 确定行动的先后次序；

③ 按照任务书列出任务清单、工作人员清单和相应的工作时间表；

④ 根据任务清单和工作人员清单，对相关人员进行合理的分组和分工；

⑤ 通过定期和不定期的方式组织集体进行讨论，及时发现问题并进行修正；

⑥ 先完成初稿，广泛征求意见，进行初步的评审；

⑦ 在单位（即学校）创造相应的场景与条件，进行应急演练，以验证预案的成效；

⑧ 最终进行评审定稿与发布。

学校的管理者要对预案进行实时更新，不是所有的突发事件都能事先得到精准的预防，很多情况下都是无法完全避开的。因此，对预案的不断更新，能保持预案良好的预防性和可行性。在日常的实际生活中、演练中也要不断吸取实践经验，通过反思总结不断地完善预案的各个方面，使预案越来越具有全面性，经得起时间的考验。

📝 **案例 5-7**

学校为了加强校园消防安全工作，进一步落实"预防为主，防治结合"的方针，确保学校的安定，维护好师生及其他教职员工的生命和财产安全，及时消除公共安全隐患，迅速遏制和减少火灾给校园带来的损失与危害，根据实际情况制定了火灾应急预案。

该预案主要分为九大部分，分别是预案制定的指导思想、组织机构及任务分配、装备配置、消防培训、相关人员工作要求、灭火程序、火灾应急疏散方案、火灾善后工作以及其他注意事项。我们主要选择重要的部分进行细节描述。在组织机构及任务分配部分，该校根据人员清单与任务清单划分了 6 个小组，分别是领导决策小组、现场指挥组、灭火抢险组、疏散引导组、医疗救援组、通信联络组。每个小组都有相应的人员配备，并且将职责进行清晰的说明。装备配置位置主要是学校的各个场所，如宿舍楼、教学楼、综合楼、实验楼、图书馆等都要配备消防水龙带和灭火器，而且要常年检查并更换。灭火程序上主要明确了以下要求：① 要求火警接到报警电话必须问清楚地点、发现时间、燃烧物质及火势大小等；② 接报火警后，学校消防指挥部人员要迅速到位并拨打 119 火警电话；③ 相关人员组织师生有序逃生；④ 保卫处的值班人员向上级领导和部门汇报情况；⑤ 抢救重要物资、安抚师生员工的情绪；⑥ 进行火场安全警戒，维护现场秩序；⑦火场指挥部要与上下级进行不间断的通信；⑧各成员接到指挥部指令必须迅速各就各位，坚决执行；⑨注明保卫处工作室、门卫室、消防报警电话。火灾善后工作上，该校主要是对事故本身进行调查、处理与通报。

（资料来源：《学校火灾事故应急预案》，《平安校园》2017年第9期）

案例5-7的预案属于学校专项应急预案，主要针对学校火灾事故的处置。从该校预案的整个框架结构上来看是比较完整的，其中对重点部分进行了详细的描述，比如组织机构与职责的划分、灭火的程序。在火灾善后处置工作方面，该校考虑到了要对事故进行追根溯源，才能从源头上去遏制这样的"危险源"，也是值得各学校学习的。但是，该校在善后工作方面更应该将师生的安抚工作纳入考量，并且在火灾后如何恢复正常的教学秩序也值得大家思考。该校制定的组织机构及职责划分如表5-1所示。

表5-1　某小学应急组织机构及职责划分

组织机构类型	领导小组	现场指挥组	灭火抢险组	疏散引导组	医疗救援组	通信联络组
组长	××校长	××校长、1名教师	2名教职员工	1名教职员工	1名专业医疗人员	1名工作人员
成员	11名教职员工	无	保卫处人员、宿舍管理员、学生政治辅导员、办公楼值班人员	学生处工作人员、各系分管学生工作的领导及所有女教职工	无	无
职责及任务说明	增强全校火灾防范意识，负责我校安全消防工作	下达指令、组织救援、协调水源供应、调动灭火器、救援装置、督促工作	判断火势决定是否报警、提出灭火方案并组织实施、启动应急疏散预案、向消防员汇报工作情况	指挥人员疏散、稳定人员情绪、平时对人员及学生进行培训、疏散过程中有条件的用湿手帕和毛巾捂住口鼻	满足急救医疗救护用具和急救药品、紧急情况随时拨打120、危急伤员及时送往医院	向上级主管部门通报具体情况、向全校发通知、联络相应救援单位

二、组织紧急处置与应急演练

校园突发事件因其多样性、突发性、不确定性和破坏性等特点，成为班主任管理班级的难题。班级组织架构的不合理、对学生的了解不深入以及班主任自身专业素养欠缺等因素，均可能增加突发事件的发生概率。对校园突发事件的妥善处理，直接体现了班主任的班级管理能力、教育智慧以及应变能力。妥善处理突发事件不仅能够迅速控制事态，还能通过事件本身教育全体学生，进而提升班主任的权威与影响力。然而，若处理不当，则可能导致事态升级，对学生的身心健康造成损害。因此，班主任要具备积极预防的应急观念，并在突发事件发生时具备紧急处置的能力。

（一）突发事件紧急处置

在处理班级突发事件的过程中，班主任处在不可替代的重要位置。他们不仅作为信息的传递者，负责与各方的信息沟通，同时还肩负着应对紧急状况、协调风险和引导舆论的职责。在应急处置的不同阶段，班主任的角色和行为都有所侧重，展现出多元化的特点。在应急处置的初期，班主任需要及时察觉风险，收集并传递相关信息。作为风险监测者，他们发挥着信息沟通的关键作用。随着应急处置的进行，班主任需要迅速采取行动，及时处理突发情况，同时还要进行舆论引导，维护班级秩序。在处置结束后，班主任作为风险协调者，对事件进行总结评估，以提高未来应对类似情况的能力。

1. 紧急处置中的班主任角色及职责

在教育部颁布的《中小学班主任工作规定》中提到："中小学的每个班级应当配备一名班主任，以全面负责一个班级学生的思想、学习、健康和安全等工作。"此外，教育部《中小学岗位安全工作指南》文件中对班主任的安全管理职责做了14条明确阐述，进一步归类可以分为事前监测、事中处置、事后协调。

（1）事前监测

班主任作为班级突发事件发生前的监测者，主要职责在于对班级范围内的突发事件进行预警和防范监测，以确保在各类校园班级突发事件发生时，能提供充分且准确的信息支持。在这一角色中，班主任需深入理解班级学生的相处状况、任课教师的反馈意见、检查班级设施设备的安全、排除潜在的安全隐患并密切关注学生的精神和身体状况，尤其是早中晚三个时段。这些职责意味着班主任在突发事件发生前已进行情况摸排、例行检查，关注学生身体状况，以及排查安全隐患等预防和应对措施。通过这一系列的应急管理预防行动，班主任可以收集信息，发现突发事件的风险，并消除潜在的危险源，从而降低突发事件的发生概率。

（2）事中处置

在突发事件发生过程中，班主任肩负着应急处置的重任，须运用各类应急管理知识与技能，及时且有效地处理班级突发事件。当班级突发事件发生时，班主任应在了解事件详细情况的基础上，或紧急制止学生之间的冲突，疏散围观人群，并对陷入困境的学生进行急救，或立即将受伤或身体不适的学生送往医疗机构。鉴于临近突发事件发生地点或直接在现场的班主任往往是突发事件的第一责任人,因此,在发现学生在校出现身体不适或危险状况时,班主任应立即采取措施组织救治,这就是班主任在紧急情况下所需扮演的处置者角色,为突发事件的后续处理奠定基础。在处理突发事件的过程中,班主任要保持冷静和理智,避免情绪化的决策。同时,班主任还要注重与学生的沟通,安抚他们的情绪,确保班级秩序的稳定,确保后续教学任务的顺利开展。此外,班主任还需要及时向上级领导汇报事件情况,确保信息的及时准确传递,获取学校应急管理部门的指示及帮助。

（3）事后协调

在校园安全事件发生后,班主任应积极担任协调者的角色,负责引导当事人及各方处理突发事件。如学生与任课教师发生冲突,班主任需分别与教师和当事学生沟通,了解在场学生情况,探寻矛盾根源,公正妥善地处理,并在事后搭建任课教师与当事学生的沟通桥梁,使他们消除彼此心中的矛盾。再如,班级发生意外伤害事故,班主任应在第一时间与当事学生家长联系,并向学校安全管理部门报告事故详情,根据学校要求和应急预案实施应急措施,同时积极与当事学生和医生沟通。在特殊情况下,班主任还需寻求其他教师的支持,甚至动员全体学生协作。作为协调者,班主任在校园突发事件处理过程中发挥着关键的信息交流与沟通作用,是学校突发事件处理的重要调解者。此外,在突发事件结束后,班主任应积极传递信息。在大数据时代,信息传递的不对称和风险的不确定性可能导致学生、家长和社会公众根据自身主观判断看待突发事件,从而在一定程度上引发应对不当和社会舆情波动。经验表明,班主任应适时向学生家长公开事件经过和处置进展,回应社会关切和不良舆论,营造良好的舆论氛围,消除错误信息对社会舆情的影响,有效缓解家长和社会过度关注情绪,维护学校的权威和公信力。在突发事件结束后,班主任还应重视挖掘突发事件的价值,增强学生的安全意识和自我保护能力,可以通过开展安全教育课程、组织安全演练等形式,帮助学生掌握应对突发事件的基本知识和技能,提高他们在遇到突发事件时的应对能力。[①]

2. 突发事件紧急处置程序

在处理班级突发事件时,班主任应遵循学校预先制定的应急预案,迅速采取措施,激活应急管理体系。时间在处理突发事件中至关重要,无论事件类型如何,迅速响应都能有效降低恶劣后果的发生概率。班主任能否迅速应对,直接关系到矛盾双方的冲突是否进一

---

① 郭春甫,唐敬,余泓波."一人分饰多角":中小学校园安全事件应急处置中班主任的角色分配与行为研究［J］.风险灾害危机研究,2021（2）：138-159.

步升级，以及受害者的救治时间。因此，在面对突发事件时，班主任应竭力迅速展开紧急处置，以减少伤害，避免事件性质发生根本性变化。

在面对班级突发事件时，班主任必须采取一套系统化、规范化的紧急处置流程。该流程不仅是对危急事件的即时应对措施，而且要注重学校秩序的恢复、学生心理的安抚以及事件的长远影响。一般来说常见的突发事件紧急处置流程如下：

① 立即评估。一旦突发事件发生，班主任必须迅速赶往现场并且准确地评估事件的性质、规模以及可能产生的后果。这需要班主任具备冷静的判断和丰富的经验，以防止事态进一步恶化，全面的评估将为后续的事件处理提供重要依据。

② 现场控制。在评估的基础上，班主任必须采取有效的突发事件现场控制措施。这包括制止矛盾进一步激化、疏散围观学生、隔离危险区域等，以确保其他学生的安全以及教学秩序的正常进行。现场控制环节要求迅速果断地行动，任何犹豫都可能带来不可预见的后果。

③ 联动处置。班主任必须根据事件严重等级进行判断，及时与校方领导、学生家长、保卫部门、医疗急救等相关人员取得联系，并根据事件的严重程度进行分类处理。对于轻微事件，教师可现场调解；对于严重事件，应立即实施初步急救，并尽快送医。在这一过程中，及时的急救措施和高效的医疗支援至关重要。

④ 信息搜集。信息搜集也是紧急处置流程中的关键环节之一，班主任必须全面搜集突发事件相关信息，包括时间、地点、涉事人员、事件经过等。这些信息将有助于班主任了解事件的来龙去脉，并为后续的处理和记录提供重要依据。

⑤ 记录证据。在信息搜集的同时，班主任必须高度重视证据的保全工作。这包括现场证据的搜集，如监控录像、目击者证词等。这些证据在后续的调查和处理中可能起到关键作用，因此必须妥善保存。

⑥ 恢复秩序。在确保安全的前提下，班主任必须尽快恢复班级正常的教学秩序。这不仅涉及到教学活动的恢复，也涉及受影响学生的心理安抚工作。

⑦ 事件跟进。在突发事件平息后，班主任仍需继续进行后续跟进工作，包括对事件的全面调查，查明原因，制定改进措施，挖掘突发事件的育人价值，对全体学生进行教育，防止类似事件再次发生。

⑧ 总结反思。班主任必须对事件处理过程进行全面分析和总结，找出其中的不足之处并提出改进建议。通过不断总结和反思，能够不断完善应急预案，提高班主任应对突发事件的能力和水平。

（二）突发事件应急演练

教育部颁布的《中小学幼儿园应急疏散演练指南》中明确规定了我国中小学校每月至少要开展一次应急疏散演练活动，幼儿园每季度至少要开展一次应急疏散演练活动。在我国中小学，学校通常会根据自身实际情况，参照以往的学校处理经验，对可能出现的校园危机进行评估，并制定相应的事件处理预案。在预案确立后，开展模拟演练，以提升学校人员对突发事件的应对能力。班主任应依据学校应急预案，协同学校工作，组织班级学生进行突发事件应急演练。

1. 突发事件应急演练的目的及意义

（1）检验完善学校的应急预案

学校突发事件应急预案是针对未来潜在突发状况，为确保迅速有效应对并展开救援行动，应事先规划行动计划与操作指南。预案的科学性、可行性和灵活性须经实践才能验证。应急演练有助于确认应急预案各部分或整体是否能有效执行，是否能满足特定事件情境的应急需求，识别预案存在的问题，从而提升预案的科学性、实用性和可操作性。同时，演练还能检验学校应急预案及应急措施的实际效果，验证学校部门之间的协同能力，以及确认应急准备工作的充足程度。总之，应急演练能帮助学校真正发现应急预案中的问题，并根据实际情况进行调整和完善。

（2）提高师生的应急能力

面对突发事件，教师和学生需克服恐慌、惧怕和逃避等心理本能反应，避免迟钝与束手无策。在紧急危险情况下，无法采取正确应急措施可能导致校园事件恶化或扩大。因此，提高师生应急能力至关重要。应急能力是指个体在面对危险情境时，能合理应对危机、保护自己并救助他人的能力，包括应急反应能力、应急处置能力和应急救援能力等。提升师生应急能力的途径有两种：一是普及日常专业应急知识，二是通过反复演练强化心理正常反应。学校应急演练有助于师生了解校园风险隐患、熟悉各类应急预案及疏散撤离路线、增强应对危机的心理素质、掌握自救与他救方法，从而使师生在面对危机时，能自然地按照应急知识和方法采取行动。

（3）提升队伍的协调合作能力

众所周知，实践是检验真理的唯一标准。学校各部门及全体师生定期开展应急演练，有助于熟悉校园应急预案、明确各自职责、掌握程序及操作要领，进而提升协同配合能力。在面对学校突发事件时，大家能够随机应变、灵活处置，从而不断提高应急管理和应急救援水平。学校突发事件的应对涉及多部门协同，包括教师、学生、保卫处、后勤处等。通过提前演练，各相关部门和系统能各司其职，确保在校园突发事件发生时，能够在最短时间内发挥职能，提高整体应急反应能力。例如，班级定期进行地震演练，有助于确保教师和学生之间密切配合，有序地进行避震及撤离。

（4）强化师生家长的应急安全意识

每次学校及班级开展应急演练，都能为师生家长提供一次生动的应急文化教育宣传机会。通过这种方式，学校能够激发并巩固全体师生的应急意识，提升班主任及学生在应对突发事件时的主动性。此外，这也对于争取家长及社会公众对学校应急工作的支持与协助，具有不可忽视的作用。

案例 5-8

6.1 级地震来袭，夏曲镇小学师生"教科书式撤离"

2021 年 3 月 19 日，西藏自治区那曲市比如县发生 6.1 级地震，震源深度 10 公里。距离震中最近的夏曲镇小学里，该校老师沉着冷静、迅速指挥，带领学生们安全、有序撤离。地震发生后的三分钟内，全校 1677 名师生全部安全到达操场。学校监控记录下了师生临危不乱的一幕，老师沉着冷静地指挥学生转移，让学生们安全、有序地撤离至学校操场，老师用流利的那曲方言安抚学生，"不要奔跑，不要害怕，不要紧张……"。地震发生两分钟后，待所有班级学生有序聚集到操场上，监控记录下了校长卓吉再次返回教学楼内查看每一间教室，确保每一名学生已安全离开的画面。校长表示，当地教育部门和消防机构经常组织师生开展应急疏散演练，因此地震发生时，大家都知道应该怎么做，疏散得特别顺利，师生都没有受到任何伤害。

（资料来源：全国少工委：《6.1 级地震来袭，夏曲镇小学这一幕，赞！》，全国少工委微信公众号，2021 年 3 月 25 日）

夏曲镇小学师生能在地震来临时临危不惧，上演"教科书式撤离"，得益于学校强烈的应急意识以及通过频繁应急演练积累的地震避险经验。因此，班主任在平日班级管理中应重视应急演练，积极配合学校演练工作，并与家长保持良好沟通，确保应急演练的高质量完成。

2. 应急演练的类型

应急演练按照演练类型分为综合演练和单项演练，按照演练形式分为桌面演练和实战演练，不同类型的演练可相互组合。

（1）按演练类型划分：综合演练和单项演练

综合演练是针对应急预案中多项或全部应急响应功能开展的演练活动。综合演练包括报警、指挥决策、应急响应、现场处置和善后恢复等多个环节，参演人员涉及预案中全部或多个应急组织和人员。综合演练一般持续几个小时，甚至更长。演练过程要求尽量真实，调用更多的应急响应人员和资源，并开展人员、设备及其他资源的实战性演练，以展示相互协调的应急响应能力。综合演练，系统完整，更接近救援实际，暴露出的问题往往最能体现要害，获取的经验最有用，同时，投入的人力、财力、物力往往也是最多的。因此，必须把预案演练评估作为一项非常重要的工作，全过程地抓好，以改正不足，总结经验，并努力节省投资。如学校进行火灾事故的应急演练，从发现火情紧急处置，逐级上报，各部门配合消防人员展开火灾救援工作就是一次综合演练。

单项演练是针对应急预案中某一项应急响应功能开展的演练活动。演练形式包括重点区域的应急处置程序、应急设施设备的使用、事故信息处置和学校人员应急职责掌握情况等，参演人员主要是相关程序的实际操作人员。单项演练一般在应急指挥中心举行，并可同时开展现场演练，调用有限的应急设备，主要目的是针对不同的应急响应功能，检验相关应急人员及应急指挥协调机构的策划和响应能力。如学校在校会上召集全体师生演练教室发生火灾时正确使用干粉灭火器就是一次单项演练。

（2）按演练形式划分：桌面演练和实战演练

桌面演练是利用工艺图纸、地图、计算机模拟和视频会议等辅助手段，针对设定的学校突发事件情景，口头推演应急决策及现场处置程序。桌面演练通常在室内完成。桌面演练的主要特点是对演练情景进行口头推演，是"纸上谈兵"，一般是在会议室内举行非正式的活动，主要作用是在没有时间压力的情况下，演练学校人员检查和解决应急预案中问题的同时，获得一些建设性的讨论结果。主要目的是在心情放松、心理压力较小的情况下，锻炼学校应急人员解决问题的能力，以及解决应急组织相互协作和职责划分的问题。桌面演练方法成本较低，主要用于为综合演练和专项演练作准备。如班主任组织班级学生按照学校应急预案的指示学习地震灾害发生时班级的逃生路线，就是一次桌面演练。

实战演练是选择（或模拟）校园突发事件中的设备、设施、装置或场所，真实展现设定的突发事件情景，根据预案程序及所用各类应急器材、装备、物资，实地行动，如实操作，完成真实应急响应的过程。如学校开展防暴安全演练，演练前召开安全应急小组筹备会议，明确全校师生员工、各部门的职责分工，同时与属地派出所联动，获取指导与配合，这就是一次实战演练。[①]

3．应急演练的策划与实施

（1）应急演练策划

一次成功的演练离不开提前进行规划，一般来说应急演练策划主要有两大方面，即成立应急指挥组织及制定应急演练方案。成立应急指挥组织就是要根据学校所发布的不同类型的突发事件应急演练，成立不同的应急指挥组织，其成员可包括校长、学校保卫处领导、校应急部门的负责人、应急领域的教师或专家，再由指挥组领导演练策划小组负责应急演练的统筹工作。

制定应急演练方案要制定出演练过程的准备、实施、总结三个阶段中每一阶段的程序及要求，主要内容包括演习计划、情境说明书、评价方案、情境事件总清单、演练控制指南、演练人员手册、通讯录等。

《演练控制指南》的基本构成及要点如表 5-2 所示。

表 5-2 《演练控制指南》的基本构成及要点

构成	要点
演练背景	阐述整个演练举办的原因、意义和必要性
演练时间	明确演练开始时间、结束时间
演练地点	明确演练的地点
演练人员	列出所有参演的学生、教师、政府组织
演练目的和指标	列出演练期望达到的目标和指标
事件情境介绍	较详细地介绍演练所模拟的事件情境的具体情况，应包括所模拟的事件类型、每个情境启动的具体时间、启动方式、连续情境设置等内容
演练控制及保障分工	以表格的形式落实演练控制人员、仿真人员的名单及他们在演练现场的具体位置、每个人担负的控制保障工作
演练前记录检查表	列出演练前必须进行的检查工作，包括清点人数、检查应急资源和设备、检查场地等，必须落实到人，并要求参与该工作的人员在完成检查后签字确认
演练后恢复检查表	列出演练结束后所要进行的现场恢复和清理工作，包括清点人数、打扫现场、回收资源等，必须落实到人，并要求参与该工作的人员在完成检查后签字确认
演练现场地理位置示意图	地理位置示意图由两部分组成：首先应给出学校的电子地图，并在地图上明确标出演练发生的地理位置；然后就演练现场具体情况绘制现场平面图，平面布置图不要求标注具体的尺寸，但应包含演练现场各主要建筑物（如教学楼、宿舍楼、操场）的位置、设施（如消防栓）分布地点、模拟事件发生地点等信息

（资料来源：夏保成、张小兵、王慧彦：《突发事件应急演习与演习设计》，当代中国出版社 2011 年版，第 34 页）

（2）应急演练实施

学校应急演练的种类、规模、持续时间以及演练情景虽各不相同，但其过程大致可分为三个阶段：演练准备、演练实施以及演练总结。

① 演练准备阶段。演练准备阶段主要是演练策划工作，策划工作正如上文所提到的需要成立学校应急演练策划组，根据学校情况来负责整个校园演练活动的组织、策划工作，制定学校突发事件应急演练方案。应急演练策划组应根据学校应急预案、演练目标和范围预先编写应急演练方案。根据应急演练方案策划组要确定应急演练现场规则，对有关演练控制、演练注意事项、演练参与人员职责、实际紧急事件的处理、演练结束程序等事项作出明确规定和要求；指定应急演练评判人员，客观评判应急演练的过程和效果；安排后勤保障工作，开展资源的筹备和准备工作；培训参演人员，在演练前完成对参演老师和学生的培训工作，使参演人员能够事先掌握学校相关应急预案、校园疏散撤离路线、相关急救方法；最后还要为参演师生讲解应急演练方案与演练活动。

② 演练实施阶段。应急演练实施阶段是指从宣布演练起到演练结束的整个过程。首先是发布信号，宣布应急演练活动开始，自此学校迅速启动突发事件应急预案进入应急状态。其次，根据应急演练方案的情境设计展开演练活动。各参演人员及演练小组遵循应急演练方案设定的程序及职责展开行动。演练策划组负责人主要负责宣布演练开始、结束及解决演练过程中的问题。演练控制组负责现场指挥，向师生提供紧急事件信息，引导全体参演人员按演练方案执行。疏散引导组致力于引导学生安全有序疏散，防止踩踏事故的发生。抢险救护组第一时间组织学生进行自救互救，抢救遇险师生。宣传报道组负责拍摄和记录应急演练过程。演练结束时，应急演练策划组须宣布事故排除、险情结束，终止学校突发事件应急演练，并宣布学校恢复正常秩序，以防学生误认为仍处于应急演练状态而导致不必要的事故。演练结束后，各班班主任须清点本班人数，确认无误后有序组织学生返回教室。后勤控制组负责现场恢复与清理，包括打扫现场和回收设备等。最后，评判人员对演练情况进行详细记录。

③ 应急演练总结阶段。在应急演练结束后，须及时进行总结与评估。分析演练过程中存在的问题，评价演练是否实现预定目标、应急预案的有效性、学校应急管理的水平以及师生应急表现，主要包括以下几个方面。第一，采访应急演练参与人员。评判人员应在演练结束后立即采访参与师生，从他们的角度评估演练的整体效果及潜在漏洞。第二，现场总结。学校应急演练策划组负责人、评判组组长等在演练阶段或全部结束后，针对性地对演练进行评价和总结，内容包括各阶段或本次演练的目标达成情况、参演师生表现、暴

露的问题以及改进措施。对表现突出的班级或个人，可予以表彰和奖励。第三，召开演练讲评会。应急演练策划组应在演练结束后立即组织学校演练讲评会，参会人员包括参演教师代表、学生代表及各演练小组负责人。讲评会是讨论和评价演练活动、提出改进建议的重要环节，也是演练人员自我评价的机会。第四，编写书面评价报告。根据师生反馈及演练讲评会内容，评价人员尽快编写本次应急演练的书面评价报告，明确演练优点与不足，并对应急预案的操作性和合理性、教师指挥协调能力、学生应急救援能力、设备适用性、演练目标实现情况及完善预案建议作出书面说明。第五，编写演练总结报告。学校应急演练策划组根据评价人员出具的书面评价报告，编写本次演练总结报告，并在规定时间内向校长及上级教育主管部门报告、备案。第六，跟踪整改项的纠正。针对演练中的不足，相关部门应及时分析原因并采取补救措施。如加强学生平时的安全教育以提高应急能力，修改和完善应急预案以解决部门协调不足问题，以及及时更新和维护学校的应急设备和设施。①

　　此外，应急演练策划组的负责人应对学校整改纠错情况进行持续追踪，并针对补救措施的完成情况准备单独的评价报告，确保整改项能在下次演练中得到纠正。

第四节　突发事件后的恢复与心理疏导

一、进行学生及家长的心理疏导

　　由于班级突发事件的未知性和不确定性，学生及家长容易出现各种疑惑、担心、焦虑、恐慌甚至相互伤害的心理和行为，加之小学阶段的学生心理抗压能力和经验都相对薄弱，作为学校及班主任更应当密切关注学生思想动态，置备配足心理调适老师和场所，加强心理疏导，通过线上线下宣传手段，明确应急防控要求、营造积极向上氛围，最大限度地减

---

① 　詹承豫，王敬波，等.学校突发事件应急管理理论与实务［M］.北京：中国法制出版社，2014：112-118.

少不良心理和非理性行为对学生健康成长造成的危害。

（一）开启校内支持系统

1. 设置心理干预团队

组建一个由心理咨询师、教师、校医和行政人员组成的应急响应团队，以便在事件发生后立即提供支持。学校应建立学校、年级、班级、家长四级四位一体的突发事件预防体系，成立心理健康与心理危机干预中心，配备数量足够、专业素质过硬的专兼职教师，主要开展日常心理健康教育、心理普测、心理健康状况筛查、心理咨询，做好突发事件后的心理危机干预。各年级也相应地成立学生咨询中心，班级设立心理委员，与家长等一起配合学校做好心理健康教育工作，同时做好突发事件心理危机的排查工作。

2. 确保沟通信息准确顺畅

确保所有涉事师生了解事件的基本情况，并提供准确的信息，避免谣言的传播。

（二）构建快捷方便的心理辅导渠道

1. 开通学校心理咨询服务

设立学校心理热线，由学校专业教师提供心理咨询服务，确保突发事件中的师生家长都能得到专业的帮助；利用网络平台，提供在线咨询服务，方便学生和家长在家中就能获得心理支持；简化学校心理咨询室的预约流程，确保需要帮助的人能够快速获得面对面咨询。

2. 与社会心理救助资源联动

学校突发事件发生后，基本是以学校为主体进行危机处理，但是对于个别的事件或者影响较大的突发事件，应该积极申请政府部门作为主导，同时充分调动社会力量等资源参与处理。同时也要注意做好以下几个方面内容：一是将各种心理危机干预力量进行整合协调。借鉴以往危机处理的经验和教训，务必做好统一领导、有效协调。二是注重新闻媒体力量的作用，尤其是在新媒体背景下，各种媒体力量的参与结果不同，对事件的发展也会产生不同的影响。学校要利用媒体及时通报突发事件的进展情况，但是在信息发布的方式上，要参考心理危机干预专业人员根据所掌握的事件对公众心理影响程度的分析，避免不当信息发布方式对公众产生不良影响；同时要积极利用媒体，引领突发事件的舆论导向，形成积极乐观的氛围。①

　　总的来说，班级突发事件后的心理干预有着重要的作用，有助于缓解学生心理压力、使校内秩序保持稳定、重新塑造学校的形象、恢复学生正常生活等。所以，加大力度对学生开展心理辅导、心理教育，是防范危机最有效的方法，进而促进学校健康稳步发展。

二、组织班级恢复与重建工作

　　当学校突发公共事件得到了基本控制之后，接下来就要考虑事后的恢复与重建工作，不仅要恢复学校的基础设施建设、教学工作的基本常态，也要将师生及校内教职员工的精神恢复到原有的状态，才能逐渐化解校园危机，恢复学校建设与发展。

（一）评估损失以及尽快恢复教学秩序

　　校园突发情况的善后工作机构组成员要组织专门的人员，针对此次突发事件的人员伤亡、财产损失、校园设施设备等损失情况进行评估，由此确定合理的补偿措施。各地教育行政部门和学校应设置针对不同类别、不同等级校园突发公共事件以及处置平息各类事件谣言的应急教学保障措施。根据相关条例要求，各地教育行政部门应该指导和帮助本区域各类学校制定师生临时安置方案、临时教学秩序管理方案、临时教学内容和课程设置方案、临时教师补充方案等，保障教学秩序的尽快恢复。

（二）制定合理补偿措施

　　根据《突发公共卫生事件应急条例》的规定，在防控突发事件时，县级以上的各级政府应当提供必要的资金用于医疗救治，并保证因公受伤的人员得到相应的补偿和抚恤金。同时，也要根据条例制定合理的补偿措施，可以考虑在学校建立危机救治基金，专门用于处理学校突发事件。首先，政府应该加大教育的财政拨款，完善公共卫生资源分配制度，让学校获得足够的资源，同时也要加大校园危机预防和应急投入，排除安全隐患等；其次，学校可以组建善后服务小组，分配好人员，采用提前拨付资金等方式留住专业的应急人才；最后，帮助学生尽快回归正常的教学秩序，学校可以对学生进行单独的补偿教学，比如课后辅导、校内开展培训等。②

---

① 赵振华.学校突发事件学生心理危机干预机制探究［J］.教学与管理，2017（12）：68-70.
② 罗雪，李化树.PPRR理论视域下学校突发公共卫生事件应急机制探索［J］.长春教育学院学报，2021，37（6）：21-27.

（三）学校基础设施的重建

根据相关的文件要求，结合学校实际情况及灾情核查、评估结果，制定恢复重建方针、目标、政策、重建进度、资金支持、优惠政策和检查落实等工作方案。按照政府的要求，做好设施设备重建的筹措和拨付，在政府的统一领导下，充分利用各类资金开展灾后学校重建工作。

（四）学校班级形象重塑

学校突发事件造成的校园危机消除后，善后处理系统也要关注消除此次危机事件给社会、学校、班级所带来的不良影响，这是重塑学校形象的重要工作之一，也是危急事件管理的重要组成部分。如果事件平息了，但事件所造成的影响依旧长时间存在，那这种影响可能会成为下一次突发事件的危险源。因此，不仅要重事态的平息，也要重善后工作的处理，及时重塑学校以及班级的形象。对于学校班级形象的重塑，要做好以下几步：一是将校园有关危机的信息、伤员情况、救援情况等及时向社会、家长、媒体、公众等公布，以消除事件引发的谣言及恐慌；二是可以广泛动员社会力量，争取相关部门、社会团体等的支持与援助，对此次事件的受害者进行心理安抚，以摆脱事件对心灵造成的危害，重塑师生对校园的信心；三是学校相关部门工作人员可以带领班主任一起对突发事件进行详细记录，归纳总结经验教训，为提高今后突发事件的处理能力提供必要的参考。

思考与讨论

1. 请阅读以下材料，作为班主任，你认为第一时间应该怎么处理这个问题？小黄和小杨到底谁的责任更大？这件事发生的主要矛盾是什么？该怎样处理这类突发事件？

在下课休息时间，教室里响起此起彼伏的嬉笑声音，这时小黄同学对小杨同学说："我们跟小王同学玩一玩，你去把他按在墙上，然后用手打他的屁股。"没想到小杨同学真的按照小黄同学说的，将小王同学按在墙上用手拍打。这个时候很多同学都围了过来"看笑话"。等这场闹剧结束后，小王同学跑到办公室告诉了班主任。班主任十分愤怒地走进了教室……

2. 请以小组为单位，结合本章班主任处理突发事件的相关内容，自选一类班级突发事件并为之编订专项应急预案。

第六章
如何有效进行家校沟通

学习目标

本章课件

1. 认识到家长会的重要性，能自主设计一份家长会召开方案。

2. 熟悉并掌握各类家校沟通技巧，有处理家校矛盾的能力。

3. 了解家委会的组织构成，掌握组建家委会的技巧。

思维导图

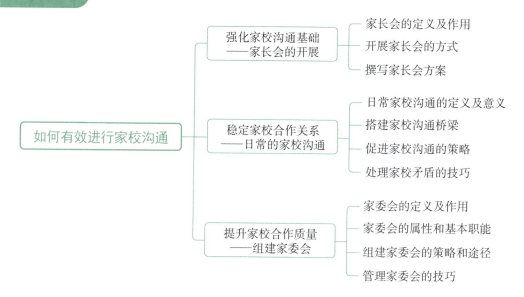

著名教育家苏霍姆林斯基认为，学校复杂教育过程中产生的一切困难的根源都可以追溯到家庭，家庭是孩子最早接触到的社会环境，家庭教育在塑造孩子的基本价值观和道德观念方面起着至关重要的作用，家长会和日常的家校沟通不仅可以促进家校之间的密切合作，还可以加强相互理解、分享信息、解决问题，实现家校互动的良性循环，从而为学生的发展提供更多的支持。本章旨在探讨如何有效开展家长会以及日常家校沟通，以促进家庭和学校之间的合作与交流，共同支持孩子的成长和发展。

第一节 强化家校沟通基础——家长会的开展

一、家长会的定义及作用

（一）定义

家长会是指由学校组织的家长和教师代表之间的交流和协作的活动。家长会的目的在于建立家校合作关系，促进教育和家庭之间的沟通和合作，帮助教师和家长更好地了解和支持学生的学习和成长。在家长会上，家长和教师可以共同探讨教育、管理和教学等问题，交流意见和建议，共同制订学校的政策和计划，并协作开展各种活动，以更好地支持和促进学生的学习和发展。因此，家长会可以有效地帮助学生获得更好的教育和成长。

（二）作用

1. 促进家校合作，构建家校沟通基础路径

家长会是一种十分重要的促进家校合作的方式，通过其交流、理解、合作和互动，家长与学校能够实现互动、支持和协作，为学生实现全面的发展提供更优质的教育服务。家长会为家长和教师提供了一个直接沟通的渠道，使双方能够交流意见、分享信息和互相了解。通过面对面的交流，家长和教师可以更好地了解对方的期望，促进双方之间的理解与信任。家长会可以让家长参与到学校决策过程中。家长可以表达自己的意见和建议，参与制定学校政策和计划，对学校教育发展做出贡献。这样的参与让家长觉得他们在学校中有

话语权和影响力，增加了他们与教师和学校之间的合作。家长会是家长向学校反馈问题和提出建议的渠道。家长可以通过家长会向学校反映学生的需求和问题，提供改进的建议。学校方面可以通过家长会了解家长关心的问题，以便更好地调整教学和管理策略。总的来说，家长会通过提供沟通平台、共同参与决策、资源共享、协助学校活动以及反馈和建议等方式，促进了家长与学校之间的合作关系。这种合作关系可以使学校更了解家庭的需求和期望，家长也能够更好地理解学校的教育工作与方法，最终共同实现学生全面发展的目标。

2. 了解学生情况，全方位助力学生发展

家长会帮助家长及时了解和关注学生在学校的表现和需求，为提供个性化的教育支持和引导创造条件，同时也为家长提供学习和成长的机会。这样的了解有助于家长和教师共同为学生的发展制定更合适的教育方案，实现学校和家庭的紧密合作，促进学生全面发展。在会议期间，家长可以与教师进行沟通，讨论学生的情况。这种互动交流可以让家长更深入地了解学生在学校中各个方面的情况，包括学习、行为、社交等方面。家长会可以组织各类活动，例如家长参观日、运动会、文化节等。通过参与这些活动，家长可以近距离观察和了解学生在集体活动中的表现、兴趣爱好等方面的情况。家长会可以组织家长参与问卷调查，了解家长对学校教育工作和学生发展的意见和建议。通过这种调查，家长可以表达自己对学生情况的了解和关注，为学校提供有价值的反馈信息。总而言之，家长会通过教师报告、互动交流、活动参与、作业交流以及家长问卷调查等方式，为家长提供了多样化了解学生情况的途径。这些信息有助于家长和教师共同关注学生的发展，提供更好的支持和指导，实现家校合作，为学生的成长和发展创造良好的环境。

3. 支持学校发展，提升教育工作效率

家长会的支持对于学校的发展具有重要意义。通过家长会，学校能够与家长密切合作，倾听家长的声音、汇集家长的智慧与资源，推动学校更好地满足学生和家长的需求，提升教育质量，实现学校的可持续发展。同时，家长会也为家长提供机会参与学校事务，更好地了解学校教学工作，为子女的教育提供支持，加强家校合作，共同促进学生的全面发展。家长会组织志愿者队伍，帮助学校开展各种活动，如志愿者招募、学生评比、毕业典礼、校园日等。家长会也可以为学校提供资源，如音乐会、演讲会、戏剧表演等。这些活动有利于促进学生的全面发展，增强学生对学校的归属感。家长会可以定期组织家长会议，促进家长和学校教师之间的交流和合作。家长会可以邀请学校管理层、教师和其他专业人员来分享他们的专业知识、经验和建议，这些分享有助于促进家长和教师的沟通和合作。家长和教师之间的合作能够加强学生和家长对学校的信任，为学校发展带来更多的机会。家

长会可以帮助学校建立自己的品牌、特色和文化，扩大学校的影响力和吸引力。家长会可以鼓励学校营造积极、健康、安全和谐的学习环境，增强学校凝聚力和塑造力，为学校的长远发展创造一个积极的氛围。因此，家长会可以通过筹集资源、提供帮助和支持、参与决策与管理、促进家校交流和合作、推广学校文化等途径支持学校的发展。这种支持对学校发展有着积极的推动作用，使学校能够更好地实现自己的教育目标，增强学校影响力和话语权，提高家长和社区居民对学校的认可度和信任度，为学生提供更好的教育服务和保障。

4. 引导家长参与教育，提升家长的教育水平

家长会可以提升家长的教育水平，通过家长会可以促进家校合作，提高教育质量，增强父母对孩子教育的参与意识，实现家庭教育和学校教育的双重共赢。因此，家长要积极参与和支持家长会，为孩子的发展和教育事业的发展做出自己的贡献。家长会应提供多样化的家长参与机会，让家长根据自身兴趣和能力选择适合的角色参与，包括担任家长会委员、志愿者、活动组织者、讲座嘉宾等。同时，家长会应鼓励家长参与学校的各项活动和决策，例如家长会会议、家长参观日、教学研讨会等。家长会可以为家长提供培训和教育支持，帮助家长了解学校的教育理念、教学方法和管理制度。这可以通过组织讲座、研讨会、工作坊等方式进行，促使家长进一步了解学校教育，提升家长的专业素养和参与能力。家长会应鼓励家长之间的合作与共享，建立一个互助支持的平台。家长会可以通过成立家庭学习小组、家庭活动组，促进家长之间的交流和资源共享。这有助于家长间相互学习借鉴，形成合力，更好地支持学校发展。通过以上措施，家长会可以激发家长的参与意识，让家长认识到他们在学校发展中的重要作用，鼓励家长积极参与学校事务，为孩子和学校共同努力。同时，班主任还应不断反思和改进自身工作，增加家长对家长会的信任和支持，确保家长会的有效运作和发展。

二、开展家长会的方式

开展家长会的方式多种多样，班主任可以根据需要选择合适的方式开展家长会。

（一）线下是主流方式

线下家长会是指通过面对面的方式举行的家长会议。家长会议可以在学校、社区或其他场所举行。家长会议一般由学校组织，邀请家长和学校管理层、教师代表等参加。

线下家长会能够促进学校、家庭和社会的良性互动，共同为学生的全面发展提供支持

和服务。线下家长会具有以下作用。

1．交流更深入

线下家长会可以提供面对面充分交流的机会，加强家长和教师之间的沟通和交流。这样可以加深彼此之间的了解，避免因沟通不畅而造成的误解。

2．反馈更及时

家长在家长会上可以直接提出疑问，得到即时的反馈和解答。同时，教师和学校管理层也可以向家长介绍学校的教育理念、教学改革和管理制度等，并及时听取家长的意见和建议。

3．互动更热烈

与线上家长会不同，在线下家长会中，家长可以与其他家长进行更为深入的互动交流，互相分享经验和观点。同时，学校也可以通过举行小组讨论、互动游戏等活动，让家长之间互相认识和交流。

4．合作更紧密

线下家长会可以促进家校之间的合作，让家长更深入了解学校的教育和教师的教育工作。同时，学校也可以借此机会了解家长对学校教育工作的期望和需要，从而调整和改进教育工作。

5．参与度更高

家长会是家长了解孩子在校学业和生活状况的重要途径，家长可以更加积极参与学校教育和管理工作。通过举行线下家长会，可以更好地促进家长融入学校生活，提高家长参与度，增进家校合作。

线下家长会是一种重要的家校沟通和交流方式，通过面对面的交流互动，有助于加深家长和学校之间的了解和信任，同时也为家长提供了更好地参与和支持学校教育和管理工作的机会。

（二）线上是辅助方式

线上家长会是指通过网络平台或在线会议工具进行的家长会。与传统的面对面家长会不同，线上家长会利用互联网技术和通信工具，家长可以通过电脑或手机参与会议，便捷地进行交流和互动。家长不再需要亲自前往学校，而是通过电子设备登录线上平台参与会议。这样可以节省时间和交通成本，便于家长灵活安排自己的时间参加家长会议。通过线上平台，家长可以与其他家长、教师和学校管理层进行实时互动交流，提出问题、分享观点和经验。同时，线上家长会也可以提供聊天室、讨论区等功能，方便家长进行在线讨论和互动。线上家长会可以通过视频会议、语音会议、在线投票、问卷调查等方式进行。家长可以根据需求和实际情况选择合适的参与方式，大大提高了家长参与的机会。线上家长会通常具有录制和回放功能，家长可以在会议结束后回看录像，有助于那些错过会议或需要再次回顾内容的家长参与。总的来说，线上家长会是利用互联网技术和在线会议工具进行的虚拟家长会议形式。它为家长提供了更加灵活且便捷的参与方式，促进了家校之间的交流和合作。

（三）线上、线下相结合，提升家长会参与度

将线上家长会和线下家长会相结合可以有效地满足不同家长的需求并有利于促进家校合作。

1. 安排线下家长会

安排定期的线下家长会，以便家长们有机会面对面交流和互动。这可以包括季度或学期末的家长会议，让家长与教师和学校管理层进行深入的交流。此外，还可以选择一些特殊的时刻，例如校务大会、招生说明会、课程介绍会等，邀请家长亲临学校参与。

2. 主题线上家长会

将某些主题的家长会安排为线上举行，可以包括教育讲座、家长培训、课程介绍等。通过一些线上会议的工具，家长们可以在家中参与，节省时间和交通成本。

3. 混合模式家长会

混合模式结合线上和线下形式。可以安排一部分家长在线上平台参与会议，同时邀请少数家长到学校参加会议。通过这种方式，可以满足部分家长的线上参与需求，并提供多次互动的机会。

4. 平行线上互动

在线下家长会同时进行线上互动。使用在线会议工具，让无法到场的家长通过视频、音频或聊天功能参与会议，提出问题和分享意见。

5. 信息共享与反馈

利用线上平台作为信息共享和反馈的渠道。家长会议后，通过线上平台分享会议纪要、讲座资料和活动照片等。同时，鼓励家长在线上平台上留言、提问或回答其他家长的问题，为线下家长会提供延续。

线上家长会和线下家长会相结合，可以兼顾家长的不同需求和条件，提供更多的参与

机会，增强家庭和学校之间的联系。此外，学校还可以根据家长参与情况和反馈，不断优化调整线上和线下家长会的安排和形式。

三、撰写家长会方案

撰写家长会方案的一般步骤是：一是确定家长会的开展目标与主题；二是制定议程和准备相关资料；三是设计板报并确定优秀家长代表的发言人；四是通知并确定参会人员；五是家长会总结与反馈。

（一）确定家长会的开展目标和主题

确定家长会的目标和主题非常重要，它将有助于确定会议的形式、组织结构和内容，并吸引更多的家长参与。

1. 考虑家长关心的问题

家长最关心的问题往往与孩子的学业、成长和健康相关。可以通过社交平台、邮件、电话等方式征集家长的意见和建议，了解家长最关注的话题，以此为基础确定家长会的主题。

2. 了解学校发展方向

针对学校的发展方向，可以选择讲座、培训、小组讨论等不同形式的家长会议，让家长了解学校目前的教育政策和发展方向。

3. 总结亲子教育需求

家长会可以提供家庭教育和亲子交流的机会，结合学生的年龄和成长阶段特征，定期举行相关讲座，帮助家长解决亲子教育方面的问题。

4. 回顾历史经验

参考过去的家长会安排和反馈，规划出未来的家长会主题内容。

确定家长会的目标和主题需要综合考虑家长的需求和学校的发展目标。定期调查家长的意见和建议，了解学校发展动态，关注家庭教育和亲子交流，加强家校社之间的合作等都可以为家长会的主题规划提供帮助。此外，家长会后要及时收集反馈，根据反馈不断优化和改进主题内容，提供更多有意义和实用的家长会。

📝 **案例 6-1**

第一次亲密接触——新生家长会

第一步，建立班级家长 QQ 群或者微信群，利用"美编"或者"易企秀"等制作电子版新生"家长会邀请函"发送给家长。提前让家长了解学校的大致环境、班级地图，新学段学生要准备的学具与对学生的要求，以及班级里的每一位科任老师。让家长读"班主任写给孩子们的一封信"给孩子们听或让孩子自己阅读，从而使每一位孩子对新学校、新班级心生憧憬。

第二步，通过"问卷星"，或与个别家长访谈、留言，提前调查了解孩子的关注点、困惑与需求，如"小学一年级新生的人际交往、喝水、上卫生间、电话手表、座位安排等问题"；撰写父母宣言，引导家长树立正确的家庭教育理念，提升自己的家庭教育水平。

第三步，确定家长会流程，包括每一个环节开展的时间、内容、相关人员安排以及注意事项等。制作主要内容PPT、链接轻音乐。可以邀请几位自愿报名参与的学生协作做好分发矿泉水、粘贴学生姓名桌签、分发资料、引导座位、布置黑板报等服务宣传工作。

第四步，召开家长会。

①暖场、自我介绍、致简短欢迎词。

②观看学校宣传视频，简单介绍年级、班级基本情况，也可以邀请科任老师与家长见面。

③介绍新学期的学生课程门类、学习任务、学习特点上的变化。

④介绍新学期工作的安排规划（含重大活动）、一日作息时间，可以打印出来发给家长。

⑤强调学校管理与班级管理中的重点事项，比如学校禁止学生带智能手机进校园，孩子的接送问题、一旦学生之间发生冲突，作为家长应该如何处理等安全问题的交代。

⑥会后家长答疑。

⑦全体家长齐声朗诵《父母宣言》。

⑧对于个别特殊家长进行约谈，如孤独症孩子的家长或者家长有特殊要求的，以此来促进家校更好地进行合作。

（资料来源：刘翠鸿：《班级家长会创新案例分享》，星城家话微信公众号，2020年8月27日）

案例6-1展示的家长会主题是迎接新生及家长，其主要对象是新生（一年级）的家长，一年级对于学生和家长都是全新且未知的挑战，在该案例中可以看到：该班班主任围绕"入学"这一主题展开，向家长们介绍了校园基本情况、班级情况，安排教师见面以及向家长们提出的要求等，该案例详细展示了第一次召开家长会需要做哪些准备、有何流程，尤其对新手老师有很强的借鉴意义。

（二）制定议程、准备相关资料和展示资料

制定清晰、有吸引力和有实际作用的议程是促进家长会成功的关键。首先，确定议程之前，确保会议的主题和目标已经明确。议程应该包括核心议题、会议主题、应完成的目标、时间和会议安排。其次，制定好时间安排表，为每个议程的环节合理安排出时间，并为会议参与者留下适当的联络时间。在会前确定参会人员的提醒和准备，向参与者提供会议内容、准备的相关资料以及会议的时间、地点等必要的信息。会议准备的资料与本次家长会指定的主题和目标有关，因此需要教师灵活应对。最后，确保会议开始时所有参与者准备就绪，为顺利开展家长会做好准备。

（三）设计板报、学生视频、确定优秀家长代表的发言人

在家长会开始之前，安排好学生热情欢迎家长，做好座位引导安排工作，根据家长会的主题和目标，和学生一起出相关主题的黑板报，或者做好相关主题的PPT，从而提升整个家长会的氛围。用手机记录学生的日常学习生活以及学生参与的学校活动、和学生一起参与完成学校活动任务的安排、一些重要有意义的时刻，将这些视频用"剪映"或者其他的视频剪辑工具制作视频，让家长充分了解学生在学校的生活。安排好优秀家长代表的发言人，提前通知发言人家长会的主题和议程，让他们有足够的时间准备演讲，鼓励他们分享自己的经验、观点和建议，为其他家长提供有益的信息和启发，之后收集家长的反馈，包括对发言人的评价和建议，以便进一步提高发言人的表现。这样的安排不仅能够展示真实的家长观点和经验，还能增加学校与其他家长的沟通和共鸣，促进家校合作的进一步发展。

（四）通知家长和确认参与人数、完善设施和资源

要将家长会实施到位，需要考虑以下事项：

第一，制定详细的家长会计划，并提前与相关人员（如教职员工、家长代表等）沟通和协商。

第二，确定会议的议程、时间、地点和参与人员，以确保一切有序进行，提前向家长

发送邀请函或通知，明确会议的目的、议程和相关信息。

第三，通过多种渠道（如电子邮件、短信、学校网站等）广泛传达信息，确保家长得知相关消息。

第四，利用科技手段（如视频会议、在线调查等）提高家长参与度和方便性。尤其对于远程家长或不能亲自到场的家长，提供线上参会的选项，使其能够轻松参与和表达意见。

第五，确保家长会议程的多样性，涵盖家庭教育、学校政策、学生支持服务等多个方面的议题。

第六，安排小组讨论、互动游戏、问答环节等形式，鼓励家长参与互动，分享观点和经验。

家长会只是家校合作的一部分，为了实现更好的教育效果，学校应与家长保持密切联系，定期分享学生的发展并交流存在的问题。鼓励家长参与学校的其他活动和决策过程，促进双方的合作和共同成长。

（五）家长会总结和反馈

总结家长会的反馈是确保有效沟通和持续改进的重要步骤。首先，在开家长会期间，详细记录家长的观点、建议、问题和关注点。根据记录的反馈意见进行分类和归纳，以便整理和分析。在其他科任老师讲完之后，将反馈结果作为总结和家长进行沟通，确保家长的反馈已被听到并认真对待。其次，对于提出具体问题的家长，及时回应并回答他们的问题，提供必要的解释和补充信息。如果无法立即解决问题，那么明确告知他们后续的解决计划和时间表。总结和回应家长会的反馈是建立积极家校合作关系的关键步骤。最后，在家长会结束之后，向学校相关部门反馈本次家长会的具体情况。通过有效地记录、整理和响应家长的反馈，学校可以增强家长的参与感和满意度，促进改进和发展。这将进一步建立家校合作的良好基础，为学生的学习和成长提供更好的支持。

教育是一场美丽的邂逅，见证着学生的成长，也镌刻着学校和家长的共同期望。因爱而"相聚"，因责任而"奔赴"，美好的教育是一群人同频共振的回响。以下是一些其他类型的家长会案例与分析。

 案例 6-2

秋季期中家长会

1．会议开始前的准备工作

家长邀请函的制作、干净美观的教室、整齐摆放的桌椅、漂亮温馨的欢迎板报、家长会的座次表、家长签到表、准备的资料整齐摆放在桌子的左上角。

2．会议流程

① 有序签到、就座；班主任首先发言，从班级整体发展情况、家校沟通、家校实践、学生表现等方面向家长进行反馈，梳理一批优秀家长、优秀学生的典型，以此对标，共盼成长。

② 其他任课教师发言。

③ 颁发奖项：学生——学习优秀奖、阳光自信奖、遵规守礼奖；家长——最佳家教实践奖、最佳家校沟通奖、最佳协作育人奖。

④ 班主任工作汇报交流：就班级管理、学习情况、生活习惯等做详细汇报，针对学生有待改善的方面，提出中肯的建议。

3．会议结束之后的反馈

有其他问题的家长和老师单独沟通交流，将家长在家长会上记录的优秀笔记发在班级群里，供其他家长阅读参考，向德育处反馈本次家长会的具体情况。

（资料来源：八里湖新区第三小学：《同心同行 看见成长的力量——八里湖新区第三小学 2023 年秋季期中家长会》，https://mp.weixin.qq.com/s/t_gp7Tbva72njAI0cea0KQ，2023 年 11 月 24 日）

案例 6-2 展示的是常规的家长会，可以作为小学高段家长会或者以学习为主题的典型案例。

 案例 6-3

心有光芒必有远方（节选）

尊敬的家长们，大家好！首先，我要感谢各位在百忙之中抽出宝贵时间参加我们班的家长会。这不仅体现了您对孩子的关心，也让我们深感责任重大。莫言曾说过：孩子的优秀，都浸透着父母的汗水。每一个优秀的孩子，背后都离不开父母的奋力托举。孩子的每一步成长，背后也离不开老师的辛勤付出，更离不开他们自身的努力奋斗。今天，我想借此机会，与大家分享孩子们在这个学期的学习和生活情况。

1. 汇报优点，肯定成绩……

2. 孜孜以求，反思问题……

3. 期末总结，表彰优秀……

4. 共话家长，建议与期望……

5. 假期安排，学习建议……

6. 家校沟通，互相支持……

7. 结语与展望

　　亲爱的家长们，孩子们的成长是一个漫长而美好的过程。在这个过程中，我们需要携手合作，共同为他们的未来奠定坚实的基础。希望在未来的日子里，我们能够继续保持密切的联系和合作，共同为孩子们创造一个更加美好的明天！谢谢大家！

　　（资料来源：晓雪老师写作咨询：《期末家长会演讲稿分享｜心有光芒必有远方》，http://xhslink.com/hrsQkO，2024 年 6 月 26 日）

　　班主任发言是家长会中最重要的一个环节。案例 6-3 是以期末总结为主题的家长会，首先，班主任对班级情况、师资力量进行介绍；其次，对家长的付出表示感谢和肯定、对孩子们的良好表现和进步表示肯定，展现出作为班主任对家长和孩子们的重视与关心，在一定程度上缓解了部分家长在期末的焦虑情绪或与教师的对抗情绪；最后，对班级内学生的不佳表现做简要点评、对期末优生提出表彰，适时向家长提出建议和期许，鼓励家长与教师一同发力，为孩子的未来助力。这篇发言稿涵盖了方方面面，内容翔实、感情真挚，分别肯定了教师、学生、家长的努力，又强调了班集体和家长力量对于促进个体发展的正向作用，有利于家校关系和谐。对于学生和家长的建议，有理有据、具有很强的指导性和可行性，从学生角度出发更能引起家长的重视并付诸行动。

本节习题

第二节 稳定家校合作关系——日常的家校沟通

一、日常家校沟通的定义及意义

（一）家校沟通的定义

日常家校沟通是指家庭与学校之间就学生教育问题进行的信息交流与合作，旨在促进家校双方对学生情况全面的了解，进而有效地解决学生在学习、成长、生活等方面出现的问题。一般沟通的主体是班主任、科任老师、学生及家长。

（二）家校沟通的意义

日常的家校沟通是教师与学生及家长一对一、面对面的交流，比家长会一对多地沟通，矛盾和问题的解决更具时效性和针对性，具体作用有以下几个方面。

1. 给予学生更全面的支持和关注，促进学生全面发展

学生的主要任务是成长，不只是知识技能的增长，更为重要的是健康的心理成长、生理成长和良好道德品质的养成。一方面，班主任更容易从学生在校的行为习惯、学业表现等方面观察学生阶段性学业、道德三观等成长的状况；另一方面，家庭能更敏锐地察觉学生的生理发展、心理成长等状况。因此，在学生成长中出现生理、心理、学业、品德等方面的问题，家校双方应当及时共享学生信息、全方位关注学生的发展动态，为学生的全面发展共商对策。

2. 教育方向和目标形成一致，更好地发挥教育合力

《中小学德育工作指南实施手册》强调，学校和家庭必须在教育目标上一致、在时空上密切衔接、积极互补，形成以学校为主体、家庭为基础的教育格局，发挥教育的整体效应。家校共育的效果在很大程度上取决于家庭和学校的一致性，家校沟通的质量直接决定了家校一致性的程度，因而家庭和学校要形成相互配合与支持的双向沟通模式，这需要家校之间保持良好的沟通关系。只有家校之间友好沟通、友好合作，才能共同促进学生健康成长、全面发展。

3．对学校教育工作提供支持和反馈，提高教育质量

家校沟通的过程，不仅是家校双方深层了解学生的过程，更是家校双方互相了解、理解的过程。从家长的角度来说，与教师、校方良好的沟通是家长理解、认可教师工作、学校教育工作的第一步，只有家长理解老师、学校的想法之后，才会更积极主动地配合各项教育工作的实施；从教师、校方角度来说，获得家长的理解与支持是学生教育工作有效开展的强力针，校方可以从家长和学生的反馈中总结出更有效的教育方式和方法，从而完善教育工作、促进教育教学工作的高效实行。

4．实施教育信息共享，及时全面地了解学生

相较于家长，班主任有着更丰富的教育专业知识和更敏锐的教育风向感知力。作为家长能直接接触到的教育专家，班主任应当承担起向家长传播正确教育理念、普及教育知识的任务。在新时代背景下，我们的教育理念转向素质教育，倡导学生德智体美劳全面发展，教师此时应该加强家校沟通，一方面是改变家长教育思想，鼓励家长跳出分数，与教师一起挖掘学生各方面的潜力；另一方面是倾听家长和学生心声，了解他们的教育焦虑与需求，助力学生健康、全面地成长。

5．实现家校合作共赢，形成积极合作的家校氛围

家校合作是指教育者与家长（或社区）共同承担学生成长的责任，家校双方以沟通为基础，开展协同育人，使学生获得来自学校和家庭（社区）的正确教育。家校沟通为家校合作提供一个可以共商共话的平台，通过这样的平台可以促进家校双方的友好合作。对于教师和学校层面，应该充分利用与家长沟通机会来获取家长的信任感、提升家长对校方工作的满意度，形成家校合作的基础。在形成这样合作关系基础上，利用沟通平台向家长主动输送各类教育知识，获取家长对校方工作的支持，从而使家长不仅能理解校方工作，还能主动参与或提供资源来支持学校的教育工作。这样友好的家校合作关系不仅有利于缓解当前家校矛盾和教育矛盾，还有利于为学生成长构建一个和谐轻松的学习与成长环境。

二、搭建家校沟通桥梁

家校沟通方式多样，教师可以根据不同的沟通目的、需求，选择不同的沟通方式。

（一）家长会

家长会是一对多的沟通方式，也是家校沟通的常见方式。家长会主要适合于班主任教师和科任教师面对全体学生家长，对学生在校各方面表现进行总结并对家长提出建议。家

长会一般一学期开展两次。第一次是刚开学，与家长沟通目的主要是对上一学期的班级情况总结以及新学期的展望，并对学生和家长在学生各个方面成长提出建议和规划。第二次是期中，教师可以根据学生前半学期在校各方面的表现、班级总体情况向家长做一些反馈和交流，以便家长和教师及时对个别学生、班级内出现的问题进行有效解决和帮助。班主任也可以根据本班情况，在取得学校同意之后开展家长会。

（二）家访

家访是一对一的沟通方式，也是校方了解学生及问题成因的最直观方式。家访对象一般是特殊学生和问题学生的家庭，家访要走入学生的成长环境，目的在于全面深入地了解特殊学生、问题学生背后的家庭环境，帮助找到问题根源。家访在一定程度上可以减少不必要的误会，避免引起家校矛盾，从而更有利于给学生构建一个和谐稳定的成长和生活环境、促进学生的发展。家访时需注意以下几个方面。

1. 确定家访对象

明确家访的目的之后就需要明确家访的对象，全面了解问题学生的成因。问题学生、特殊学生一般指有生理残疾、心理问题突出、行为异常、遭受家暴等情况发生的学生，因此需要教师们细心观察学生在校的表现。

2. 组建家访队伍

家访是教师走出校园、走入学生家庭，因此家访团队一般有一位校方领导、学生班主任或较亲近的科任教师、一名安保人员。目的是向学生及其家人传递对他们的关心，引起对方的重视，同时也要保障家访队伍的安全。

3. 形成家访方案

在家访前，教师要对受访对象及其家庭基本信息有所了解，根据家访目的明确家访时的问题提出并对家长反应进行预设；在基本方案形成后，要至少提前一周通知、明确学生和家长家访的时间、地点及受访家长，并向对方表明家访目的，传达出对学生的关爱及对其家庭的善意。

4. 整理家访记录

在家访过程中，教师要详细记录家访过程，尤其是家长对于关键问题的回答。一是方便后续对学生情况进行梳理并形成问题解决策略；二是根据家访记录，从纵向、横向对比学生及家长的变化，以便家访工作的持续跟进和有效实施；三是可作为意外情况发生的证据。表6-1是家访记录表的样表，可作为参考。

表 6-1　家访记录表

×× 小学 ×× 班级家访记录表	
家访学生及家长	
访问教师及目的	
访问时间及地点	
访问记录	
效果分析	

（三）家校通

家校通是数字化校园智能信息管理平台，它广泛应用于中小学，可以用于采集信息、管理校园安全、校园支付和家校沟通。其常用功能是记录学生成长档案、分析学生成绩并给予个性化学习建议，例如教师可利用这一系统功能将重要测试试卷或习题推送给家长，让家长了解学生各科成绩发展状况，家长和教师双方可以利用这一平台互相留言、在线沟通，教师也可以利用该平台形成班级学生基本信息的收集和管理平台。

（四）电话或电子邮件

电话是家校沟通最便捷的方式，家校双方可以利用电话联系处理学生的紧急情况，也可以用于平时的沟通；电子邮件则可以用于一些重要文件、通知的发送。班主任在学生入学时就要收集家长联系方式，尽量每一位学生预留至少两名家长的联系方式以防联系不上，并且告知家长电话等号码有变要随时告知教师，班主任立即对这类信息进行更新。

（五）在线平台

在线平台包括微信、QQ、公众号、钉钉等社交软件，班主任可以利用这些平台组建班级群，主要用于：一是通知家长班级事务，例如作业通知、学生表扬、班级成果展示等；二是利用这一平台建立电子相册，教师和家长共同记录学生在校成长瞬间；三是开展线上家长会等。家长和班主任也可以通过私下加微信、QQ 的方式进行沟通。但是需要注意，教师要提醒家长们在使用班级群或个人社交时注意分寸、互相尊重，随时关注教师发送的信息并给予反馈；教师在使用这类软件时也要注重保护个人隐私信息，尽量将工作账号与私人账号区分，以免引起不必要的误会，同时也要合理利用群通知、群接龙等小程序，高效地发送和收集信息。

（六）学校活动参与

学校活动参与也是家校沟通方式之一，学校可以开展家长入校、家长听课、专题讲座等活动，邀请家长走进校园、走近教师、观察学生。相较于家长会和在线交流，学校活动参与的方式更直观地向家长展示校园常态工作和学生平时在校的学习状态，更有利于拉近家校双方距离。在组织这样的活动时，班主任要做好充分的准备工作：一是提前告知家长活动主题、内容和时间；二是鼓励家长参与学校活动；三是询问家长对活动的感受或建议，在下一次开展活动时做出适当调整与改变。

三、促进家校沟通的策略

在进行家校沟通时，班主任要充分展示个人作为班级指导者的魅力与威信，向家长传递正向且积极的教育思想、科学且先进的教育理念，从而赢取家长的信任和支持，促进家校沟通和谐友好地进行，所以教师在家校沟通时要坚持以下原则。

（一）相互尊重

尊重是相互理解的第一步，也是教师与家长沟通的前提。作为教师，首先在语言、语气上就要表现出对家长和学生的尊重，这不仅仅体现出一位教师良好的职业素养，也为接下来与家长沟通营造和谐氛围；其次，在态度和行为上要表示对家长及学生的重视，在与家长谈话时保持亲近不亲密的距离，注意个人仪表姿态；最后，要利用个人教育威信，向家长展示出作为教师的专业素养和教育规范，引起家长对沟通及沟通教师的重视与尊重。

（二）目标一致

目标一致是保证家校沟通过程高效快速的原则之一。家校沟通的目的就是解决问题，可以是学生、家长、教师等各方面的问题，因此班主任和家长双方都要抱着解决问题的态度进行沟通。所以在沟通时，班主任首先要告诉家长此次沟通的原因及目的，让家长对于即将处理的问题有基本了解，做好家长心理建设；其次，在沟通时班主任要有"问题意识"，让家长理解并认识到每一次的沟通目的都是为了学生更好地成长，而非单纯地批评学生、批评家长，要让家长与班主任为解决学生的问题共商共量。

（三）坦诚相待

坦诚相待目的是保证家校沟通过程顺利。坦诚相待是指班主任要真实客观地向家长转述孩子近期出现的问题，尤其是打架这类问题，要尽可能真实地还原事实，让家长了解事件真相，才能让家长有足够的心理准备来处理孩子的问题。孩子作为家庭的一面镜子，班主任在与家长处理孩子问题时，也要坦诚地向家长指出其教育方式方法的错误，给予家长正确的、科学的教育方法指导。此外，班主任的坦诚相待也是为了让家长感受到教师对孩子问题的重视与用心，这样才能从家长的视角了解到更多关于孩子的信息以及家庭的信息，以便帮助教师更全面地了解孩子和家长，从而给予更科学的问题解决方式。

（四）真实客观

真实客观可保证家校沟通目的顺利落实。作为一名受过专业教育、具备更丰富专业知识的教师，在面对学生问题时都应该保持真实客观的态度来看待，这样的态度也要延续到与家长沟通上。首先，教师在向家长描述学生问题时，可以尝试从第三人角度或旁观者角度还原，减少"我感觉、我认为"等带主观情绪的词句使用，避免家长认为教师带有个人情绪处理问题从而抵触与教师沟通。其次，教师要学会利用"证据"，即将学生平时的各类表现记录在册，在沟通时作为客观依据提供给家长，增加教师语言的真实性和信服力。最后，教师要明白每个学生都是独立个体，个体间本身就存在特殊性与差异性，所以教师要辩证看待学生问题，以真实客观的态度来和家长一起处理学生问题。

（五）理解支持

家校沟通的过程就是家校双方互相理解、互相支持的过程。在沟通时，班主任一是要表现出对家长诉求、学生需求的理解，表达对其的支持与赞同，从而获取家长对班主任工作的理解与支持；二是班主任要向家长传达明确合理的要求及建议，让家长能接受建议并付诸行动，并随时与家长沟通跟进问题的改善情况，方便给予家长帮助；三是重视与家长的日常沟通，一方面是与家长建立良好和谐的沟通关系，另一方面是增加了解学生和家长的渠道，这有利于班主任与家长和学生沟通问题、解决问题。

以上五方面需要班主任落实到与家长的每一次沟通中，其不仅是家校沟通和家校矛盾处理的有效方式，更是班主任在家长面前建立教育威信和信任感的有效途径。

四、处理家校矛盾的技巧

家校沟通的目的不仅在于解决学生问题，更重要的是获取家长对班主任、学校教育工作的支持与理解。但在现实中，也常出现班主任与家长意见不合、不欢而散的情况，为避免此类情况的发生、保证班主任和学校教育工作的顺利开展，班主任在与家长沟通时，可以参考以下建议。

（一）表示尊重

在家校沟通时，不少家长和班主任都会因情绪冲动影响语言表达，从而导致谈话失败。所以，无论家校沟通时出现何种情况，班主任能做的就是表示对对方的尊重，至少在言语和态度上要以客观、冷静的方式与家长沟通。在处理学生打架这类棘手矛盾时，许多家长会表现出过激情绪，班主任要理解家长心情，也要尊重家长看法，给予对方合理的建议，尽量让矛盾冲突以和平友好的方式处理。

案例 6-4

B 教师是二年级某班体育教师，在课程结束后，体育课代表小 C 拿着体育器材保管室钥匙还器材，而小 D 则继续在操场进行跑步练习。小 C 在还器材途中边走边扔钥匙玩，钥匙不慎打到小 D，造成小 D 两颗门牙断裂。B 教师立即与班主任 A 联系，然后立即将小 D 送医。经医生检测诊断，小 D 门牙修复有两种方案：一是戴假牙套，花费约 5000 元；二是成年后可以更换为种植牙，但是在成年前都需要戴假牙套，花费约 2 万。班主任 A 联系双方家长，并就此事商量赔偿，C 父与 D 父商量赔偿 5000 元，但是 D 母认为 C 家应将种植牙费用一并赔偿。C 家认为此方案不合理，首先双方孩子都有责任，D 在课程结束后没有听从教师安排立即回教室，所以不应该由自家单独承担；其次，假牙套已经满足 D 的成长需求，无法确定赔偿之后 D 家父母是否将钱用于给 D 更换种植牙。A 教师作为班主任负责此事调解，但是由于 A 教师在调解过程中流露出对 D 家意见的不赞同从而引起 D 母不满，进一步激化矛盾，致使双方始终无法达成共识，最后对簿公堂。

从家校沟通方面分析本次事件：第一，A 教师作为班主任在态度上没有做到客观公正与尊重，流露出个人反感情绪从而引起家长反感；第二，班主任在双方父母出现分歧时，应及时调停让双方冷静，然后以中立态度劝解，并且在初次调解后应该与双方家长私下沟通，充分了解两方家庭的意见和意愿后再进行沟通；第三，面对家长不合理或者棘手的诉求，教师应该晓之以理、动之以情，向家长委婉传达其不合理之处及原因，缓和对方态度；第四，在事态脱离个人控制时，班主任应该寻求同事和领导的帮助，和家长一起友好解决矛盾。除此之外，在此次事件中体育教师作为科任老师，第一时间就通知班主任，并立刻关注学生身体状况和情绪状况，这一点是值得每个教师学习的。作为科任教师或实习教师，对于学生及家长的了解肯定不如班主任教师，所以在出现学生问题时应该立即联系班主任，并且在后续的家校沟通时完全配合班主任的调查工作，争取家校矛盾顺利解决。

（二）找到共性

在沟通过程中，难免会遇到不配合、唱反调的家长，遇到此类棘手情况，班主任可以尝试找到与家长的契合点。首先，班主任要换位思考，先从家长的角度思考问题，尝试理解家长的心情、与家长产生情感上的共鸣，这更有利于矛盾的高效处理。其次，坚持以理服人，许多家校矛盾的产生是源于家长对问题处理方式或结果不满意，如果问题处理的结果是公平合理的，那么班主任就应晓之以理、动之以情，用语言力量说服家长。

案例 6-5

> 　　A 教师是一位责任心非常强的教师，担任三年级某班班主任。该班一名学生个人学习及行为习惯极差，长期无视教师的教育和劝诫，加之其家庭背景复杂、家长难以沟通，所以许多科任教师放弃管教这名学生。A 认为自己作为班主任教师应该对每个孩子负责，便格外关注这名学生状况，也经常就该生学业表现和行为习惯批评家长。在长期劝阻无效后，加之学生又一次犯错，A 教师未控制住个人情绪并使用教鞭体罚学生。学生家长发现学生身上伤痕，便拍下视频与 A 教师对质，家长情绪过激言语不善，A 教师也在争执过程中言辞激烈。随后，该家长在班级群中辱骂教师和校方，在校方介入并充分了解情况后，暂停 A 教师在该班的工作，换由其他教师代替。但是家长不满意此结果，并一直发视频和言语辱骂、威胁 A 教师和校方。

在此次事件中，A 教师未合理使用教师惩戒权，对学生造成实质性伤害，并且与家长沟通时也未控制住自己的情绪，造成事态恶化。从中我们应该知道，作为班主任，首先，要具备一定的法律法规意识，依法育人，保护自己；其次，尊重学生的差异性和特殊性，对于学生的教育要适时保持松弛感，并且在教育学生时采取的方式方法也要考虑学生及家长的接受度；再次，要保持与家长平等对话、正向沟通，在平时的沟通中，A 教师过多批评家长导致家长心态失衡，也是此次事件的助燃剂；最后，班主任要接受教育工作存在的缺憾，虽然这位学生学业和行为表现不好，但是在校方对其进行心理疏导时，该生表达了对 A 教师行为的理解，也认识到自己错误，并且不希望 A 教师因为自己受罚，可见该生内心的善良与可塑之处。家长和班主任都应从德智体美劳全面关注学生，挖掘学生的潜力，以学生健康成长为目的友好地进行家校沟通。

（三）主动倾听

家校沟通矛盾出现的重要因素就是家校双方沟通不到位，正如我们的教学要求不可"一言堂"，班主任在沟通时也要尊重和理解家长的心情，给予家长充分的表达时间。班主任在与家长沟通时应该主动倾听家长的看法和诉求，一是可以从家长的角度获取关键信息作为个人信息的补充；二是可以从家长的表达中更全面地了解学生情况，从而给学生发展提出更科学的建议；三是主动倾听是表达对家长及学生的尊重与重视的方式之一，仔细倾听对方的看法、理解对方内心需求，才能更快地为问题解决给出合理有效的方案。

（四）表达清晰

班主任的表达能力能直接展现出教师的素养，而逻辑清晰、语言干练的表达能更快吸引家长的注意力、引起家长的重视。在谈话前，班主任要明确此次沟通的目的和内容，要准备好谈话涉及的资料和谈话地点，并且对于一些敏感问题，班主任要对家长反应做出预设，尽量避免矛盾加剧。在谈话过程中，班主任要明确告诉家长此次谈话的目的，在向家长表述情况时要有理有据、清晰有力。此外，班主任也要掌握沟通过程的话语权、控制沟通时间，保证沟通过程高效。

（五）积极配合

积极配合是指面对家长合理的需求或建议，班主任应当积极采纳并配合家长。首先，班主任要保持谦虚，认真倾听家长的看法和要求；其次，班主任要重视家长诉求，及时整理家长建议并给予反馈；最后，班主任可以寻求帮助，例如家长提出的要求难以完成或面临的矛盾难以处理时，班主任可以寻求上级领导或联合其他家长力量共同解决。

（六）正向反馈

正向反馈是指面对问题，班主任要给予家长鼓励和理解。首先，班主任在沟通时对家长的正确教育方式和教育理念要表示认可，然后适时补充合理建议；其次，多向家长表示对其孩子的认可，这样能弱化家长的焦虑感、强化家长与班主任沟通的信心；最后，班主任要在沟通后继续跟进学生状况并给予家长正向反馈，保持家长的信心，积极与教师一同促进学生的成长。此外，班主任应该时常向家长们传达对家长和学生们的认可和鼓励，营造一个和谐的班级氛围，这样更利于班级事务管理和家校沟通。

这几个方面既是班主任与家长沟通的技巧，也是解决班主任与学生之间、家长与学生之间矛盾的技巧。这些技巧也适用于班主任其他工作的处理，同时也是班主任保护个人的方法。

本节习题

第三节　提升家校合作质量——组建家委会

一、家委会的定义及作用

（一）家委会的定义

家委会是由学校组织家长，按照一定的民主程序，本着公正、公平、公开的原则，在自愿的基础上选举出能代表全体家长意愿的在校学生家长组成，是以服务班级、非营利性为目的的组织。家委会的职责包括配合教师和学校的教育工作、组织或开展班级活动、协调家校关系等。因此，家委会成员应具有正确的教育观念、掌握科学的教育方法、热心学校教育工作、富有奉献精神，有一定的组织管理和协调能力、善于听取意见、办事公道、责任心强。

（二）家委会的作用

1. 营造良好的家校关系

家委会成员是家校两方的传话筒，既作为校方的发言人也作为家长的发言人，自然也成为化解家校矛盾、促进双方沟通合作的纽带，能在构建和谐友好的家校关系上发挥强大作用。例如，对于广大家长难以理解的教育政策和教育举措，家委会成员应担起和教师与学校一同向家长宣传和解释的任务，进而提升家校沟通的效率、弱化家校沟通障碍和矛盾，营造良好的家校氛围，从而促进教育政策和举措的顺利实行，保障教育教学工作的顺利进行。此外，作为全班家长的代表，家委会成员直接参与班级事务管理也是学校内部教育工作民主管理的重要抓手，是校方工作民主化的最佳体现。

2. 提高各项工作的效率

家委会成员的主要任务就是配合教师或学校完成教育工作，可以有效提升教育各项工作的效率。家委会既承担家长角色，也承担着班级服务的角色；而班主任在承担教学工作的同时，也承担着班级日常管理的工作。因此，家委会成员和班主任是互补互助的关系。一方面，家委会成员可以协助班主任完成较为复杂的班级工作、向家长传达或解释重要通知、快速收集家长建议等，提升班主任的工作效率；另一方面，家委会成员作为全班家长的代表，比其他家长有更多机会与班主任直接沟通对教师工作、学校工作和班级事务的意见或建议，进而提升家校合作效率。总之，双方都以促进本班学生健康成长、全面发展，以及提升班级事务处理效率为目的，共同提高班级事务管理水平。

3. 增强班级凝聚力

家委会成员是家长和校方合作的中间人，既是家校沟通的黏合剂，也是化解家校矛盾、促进双方沟通合作的纽带，能在增强班级凝聚力、构建和谐友好的家校关系上发挥强大作用。首先，家委会成员是教育工作的协助者、沟通者、决策者也是监督者，在家校沟通出现阻碍和矛盾时，家委会成员作为中间人就要承担缓和家校矛盾、落实教育工作的责任，推动班级向上发展。其次，班主任在培育家委会成员的过程中能有效提升家委会成员的教育水平和素质，而家委会成员可以发挥家长榜样力量，帮助班主任提升班级家长总体的教育水平，高水平、高素质的教育者的合作有利于家校环境和谐共生。最后，学生家长参与班级管理，家长认真负责的态度也会感染学生和其他家长，有利于形成尚学善思、友好合作、良性竞争的优良班风。

4. 优化家校社资源配置

在家校合作中，家委会成员担任着学校教育工作者、家长和社会人士三重角色，这样的角色身份可以为学校的教育工作提供多项帮助。作为学校教育工作者，家委会成员可以参与到学校教育工作的管理、决策和监督中，促进学校教育管理的民主化；作为家长，家委会成员可以基于学生的成长向学校工作提出建议，也可以作为家长代表向学校表达广大家长的心声，促进家校友好合作；作为社会人士，家委会成员可以为教育教学工作提供社会资源，例如家长从事法律行业，就可以进入学校进行普法教育，补齐学校教育的短板。

5．完善家校社共育制度

教育部办公厅关于学习贯彻《中华人民共和国家庭教育促进法》的通知要求学校要加强对家庭教育的指导和服务。学校要将家庭教育指导服务纳入学校工作计划，建立健全家庭教育指导委员会、家委会、学校公开日、家长会、家访等工作机制。家委会作为家校社共育制度建成的重要一环，学校更要重视对教师业务的培训，提高教师开展家庭教育的能力和水平，从而加强对家庭教育工作的专业指导，利用家委会的影响力，扩充家庭教育工作队伍，进一步推动完善家校社衔接配合机制，形成家校社协同育人有效模式。

二、家委会的属性和基本职能

建立中小学家长委员会，是推进中小学依法治校、建设现代学校制度的基本要求。

（一）家委会的属性

家委会由本校学生家长代表组成，代表全体家长参与学校各项工作，是家长参与学校教育的基本平台。家委会是在学校的帮助和指导下成立的，但不是学校的下属或附庸，而是责权统一的群众性自治组织。家长参加了家委会，就成了学校教育的"当事人"，这也标志着家校成为教育同盟。

（二）家委会基本职能

家委会有三项基本职能，即参与教育教学、提升家庭教育水平、参与学校民主管理与监督。同时，家委会成员应在学校的配合帮助下，建立健全组织章程、工作规程、民主选举、会议、活动等各项工作制度，这是保障家委会作用有效发挥的要求，也是保障家委会成员与其他家长对学校工作的知情权、评议权、参与权和监督权。

（三）家委会成员构成

一般来说，家委会成员所担任的工作涉及以下方面：采购班级物资、管理班级资金、通知基本事务、组织策划活动、化解家校矛盾等。因此，家委会成员的职务要有细致划分，例如：家委会会长、宣传组、组织采购组、文体组、摄影组、财务组和后勤安全组等。这些部门和人员的设置，可以根据班级情况进行适当的调整。

三、组建家委会的策略和途径

（一）明确家委会的组建目的

向家长明确家委会组建目的是班主任成立家委会之前的重要工作，可以防止家长有"为自己孩子牟利"等不良动机，也是班主任组建家委会，保障家委会高效运行的必要步骤。因此，在组建家委会之前，班主任要向家长说明家委会建立的目的，班主任个人也要明确家委会的地位与作用。

1. 协同育人是本质

家委会成立不是为了减轻教师和学校的工作任务，而是家长与教师、学校一起努力，帮助孩子们更好、更高效地成长成才。新时代的教育目标是为学生营造快乐成长的环境、实现教师专业发展的理想、建设高品质的学校、打造中国的"教育共同体"。为了实现高要求、高素质、高标准的教育目标，需要家、校、社三方共同努力，所以组建家委会，让家长参与学校教育工作中，是迎接时代挑战、缓解家校矛盾、提升家长乃至全社会教育素质的有效途径。为了孩子的光明前途、为了国家的繁荣富强，家委会成员必须明确、也必须承担起协同育人的责任，这也是班主任在组建家委会之初必须向家长们着重强调的事实。

2. 服务班级是重点

家委会的工作重点是服务班级内的学生学习顺利、家校沟通顺利和家校合作顺利，所以家委会成员的主要工作内容是配合学校和班主任参与学校和班级日常事务管理，例如班级活动组织、班级物资采购、班费收支管理等各个方面，并且这些琐碎的事情直接关系到整个班级的班风建立、学风倾向、师生关系和家校关系。所以，家委会的成员要具有较强的服务意识、责任意识和集体意识，要为班级发展、学生发展做考虑，这也是班主任在组建家委会之初必须向家长们强调的内容。

3. 配合教育教学工作是关键

家委会成员要配合学校和教师的教育教学工作，包括积极宣传和参与学校、班级组织的各类活动，及时协调处理家校矛盾、师生矛盾、生生矛盾等。这就要求家委会成员必须具备高情商、高素质以及有充裕的时间，所以教师可以在选取家委会成员时，查看学生及家长的档案，留意家长的工作性质，这样不仅可以合理分配家委会成员的任务与职责，也可以最大化利用家长们的资源来为班级服务。此外，学生的个人素质可以展示出其家庭背景，这也可以作为班主任考察家委会成员的条件之一。

4. 树立榜样示范作用是要求

与班主任相比，家长与家长之间更容易建立起相互理解、相互支持的情感联系，因为家长对自己的孩子有"天然滤镜"，所以难以看见孩子的问题和自己教育方式的错误；受职业影响，家长自然也难以充分理解教师和学校的教育工作。因此，家委会成员要发挥榜样示范作用，在充分了解当下教育方向和教育环境情况下，与教师形成教育合力提升家长们总体教育素质；在家校沟通出现冲突时，作为中间人要帮助消除家校矛盾，为孩子营造良好的成长氛围。总之，家委会成员要在教育方法、沟通表达、服务班级等方面，为其他家长做示范和引领，这是家委会成员必须承担的职责。

5. 非营利性目的是基础

家委会是非营利性组织，这是指作为家委会成员，不能为自己、为自己的孩子谋私利，班主任也不能利用家委会为个人谋私利。在现实中，出现过家委会成员私吞班费和物资，以教师名义向其他家长索取财物的情况，也有教师利用家委会向全班家长收取礼品的情况。所以，无论班主任还是家长都要明白家委会的非营利性和公益性，一是为了保持家委会成员的工作初心、帮助家长明确家委会工作界限；二是为了保证家委会工作过程的纯洁性和利他性；三是保障班主任和家委会成员在广大家长心中的信服力和权威性。

 案例 6-6

红岭中学南园部家长委员会章程（摘选）

一、指导思想

给孩子营造更好的学习氛围，丰富孩子的课余生活，协助教师工作的开展。

二、家委会成员职务与职责

（一）家委会主席 1 名

① 负责委员会全盘工作，促进家校良好沟通；协调委员会之间的关系，协调家长与学校之间的关系。

② 积极带领家长参加学校组织的各项活动；督促家长按时完成老师布置的任务，联系未及时完成任务的家长。

③ 负责收集家长们对学校及家委会的建议和评价，及时反馈给班主任。

④ 负责组织家委会的召开，负责家委会的会议记录及家委会开展各项活动的内容，并及时交予学校。

（二）家委会副主席 1 名

① 协助家委会工作展开，必要时可代理行使会长职责。

② 催促、联系家长完成各项通知事宜。

③ 协调委员会之间的关系，配合协调家长与学校之间的关系。

④ 负责整合家长资源，搜集有助于班级教育活动开展的家长资源信息。

（三）宣传委员 1 名

① 参与班级文化建设，收集家长们良好的建议。

② 各类活动的组织策划及活动宣传（各大型活动例如运动会、节日活动等），配合班主任布置教室，包括但不限于教室内外黑板墙报等，开展班级文化建设。

③ 对绘画、活动策划等宣传任务有兴趣或擅长的家长。

（四）财务管理 1 名、生活委员 1 名

① 负责班级基本物资保障，合理分配使用，并及时记录。

② 熟悉网络采购流程，常用淘宝、京东、拼多多等购物网站，采购班级所需物资，配合班级进行的学生活动、班级物资购买。

③ 负责班级学生保险、餐费、水费等费用缴纳，及时将费用上交学校相关部门。

④ 负责定期向家长通报班级活动经费收支情况。

（五）后勤委员 1 名

① 负责学校及班级各项活动的后勤保障。

② 负责班级活动联系与组织。

③ 负责家委会、家长会文件资料的打印复印准备。

④ 完成学校和家委会交办的其他工作。

（六）机动人员 2 名左右

① 时间比较宽裕，有一颗为班集体服务的心。

② 无固定职责，协助会长及各委员参与工作。

三、家委会候选人条件

① 乐于为学校教育事业服务，乐于为学生服务。

② 重视子女的教育与培养，以身作则。

③ 具有一定组织管理能力，能为学校班级献策。

④ 时间自由，能配合班级事务、学校事务。

⑤ 能在家长群体中起到正面的引导作用。

四、成立家委会的程序

① 公布班级《家长委员会成立方案》。

② 家长提交申请表，主动报名，筛选后初步拟定预备名单。

③ 待拟定名单内成员开会，共同商议并确认各自职位分工。

④ 家委会成员名单在班级群统一公示。

（资料来源：欧阳语：《红岭中学南园部家长委员会章程（试用稿）》，https∶//wenku.baidu.
com/view/9838e7c716791711cc7931b765ce0508763275aa.html?_wkts_=17078209770，2021 年 3 月 1 日）

该班班主任制定的家委会成立方案，考虑详细且完整。对家委会成立的指导思想、人员构成、选举成员的要求及程序都做了详细说明，有理有据。尤其是家委会成员职务与职责部分，明确各项组织成员的具体职务、具体工作内容、具体人员数量。并且在家委会候选人条件和成立家委会程序这两大部分，明确向所有家长公开选举的要求和程序，保证了家长们的选举权与被选举权，做到了过程民主。值得一提的是，对于班费使用，该班班主任明确班级公共财物由财务委员和生活委员管理，并且要定期给所有家长通报财务情况，做到了财务公开透明。此外，在指导思想部分，该班班主任应对家委会成立的目的、家委会性质等方面做更详细的说明，明确家委会的"公益性、非营利性"等要求，强化家长对家委会的认识。

（二）遴选家委会成员

遴选家委会成员是家委会成立前最后一步，也是最为重要、最为复杂、最为关键的一步。为避免破坏家长之间、家校之间、师生之间的关系，在选举家委会成员时，班主任可以考虑以下工作方法。

1. 首选自愿

在选举前，班主任要在班级内公开所需要的家委会成员所任职的部门及各部门人数及要求，并且对各部分做详细介绍。在入学家长会上，班主任可将成员及组织部门的要求详细展示给家长，然后采取用申请表（纸质或线上）等方式让家长根据自身情况自由应聘。班主任在选取家委会成员前，要优先考虑家长们第一应聘的岗位，首选主动参与竞选家委会成员，这是尊重家长们的选择，而且一般来说，主动参与的家长也有着更强的工作热情和积极性。

2. 过程民主

家委会成员选举的过程应该是民主的，要具有平等性和广泛性。首先，尊重各位家长的选举权和被选举权，选举中可能出现不适合成为家委会成员的家长或不想参与选举的家长，班主任就要带头对这些家长表示尊重和理解，并做好相关解释工作。其次，公开各项职务的参选人的基本情况，以及各项职务所竞选的人数，保证后续选举的顺利与公平。最后，公示最终家委会成员的名单，明确各成员任职部门，规定期限内班级内对现选举结果无异议则宣布家委会正式成立。

3. 动态调整

动态调整是指在初次成立家委会后，可以对部分家委会成员做调整。因此，在选举家委会成员之前，班主任应该明确告诉每一位家长"家委会成员是动态调整的"，可以通过"互相推举""定期评价""定期换届"等方式调整家委会成员。这样做的目的如下：一是避免部分家长出现懈怠情况从而影响家委会工作的开展；二是如果部分家长的私人工作、生活与家委会工作冲突，可以及时替补新成员保障家委会工作正常运作；三是保证班主任管理家委会成员及其各项工作有规可依，减少家长们对家委会工作和教师工作的反感情绪。

表6-2为家委会成员自荐表，可作为选举家委会成员时使用。

表6-2　家委会成员自荐表

×× 小学 ×× 班级家委会成员自荐表			
家长姓名		与孩子关系	
孩子姓名		意向职位及职务	
家庭地址		联系电话	
自荐理由			

（三）细化家委会工作

家委会工作具有特殊性，特殊之处在于这是由班主任带头、家长与教师共同参与、共同管理班级事务。家委会工作也极具复杂性，其复杂之处在于教师和家长的关系十分微妙，教师是家长的"同事"，也是"领导"；家长是孩子的家长，也是孩子的"教师"。因此，细化家委会的工作可以有效平衡这些特殊又复杂的工作关系。教师可以从以下几点入手。

1. 划清工作界限

划清工作界限是班主任和家长必须明确的一件事，即班主任和家长都必须明确双方的工作是什么，家委会成员间也要明确各自的工作是什么。

　　首先，班主任要明确自己的工作任务和基本职责，并明确告诉家委会成员未取得班主任同意不能随意参与、私自处理班主任的工作，有任何过线行为都要及时告知班主任情况。其次，由班主任与成员共同协商工作的时间、地点、具体事务和具体成员，保障任务准时、准确地完成。最后，班主任和家委会成员要共同完成工作日志，详细记录每次工作的时间、地点、任务、人员，并在班级内公开展示。

　　这样做的目的，一是形成家长与教师、家长与家长之间相互尊重、相互协助的友好工作关系和良好工作心态，避免出现"不在其位而谋其政"的情况；二是提高家委会的工作效率，明确各方的职责和任务量，各自保质保量完成个人任务。

2．公平分配任务

　　公平分配任务是指在分配家委会工作任务时，每个成员所分得的任务量、任务难度在相对程度上是公平公正的。这样做的目的是，在维护各成员的个人利益基础上，保证成员间合作关系友好和谐、保证家委会工作的高效顺利进行。要做到绝对的公平公正很难，但是也有技巧来保证成员间所分配的任务相对公正。

　　一是建立成员档案。班主任要了解每个家委会成员的工作性质和学历背景，在分配任务时需根据这些情况分配。二是提前沟通，在分配任务前，尤其是难度大的任务，班主任可以提前私下与一些较积极、能力较强的家长沟通，避免出现任务分配时无人认领、无人回应的尴尬情况。三是适当奖励。班主任要主动对家委会成员的工作提出口头上的肯定，可以通过开家长会、班级群等方式公开表扬家委会成员。

3．灵活处理矛盾

　　家委会是一个特殊且复杂的组织，原因在于其成员是学生的家长，各成员的背景、参与目的不同，所以成员间可能会产生矛盾和冲突。矛盾的冲突和形式多种多样，但是万变不离其宗：为班级做贡献、为班级争光。因此，在出现矛盾冲突时，班主任要起到带头作用。

　　一是家委会内部矛盾。家委会内部矛盾一般是任务分配时或合作过程中出现的，此时班主任要及时调和，利用成员们同为家长的同理心、同为班级的无私精神，缓和矛盾，修复关系。二是家委会与其他家长的矛盾。家委会成员工作难免涉及班费使用问题和其他沟通问题，资金问题需要班主任和所有家长共同监督、公开财务的方式解决，而其他沟通问题则需要班主任发挥主导者作用，做到不偏袒不沉默，在尊重的前提下调和家长间的矛盾。三是班主任与家委会成员的矛盾。在出现矛盾时，班主任应当保持大度包容的态度向家长表示尊重，认真倾听成员们的意见并与成员们一起商讨解决。

（四）完善家委会工作制度

家委会是促进家校合作的必要路径。解决家委会存在的管理混乱、资金问题等难题，发挥家委会真正的作用，班主任可以从以下几方面入手。

1. 制度科学

制度科学是指在家委会管理中建立和实施一个合理、有效且可持续的制度框架，以确保家委会的日常运转和目标的达成。科学的制度可有效强化班级管理，增强家校之间的合作。首先，制度科学能够帮助家委会明确成员的权责，规范成员的行为准则和职责范围。这有助于避免成员之间的混乱和冲突，确保成员在家委会中具有明确的角色和责任。其次，制度科学能够确保成员之间的协作和团队合作。通过明确沟通渠道、决策流程和工作分配等制度，可以建立一个积极和谐的工作氛围，提高家委会成员的合作效率，进而更好地实现管理目标。然后，制度科学可以提高家委会的管理效率。通过设立明确的会议议程、工作计划和流程，可以确保家委会的工作有序进行，并及时解决问题和做出决策。接着，科学的制度可以减少管理层面上的重复工作，提高会议时间的利用效率。最后，制度科学还是家委会持续改进和发展的基础。通过建立监测和评估制度，家委会能够及时了解自身的运行情况，发现问题和不足之处，并进行必要的调整和改进，以适应不断变化的管理需求和市场环境。总而言之，制度科学对于强化家委会管理是至关重要的。它能够为家委会提供一个稳定有效的管理基础，促进成员之间的合作和协调，提高管理效率，同时也为家委会的持续改进和发展提供支持和保障。

2. 奖惩适度

奖惩适度是指对家委会成员在工作中的表现进行适度的奖励和惩罚，以达到强化家委会管理的目的。在实际的班主任工作中，对家委会的奖惩要重点把握"度"。第一，适度的奖励能够激发家委会成员的积极性。通过奖励出色的表现和成绩，成员可以感受到他们的工作和贡献被认可和重视，从而增强他们的工作动力和投入程度。第二，适度的惩罚可以帮助家委会建立明确的行为准则。通过对不当行为或违规行为的惩罚，可以向全体成员传递出纪律和规矩的重要性，促使成员遵守相关的规定和行为准则，维护家委会的正常秩序和工作环境。第三，适度的奖惩可以增强团队的凝聚力和互信度。适当的奖励能够促进成员之间的相互认同和支持，使整个团队形成一种积极向上的工作氛围。同时，适度的惩罚能够显示出管理的公平性和正义感，确保所有成员都在公平、公正的基础上获得机会和待遇，进一步增强团队的凝聚力。第四，适度的奖惩有助于促进个人和团队的成长。通过对成员的优秀表现给予奖励，可以鼓励他们不断进取和提升自我，获得个人和职业的成长；适度的惩罚也可以帮助成员认识到自己的不足之处，并从惩罚中吸取教训，进而改正错误和提升能力。奖惩适度在强化家委会管理中具有重要的作用，不仅可以激励成员积极性，建立明确的行为准则，提高团队凝聚力，还可以促进个人和团队的成长，同时也有助于维护良好的家委会声誉。在实施奖惩措施时，应注意适度和公平，确保奖惩的目的能够最大限度地实现，同时也要尊重和关注成员的权益和发展。

3. 财务透明

财务透明是指在家委会管理中对财务收支情况进行公开、清晰和透明的披露。财务透明可以增强家委会的公信力。通过公开、清晰地披露财务信息，成员可以对家委会的财务管理情况有更全面、准确的了解，从而建立起对家委会的信任和支持。财务透明可以为家委会的决策提供准确、可靠的基础。通过清晰披露财务信息，成员可以了解到家委会的收支状况、资金分配，从而在制定各项决策时有所依据，提高决策的准确性和科学性，避免盲目和错误地决策。财务透明有助于促进家委会财务管理的规范性和合规性。通过公开披露财务信息，可以让成员和社区居民了解到家委会是否严格遵守财务管理规定，是否依法合规运作，进而推动家委会在财务管理方面持续加强规范性。因此，财务透明在强化家委会管理中扮演着重要的角色。家委会应该注重建立和完善财务披露制度，并及时、准确地向成员公开财务信息，确保财务透明。

4. 思想提升

思想提升在强化家委会管理中扮演着重要的角色。它可以帮助家委会成员提升思维方式、拓宽视野和增强专业素养。思想提升是指通过开展一系列活动和培训，提升家委会成员的思维能力、专业素养和综合素质，从而推动家委会管理水平的提升。第一，通过思想提升，家委会成员可以拓宽视野、增强思考能力和创新意识。他们可以从培训、学习和经验交流中获取专业知识、管理技巧和决策思维方法，从而提升管理决策的能力，更好地应对各种管理问题和挑战。第二，思想提升能够帮助家委会成员增强团队协作能力和集体智慧。通过培训和活动，成员可以建立起更好的沟通与合作机制，提升团队合作氛围和社交技巧，增强团队的凝聚力和信任度，进而更好地完成家委会的工作任务。第三，思想提升能够增强家委会成员的创新意识和解决问题的能力。通过学习和培训，成员可以开阔思路，学习创新管理理念和方法，提高解决问题的能力。他们可以更好地应对各类问题和挑战，为家委会提供创新的解决方案和策略。第四，思想提升有助于塑造正面的工作态度和氛围。通过培训和学习，成员能够增强职业道德和职业操守，提升服务意识和团队意识。他们将更加重视工作的质量和效果，积极投入到家委会的工作中，形成良好的工作氛围和积极的工作态度。综上所述，思想提升对于强化家委会管理具有重要的意义。它能够拓宽视野、提升专业素养和技能，增强创新意识和解决问题的能力，推动团队合作和凝聚力的形成，塑造正面的工作态度和氛围。因此，家委会应该积极支持成员的思想提升，通过培训、学习和交流等方式，提升成员的思维能力和综合素养，助力家委会管理水平的提升。

 案例 6-7

家委会有存在的必要吗？

　　某小学将举办一年一度的元旦歌唱比赛，要求每个班级参加，并为歌唱表演优秀的班级颁发奖状，纳入年度优秀班级的评奖中。某班为争取奖励，家委会成员商量统一购买服装和道具，并聘请一位舞蹈教师排练舞蹈。家委会成员在确定表演方案后，将所需收取的费用和开支发送至班级群：每位学生交 121 元，其中表演服装 78 元，表演道具 14 元，聘请舞蹈教师费用 29 元。这则消息发送至家长群后，引起轩然大波。一部分家长认为，统一的服装费用和道具费用可以理解，但是没有必要聘请舞蹈教师；一部分家长认为，一个元旦歌唱比赛，全班花费超过 5000 是否太奢侈；还有部分家长支持家委会的决定，认为家委会成员辛苦筹划，并且班级得奖是培养孩子集体荣誉感的有效方式……一时间，班级群内的家长吵得不可开交。校方在得知此事后，认为培养学生的集体荣誉感确实重要，但是不一定是通过昂贵的服装和道具才能展现完美的表演，至于聘请舞蹈教师更是不必要，建议该班班主任和家长们重新商量。

　　在上述家委会矛盾中，可以看出"金钱"是导火索，家委会成员的预算与其他家长的消费观产生强烈冲突。从资金支出看，家委会成员确实是为了班集体的荣誉而考虑了服装、道具、表演等方方面面，但是对于普通家庭、贫困家庭来说这样的费用又过于高昂。不少人对此事件有各种评论，例如"为什么表演非要买服装、请指导教师，意义何在？"又如"建议取消家委会，热心的家长进家委会吃力不讨好，有些多事的家长进了家委会给别的家长带来很多困扰，学校和孩子之间不需要家委会。"出现这类问题，显然是家委会工作过于独断。虽然家委会做到了财务公开透明，但是没有做到遵守校规、班规要求，也没有关注其他家长的意见，没有做到民主选择。因此，在涉及利益方面，班主任首先要把好关，对于棘手的问题、意见难以统一的问题，可以在班级内采取投票等方式共同决定。此外，对于部分家长提出的关于"取消家委会"的原因，显然不少家长对于家委会成员组成和工作方式有意见，因此，班主任在组建家委会时一定要动态调整成员构成，减缓此类矛盾，同时不断向家委会成员强调校规、班规、家委会工作要求等，要让家委会依法运行、依规办事。

四、管理家委会的技巧

一个班级的家委会组建牵头人必定是该班的班主任，班主任在家委会中的角色举足轻重。一方面，班主任和家委会成员是相互平等的合作伙伴，共同管理班级内的部分事务；另一方面，班主任在家委会中又是"领导"，在管理家委会、选举成员等多项家委会事务中具有重要的话语权。因此，管理家委会对于班主任来说是一件比较棘手的事，可以从以下技巧中获取管理家委会的灵感。

（一）完善监督机制

完善监督机制对于管理家委会来说是非常重要的，不仅可以确保委员们履行其职责，还可以提供透明和负责任的决策过程。首先，设立明确的规章制度，制定并公布规章制度，明确各自职责与权力，确保家委会成员了解他们的权责，并积极履行职责。其次，强调透明度和信息共享，建立有效的沟通渠道，保证家委会的工作与决策过程对所有家长透明开放。通过向家长提供详细的会议纪要、决策公告等方式，家长能够了解家委会的工作进展和参与度。再次，实行民主制度，确保家委会内部的决策是由多数人同意并达成共识的结果。采用投票方式进行决策，并确保每个成员都有平等的发言权。最后，积极鼓励家长参与家委会的活动，并提供反馈渠道。家长可以通过提出意见和建议来促进家委会的改进，这样可以增加家委会的透明度和责任感。通过以上措施，既可以确保家委会建立一个有效的监督机制，也可以确保其运作顺畅并充分发挥作用。

（二）优化评价机制

优化评价机制对于管理家委会来说，是确保成员工作表现得以准确评估并提供有效激励的关键。首先，制定清晰、具体的评估标准，包括成员的参与度、工作质量、决策能力等指标。这样可以让成员清楚地知道被评价的依据，以及哪些方面可以提升。其次，鼓励成长与学习，鼓励成员参与培训、研讨会等，提升专业知识和技能，这有助于提高成员能力和履职水平，并为家委会提供更多的专业支持。最后，制定适当的奖励机制，对表现优秀的成员给予奖励和认可，在激励成员更加努力工作的同时，还可以提高整个家委会的工作效率。因此，通过上述技巧，不仅可以优化家委会的评价机制，确保成员的工作能够得到准确的评估，还可以为他们提供合适的发展机会，更有助于提高家委会的整体效能和工作质量。

（三）强化组织意识

强化组织意识对于管理家委会来说是至关重要的，其可以有效地加强成员之间的合作精神和团队凝聚力，确保家委会所有成员都理解和认同家委会的使命和目标。首先，通过沟通以明确家委会的愿景和价值观，增强成员的组织认同感，并激发他们为共同目标努力的动力，积极鼓励成员参与家委会的活动和讨论。给予成员表达意见和建议的机会，让他们感受到自己的重要性和价值，这样可以增强成员对组织的归属感和责任感。其次，建立和鼓励积极的沟通渠道，确保成员之间的信息交流和合作无障碍。定期召开会议、组织团队活动或讨论，增强成员之间的互动和合作，从而加强组织意识。最后，营造开放、尊重和支持的工作氛围。鼓励成员之间彼此尊重、互相支持，共同创造一个积极而富有活力的团队环境。

（四）重视教育观念

家庭教育是孩子成长的重要环节，因此重视教育观念对于管理家委会来说是非常重要的。第一，家委会可以致力于收集和分享教育资源，包括教育书籍、教育活动信息、在线学习平台等，同时也可提供咨询和支持服务，帮助家长解决教育方面的问题和困惑。第二，家委会可以充当家庭和学校之间的桥梁，促进家校合作，通过与学校教育者的密切合作，了解学校的教育方针和教学资源，同时传达家长的期望，共同为孩子的教育发展营造良好的环境。第三，家委会可以倡导家长和成员树立终身学习的观念，鼓励家长不断学习和更新知识，提高自己的教育水平，以更好地支持孩子的成长和发展。第四，家委会要持续关注孩子的教育需求和兴趣发展，鼓励成员关注并提供有针对性的教育支持，同时，也要充分尊重和包容不同家长的教育观念，以实现家庭教育的多样性和个性化。通过上述措施，家委会能够进一步重视教育观念，提升自身专业性和教育支持能力，同时也有助于为孩子的成长和教育提供更好的支持和指导。

🧑‍🤝‍🧑 思考与讨论

1. 虽然家校沟通有多种多样的形式，但是家校沟通的主流方式依旧是家长会。然而家长会沟通质量达不到目前教育所需，你有什么好的方式方法或建议来提高家校沟通的效率吗？

2. 许多学校并未开展家访，原因在于家访耗时耗力，尤其容易受到特殊学生及家庭的抵触，阅读以下材料，你认为家访有必要吗？或者从中你可以汲取什么经验？

D 小学某班教师发现，该班一名学生疑似遭受家暴，班主任发现后及时上报学校领导，校方立刻组织班主任和安保，在取得学生家长同意后立即前往学生家中了解情况。经了解，学生遭父亲家暴原因是其父亲遭遇车祸损伤大脑，在发病时会打骂孩子。而其母每日需长时间工作来维持家庭开销，难以照顾孩子，虽然了解孩子遭受家暴的情况，但她也无可奈何。校方在与学生所生活的社区取得联系并证实这一情况后，对该学生的家庭成员构成及健康状况、受资助等情况进行了解并记录成册，并当场对其父亲和母亲的处境表示理解和安慰。随后校方根据政策对学生进行财政支持，并有专职心理教师对孩子定期进行心理疏导，班主任除了关心该生的学习，也格外关心其生活情况，并定期与其父母沟通，其余科任教师也格外关注这名孩子的学习状况和心理状况。由于该生班主任的细心观察和校方的谨慎思量，没有消极处理此事，所以孩子最后得到了家庭、社会、学校的关心与支持，家校社三方尽力为该生构建一个和谐稳定的成长环境，帮助其各方面健康成长。

第七章
如何构建小学多元评价机制

学习目标

1. 学习班级多元评价对学生成长和集体发展的内涵和特点，明晰班级多元评价的原理及其意义。

2. 学习班级评价机制的多元性，掌握班级多元评价的原则、内容、指标及模型，熟练构建班级多元评价机制。

3. 班主任学习班级多元评价机制的原则和方法以运行班级多元评价机制，通过优异的评价机制来促进学生的全面发展和集体的稳步发展。

思维导图

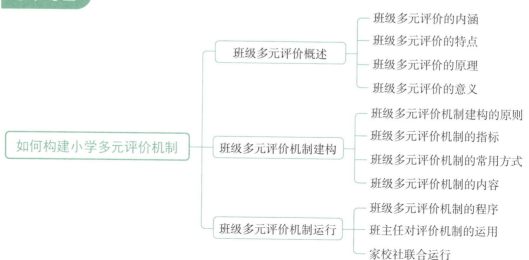

第一节 班级多元评价概述

评价是班级管理过程不可或缺的组成部分和重要环节，其具有诊断、激励和促进的作用。班主任要用好班级多元化评价机制，撬动基于核心素养的学生评价杠杆，不断改进和优化学生评价，全方位赋能学生的生命成长。2020 年 10 月，中共中央、国务院印发《深化新时代教育评价改革总体方案》，将教育评价改革提到了至关重要的位置上，明确提出应"拓宽评价视野、增强评价功能、保障评价质量"，在学生评价方面进一步"改革学生评价，创新德智体美劳过程性评价办法，完善综合素质评价体系"，以学生为中心，注重个性化、过程性评价，通过多元评价来减轻学生课业负担、提高学生综合素质水平，营造科学客观的、注重全面发展的评价氛围。①

一、班级多元评价的内涵

何为多元化评价？多元化评价是相对于单一评价而言的一种综合性的评价体系，包括评价原则和原理、评价主体和对象、评价内容和标准、评价方式和方法、评价结果与使用等要素。比如，在评价原则上，新班级评价应遵循科学性、发展性、创新性和操作性四大原则。

班级多元化评价既讲究评价目标多元和评价主体多元，又注重评价方式多元和评价指标多元，旨在让每一个学生的成长都能被看见，让学生人人都有机会享受班级多元评价所带来的收获感、成就感和幸福感，进而找到不断向上向善生长的动力和对未来的希望。

班级多元化评价强调要充分发挥学校、教师、学生甚至家长等参与评价的积极性，综合利用各评价主体的评价结果，促进所有教育参与者教育方式和行为的改变。班级多元化评价要求将定性评价与定量评价、标准参照评价与常模参照评价、发展性评价和增值性评价、形成性评价和终结性评价、纸笔测试与表现性评价相结合，综合利用多种方式方法，致力于让评价结果更精准、更科学、更有效，从而更好地发挥评价的育人功效。

---

① 中共中央 国务院印发《深化新时代教育评价改革总体方案》[EB/OL].（2020-10-13）[2024-04-12].
http://www.moe.gov.cn/jyb_xxgk/moe_1777/moe_1778/202010/t20201013_494381.html.

二、班级多元评价的特点

在教育领域中，评价是一个重要的环节，它不仅有助于班主任了解学生的学习情况，而且有助于学生发现自己的不足，进一步调整和提升自己的学习状态。班级多元评价是一种新的评价理念和方式，它主要具有以下四个特点：综合性、个性化、动态性和多样性。

（一）综合性

班级多元评价的综合性主要表现在评价内容的全面性和评价主体的多样性两个方面。在评价内容上，除了传统的学业成绩，还包括学生的思维能力、情感态度、技能发展等多个方面。这种全面的评价内容可以更准确地反映学生的综合素质，为他们的全面发展提供更有力的支持。在评价主体上，班级多元评价不仅包括教师评价，还包括学生自评、同学互评等多种评价方式。这种多元化的评价主体可以更全面地反映学生的学习情况，使评价结果更加客观和公正。

（二）个性化

班级多元评价充分尊重学生的个性差异，通过多种评价方式挖掘学生的潜力和特长。每个学生在学习上都有自己的优势和不足，班级多元评价可以针对学生的特点，提供个性化的反馈和建议，帮助他们更好地认识自己，找到适合自己的发展方向。同时，班主任还可以根据学生的个性特点，制订个性化的教学计划和方案，更好地满足学生的学习需求。

（三）动态性

与传统评价方式相比，班级多元评价具有动态性的特点。它不仅关注学生的现状，更关注他们的成长历程。通过定期的评价和反馈，学生可以及时了解自己的进步和不足，调整自己的学习策略，逐步提高自己的综合素质。同时，教师也可以根据学生的发展情况及时调整教学计划和方案，提高教学质量。这种动态性的评价方式有助于培养学生的自我监控和自我调整能力，为他们的终身学习打下坚实的基础。

（四）多样性

班级多元评价采用多种评价方式，包括量化评价和质性评价、形成性评价和终结性评价等。这种多样性的评价方式可以更准确地反映学生的实际情况，使教师能够更全面地了解学生的学习情况和表现。量化评价可以提供精确的数据和分析结果，帮助班主任了解学生的学习水平和发展趋势；质性评价则可以更深入地了解学生的情感态度、思维方式和个性特点等。形成性评价关注学生的学习过程和表现，有助于及时发现问题和不足；终结性评价则关注学生的学习成果和表现，为学生的学习成果提供证明和依据。

综上所述，班级多元评价是一种全面、客观、公正的评价方式，它具有综合性、个性化、动态性和多样性等特点。通过实施班级多元评价，可以更好地促进学生的全面发展，提高教学质量和学习效果。同时，班级多元评价也有助于培养学生的自我监控和自我调整能力，为他们的终身学习打下坚实的基础。因此，在教育实践中应该积极推广和应用班级多元评价，使其成为推动教育改革的重要力量。

案例 7-1

故事发生在一所九年制乡村义务教育学校里，该校的学生们充满了朝气和活力。其中，有一个名叫林浩的小男孩，他平时表现得十分活跃，但学习成绩一直不太理想。林浩的父母十分焦虑，每次拿到成绩单都会对他的学习提出严厉的批评。但每次听到父母的训斥，林浩就会低下头，表情中带着困惑和无奈。

在一次偶然的机会中，林浩的班主任发现他在美术方面有着非凡的天赋。他的画笔下诞生的人物生动有趣，色彩运用也别具一格。于是，班主任决定对他进行一次个性化的评价。她约谈了林浩的父母，向他们展示了林浩的画作，并提出了一个建议：也许我们应该从不同的角度来看待林浩的学习。

在接下来的日子里，班主任鼓励林浩在课堂上多展示自己的美术才华，同时也鼓励他积极参与到课堂讨论中。渐渐地，林浩在课堂上的表现越来越出色，他的思维活跃，经常能够提出一些富有创意的想法。他的学习成绩也有了明显的提高。

不仅如此，林浩在课外也积极参与了各种美术活动。他开始参加县里举办的美术比赛，并在比赛中屡次获奖。这些荣誉让林浩的自信心得到了极大的提升，他开始敢于追求自己的梦想。

在林浩的成长过程中，班主任的评价起到了至关重要的作用。尽管她看到了林浩在文化课中的不足，但发现了他在艺术方面的潜力。正是这样的评价，激发了林浩的内在潜能，让他在学习和生活中找到了新的方向。

通过这个故事，我们可以看到评价的重要性。评价不仅是对学生学习成果的检验，更是促进学生全面发展的重要手段。当我们用单一的标准去评价学生时，很容易忽略他们的特长和潜力。而个性化的评价则能够关注学生多方面的能力，帮助他们找到自己的优势和兴趣所在。

为了更好地发挥评价的作用，教育者需要从多个角度去观察和了解学生。除了关注学生的学业成绩，还要注意他们在社交、情感、创造力等方面的表现。通过与学生的交流、观察他们的行为和作品、与家长沟通等方式，教师可以更全面地了解学生的特点和需求。

同时，在评价中也需要注重过程并且运用发展的眼光。学生是不断成长的个体，他们在不同的阶段会有不同的表现和发展速度。因此，评价不应只看结果，还要关注学生在学习过程中的进步和变化。通过及时的反馈和指导，帮助学生发现自己的不足之处并加以改进。

另外，评价的方式也需要多样化。除了传统的考试和测验，还可以采用作品评定、口头表达、自我评价等方式来丰富评价手段。多样化的评价方式能够更全面地反映学生的能力与水平，同时也能提高他们的学习兴趣和积极性。

最重要的是，评价要以学生的发展为本。教育的目的是促进学生的成长和发展，而评价是实现这一目的的重要手段之一。通过合理的评价方式和方法，可以帮助学生认识自己、发现自己的潜能、激发学习的动力和兴趣、培养积极的心态和品质。

在这个故事中，班主任通过个性化的评价发现了林浩在美术方面的潜力，并鼓励他发挥自己的特长。这种积极的评价方式激发了林浩的内在动力和兴趣爱好，使他能够更好地实现自己的价值。这也告诉教育者们要重视评价的作用，用发展的眼光看待每一个学生，帮助他们找到自己的优势和兴趣所在，从而更好地促进他们的全面发展。

（资料来源：蒋诗丰：《用星级评价为学生插上奋进的翅膀》，https://max.book118.com/html/2020/1108/5144202001003022.shtm ，2020 年 11 月 8 日）

三、班级多元评价的原理

对班级多元化评价需要理论依托。首先，单一的评价方式可能无法全面反映学生的能力和特点，多元化评价能够从多个方面、多个角度出发，更准确地评价学生的表现和发展。理论依托能够确保多元化评价是基于科学的教育理念，从而激励学生全面发展，培养学生的综合素质。其次，有理论依托的多元化评价能够确保评价的公正性和客观性，减少主观因素的影响，使评价结果更加准确可信。理论可以指导教师尊重并欣赏学生的多样性，从而促进班级文化的多样性，增强班级凝聚力，使教师更好地了解学生发展的需要，为改进教学方法和策略提供有力的依据。在具体实践中，班主任可以结合多元智力理论、全人教育理论等，以此为支撑来构建一个既面向全体又兼顾个体的多元化评价体系，从而更好地发挥评价的导向功能和激励作用。

（一）加德纳多元智能理论

加德纳是世界著名的教育心理学家，其最著名的成就是多元智能理论，因此被称为多元智能理论之父。加德纳现任美国哈佛大学教育学研究生学院心理学和教育学教授，波士顿大学医学院精神病学教授。加德纳的多元智能理论是指导我国新课程改革的心理学理论之一。加德纳在1983年提出了七种智能，1998年加德纳增加了第八种智能：自然观察智能。

① 语言－言语智能，即个体对语言的理解和应用能力。它包括了四种要素：音韵、句法、语义、语言的实际应用。音韵即发音，语法即句子的结构或语法，语义即准确理解句子的意思，语言的实际应用即通过语言来表达特定的目的。例如很多专家、科学家能够理解知识但是却表达不出来，说明其语言的应用能力差。语言－言语智能高的人适合的职业有作家、诗人、演说家、记者、播音员等。

② 逻辑－数理智能，即个体的运算、推理、逻辑思维等方面的能力。其表现在对数字、类比、因果关系敏感，能够较好地运用抽象思维等。逻辑－数理智能高的人适合的职业有数学家、侦探、科学家、工程师等。

③ 视觉－空间智能，即个体对空间关系的感受、记忆、辨别能力。它表现在两个方面：一是对线条、地理位置、结构等的敏感；二是能通过图形、空间操作、平面或立体结构来表现。视觉－空间智能高的人适合的职业有画家、建筑师、航海人员、航空人员、设计师等。

④ 身体－运动智能就是个体能运用自己身体的能力。它表现在三个方面：一是能轻松自如地对自己的身体加以控制；二是对事件做出较好的身体反应；三是善于用体态来表达自己的情感。身体－运动智能较高的人适合的职业有舞蹈家、运动员、外科手术医生、演员、武术家等。

⑤ 音乐－节奏智能是指个体对音乐的感受、记忆、表达方面的能力。它的表现有三个方面：一是对音乐基本要素的把握；二是通过音乐表达自己的感情、聆听他人的能力；三是对周围环境中的声音刺激敏感，并能做出灵敏的感应。音乐－节奏智能较高的人适合的职业有歌唱家、作曲家、指挥家、演奏家、调音师等。

⑥ 交往－交流智能是指个体与人交往、交流、沟通等方面的能力。它表现在两个方面：一是能够理解他人的情况；二是能够根据别人的意图、情感等作出适当的反应。人际关系

智能较高的人适合的职业有推销员、谈话节目主持人、律师、心理咨询师、公关人员、教师等职业。

⑦ 自知－自省智能（内省智能）是指个人自我认识、自我反省的能力。它有两方面的表现：一是能够较好地认识、评价自己；二是在正确的意识指导下能够对自己的行为、情绪、道德等作出判断。自我认识智能较高的人适合的职业有哲学家、心理学家等。

⑧ 自然观察者智能是指观察自然界的各种形态，对物体进行辨别和分类，能够洞察自然和人造系统的能力。自然观察者能力较高的人适合的职业有植物学家、猎人、园林设计师、生态学家、农民、考古学家等。①

（二）杨贤江"全人生指导"思想

杨贤江的"全人生指导"思想，强调全人格教育、自动求知、全面指导以及实用主义，为班级评价提供了新的思路和方法。

1. 全人格教育的评价

全人格教育是杨贤江教育思想的核心，它强调的是人的全面发展和完善。在班级评价中，应关注学生的知识、技能、道德、审美等各方面的发展，而不应仅仅局限于学业成绩。例如，可以评价学生在团队合作中的表现，是否展现出良好的沟通能力和协作精神；或者评价学生对社会问题的认知，是否具有批判性思维和独立思考的能力。

2. 自动求知的评价

杨贤江提倡自动求知，即培养学生的自主学习能力。在班级评价中，教师应鼓励学生主动学习和探索，评价其在学习过程中的表现。例如，可以评价学生是否能够主动提出问题、解决问题，是否能够有效地利用学习资源，以及是否形成了良好的学习习惯和自我管理能力。

3. 全面指导的评价

杨贤江主张全面指导，关注学生的思想、品德、情感、身体等方面的全面发展。在班级评价中，教师应全面了解学生的需求和发展状况，提供个性化的指导和支持。例如，可以评价学生是否具有良好的道德观念和社会责任感，是否能够正确处理人际关系，以及是否具有健康的身体和良好的心理状态。

---

① 沈致隆. 多元智能理论之父加德纳［M］. 太原：山西人民出版社，2018：81.

4. 实用主义的评价

杨贤江强调实用主义，注重知识的实用性和应用价值。在班级评价中，教师应将知识与实践相结合，评价学生是否能够将所学知识应用于实际问题中。例如，可以评价学生是否能够运用所学知识解决实际问题，是否具有创新思维和实践能力，以及是否关注社会现实和积极参与社会实践。

杨贤江的"全人生指导"思想为班级评价提供了新的视角和思路。在班级评价中，应注重全人格教育、自动求知、全面指导和实用主义，关注学生的全面发展。通过这样的评价方式，可以更好地引导学生发现自己的潜力，培养其自主学习和全面发展的能力。同时，也有助于班主任更好地了解学生需求，提供个性化的指导和支持。

然而，将"全人生指导"思想应用于班级评价中仍面临一些挑战。例如，如何制定全面而科学的评价标准，如何保证评价的公正性和客观性，以及如何提高教师的评价能力和专业素养等。因此，未来需要进一步研究和实践探索，不断完善和优化班级评价方式，以更好地促进学生的全面发展。[①]

（三）布鲁姆评价系统理论

随着教育改革的深入，班级评价已成为教育过程中的重要环节。如何科学、公正地评价学生的表现，促进其全面发展，是教育者需要关注的问题。布鲁姆评价系统理论作为一种具有影响力的教育评价理论，为班级评价提供了新的思路和方法。

1. 布鲁姆评价系统理论的核心要素

布鲁姆评价系统理论的核心要素包括目标、标准、评价、反馈和矫正五个方面。目标是指评价的目标和标准，是评价的出发点和归宿；标准是指评价的依据和准则，是衡量学生表现的尺度；评价是指对学生表现的测量和评判，是获取信息的过程；反馈是指将评价结果及时地传递给学生，为学生提供改进的依据；矫正是指根据反馈结果进行有针对性的教学调整，帮助学生纠正错误和提高学习效果。[②]

2. 布鲁姆评价系统理论在班级评价中的应用

① 明确评价目标。在班级评价中，首先需要明确评价的目标和标准，例如知识掌握、技能应用、态度表现等方面。通过明确目标，可以更好地指导评价过程和判断学生的表现。

② 制定评价标准。根据评价目标，制定具体的评价标准，例如知识点掌握程度、技

---

① 张健华.杨贤江全人生指导思想与实践研究［M］.天津：天津人民出版社，2020：121.
② 奥尔森.杰罗姆·布鲁纳［M］.袁锡江，李慧明，译.哈尔滨：黑龙江教育出版社，2017：71.

能熟练度、课堂参与度等。制定明确的标准可以为学生提供清晰的导向，同时为教师评价提供依据。

③ 收集评价信息。通过多种方式收集学生的表现信息，例如课堂观察、作业检查、测试和考试等。全面的信息可以更准确地反映学生的实际情况，为后续的评价提供可靠的依据。

④ 提供反馈与指导。将收集到的信息及时反馈给学生，帮助学生了解自己的表现情况，指出优点和不足之处。同时，根据学生的实际情况，提供有针对性的指导和建议，帮助学生改进和提高。

⑤ 调整教学策略。根据学生的反馈和表现，教师需要及时调整教学策略和方法。针对学生的不足之处，进行有针对性的教学补充或强化训练，以提高学生的学习效果。

3．应用布鲁姆评价系统理论的注意事项

① 注重全面性。在班级评价中应用布鲁姆评价系统理论时，需要注重评价的全面性，关注学生的多方面发展。除了知识技能外，还要考虑学生的态度、情感和价值观等方面的发展情况。

② 保持灵活性。布鲁姆评价系统理论的核心要素是一般性的框架，具体应用时需要根据实际情况进行调整和变通。班级情况和学生个体存在差异，因此需要保持灵活性，以更好地适应不同情境的评价需求。

③ 及时调整和改进。应用布鲁姆评价系统理论时，需要及时收集和分析学生表现的信息，根据实际情况调整和改进评价策略和方法。同时，教师也需要不断反思和总结经验，提高自己的评价能力和专业素养。

布鲁姆评价系统理论为班级评价提供了科学、系统的思路和方法。通过明确目标、制定标准、收集信息、提供反馈和调整教学策略等步骤，可以更全面、准确地评价学生的表现，促进其全面发展。应用布鲁姆评价系统理论时需要注意全面性、灵活性和及时调整等方面的问题。

（四）《深化新时代教育评价改革总体方案》指引

2020年10月，中共中央、国务院印发《深化新时代教育评价改革总体方案》，其中提到，"教育评价事关教育发展方向，有什么样的评价指挥棒，就有什么样的办学导向。为深入贯彻落实习近平总书记关于教育的重要论述和全国教育大会精神，完善立德树人体制机制，扭转不科学的教育评价导向，坚决克服唯分数、唯升学、唯文凭、唯论文、唯帽子的顽瘴痼疾，提高教育治理能力和水平，加快推进教育现代化、建设教育强国、办好人民满意的教育"[①]。

1. 完善综合素质评价

健全覆盖基础教育、高等教育、职业教育的全学段全类型综合素质评价体系。坚持有教无类、因材施教，推行学生各年级学习情况全过程纵向评价、德智体美劳全要素横向评价，强化评价激励、诊断功能，促进学生全面发展、充分发展、差异发展。

2. 完善德育评价

引导学生践行社会主义核心价值观，重点评价学生家国情怀、理想信念、责任担当、心理品质、行为习惯，综合考虑地区、学校、学段、性别、年龄等因素，设定德育评价指标。改革德育评价方式，客观记录学生品行日常表现和突出表现，多维度、多渠道收集学生表现情况。

3. 改进学业评价

落实各级各类学校学生学业质量要求，重点评价学生实践和创新能力、发现和解决问题能力、沟通和合作能力。完善过程性评价与结果性评价有机结合的学业考评制度，统筹考试、作业、监测和日常评价，持续开展中小学生课业负担监测，强化结果运用。坚决破除简单用分数评价学生的做法。强化实习（实训）考核，确保学生足额、真实参加实习（实训）。

4. 强化体育评价

完善日常参与、体质监测和专项运动技能测试相结合的考查机制。完善中小学（含中等职业学校）学生体质健康报告书制度，客观记录学生日常体育参与情况、体质健康监测结果，定期向家长反馈。科学设定中考体育测试内容、方式和计分办法。推动高校在招生测试中增设体育项目。将体育纳入高校人才培养方案，鼓励开设研究生体育公共课程，学生体质健康达标、修满体育学分方可毕业。

5. 深化美育评价

实施中小学学生艺术素养测评，重点评价学生感受美、欣赏美、表现美、创造美的能力。稳步推进艺术类科目纳入中考，艺术技能测试结果不作为美育评价的主要依据。高校学生修满至少2个公共艺术学分方能毕业。

---

① 中共中央　国务院印发《深化新时代教育评价改革总体方案》［EB/OL］. (2020-10-13)［2024-04-12］http://www.moe.gov.cn/jyb_xxgk/moe_1777/moe_1778/202010/t20201013_494381.html.

6. 健全劳动教育评价

细化劳动素养评价制度，落实劳动清单制度。全面客观记录课内外劳动过程和结果，加强价值体验认同、劳动习惯养成、劳动品质和精神的考核。

7. 健全拔尖创新人才评价机制

探索建立拔尖创新人才早期发现、特殊遴选机制，重点考查学生创新潜质和实践能力。探索实施个性化教育的拔尖创新人才培养制度，加强高等教育与基础教育在拔尖创新人才培养方面的衔接。

四、班级多元评价的意义

随着教育的不断发展和进步，人们越来越认识到学生的综合素质发展远比单纯的学业成绩更重要。因此，多元评价成为了促进学生综合素质全面发展的重要手段。

（一）促进学生综合素质全面发展

传统的评价方式往往只注重学生的学业成绩，而多元评价则更关注学生的综合素质全面发展。这意味着评价不再仅限于考试分数，而是从多个维度去衡量学生的表现。通过多元评价，学生不仅能够在各个学科领域获得知识，还能在非学术领域如团队协作、创新思维、实践操作等方面得到锻炼和提升。

在团队协作方面，多元评价关注学生在集体活动中的表现，评价他们是否能有效地与他人合作，是否能为了团队的共同目标而努力。这种评价方式鼓励学生发展团队合作精神，提高沟通协调能力。

在创新思维方面，多元评价鼓励学生发挥自己的想象力和创造力，不拘泥于传统的答案和方法。教师可以通过设置开放性问题、组织创意活动等方式，激发学生的创新思维。

在实践操作方面，多元评价强调学生的动手能力和问题解决能力。通过实验、项目制作、社会实践等活动，学生可以将所学知识运用到实际中，提高自己的实践能力。

（二）构建家校师三方评价共同体

传统的评价方式往往是教师对学生的单向评价，而多元评价则更注重家校之间的互动和合作。通过构建家校师三方评价共同体，家长、教师和学生都可以参与到评价过程中，从而形成一个更加全面和客观的评价体系。这种评价方式可以加强家校之间的沟通和合作，共同促进学生的成长和发展。

家长参与评价的方式有很多种。例如，家长可以定期与教师沟通，了解孩子在学校的表现和学习情况，为孩子提供必要的支持和帮助；家长也可以参与学校的活动，观察孩子在集体中的表现，为孩子的综合素质发展提供建议和意见。通过这些方式，家长可以更好地了解孩子的发展需求，与教师共同促进孩子的成长。

（三）推动班主任专业成长

多元评价不仅关注学生的发展，同时也关注班主任的专业成长。在多元评价体系中，班主任需要掌握多种评价方法和技术，这可以促进班主任的专业素养提升和教学能力的提高。此外，多元评价还强调班主任对自己的教学进行反思和改进，从而不断提高教学质量和效果。

具体来说，班主任可以结合学科特点和学生实际情况，采用多种评价方法来全面了解学生的学习情况。例如，班主任可以采用观察法、问卷调查法、小组讨论法等多种方法来收集学生的学习信息，从而更加全面和客观地了解学生的学习情况和表现。这种全面的信息收集可以帮助班主任更好地反思自己的班级管理策略和方法，发现其中存在的问题和症结，从而调整方案，提高班级管理质量。同时，班主任也可以通过与其他教师的交流和合作来分享教育经验和评价方法，共同提高管理水平和专业素养。

总之，班级多元评价具有十分重要的意义。它是促进学生综合素质全面发展的重要手段之一，有利于更准确地识别学生的潜力和特长。通过建立家校师三方共同的评价体系能够提高教育教学质量，有效推动班主任的专业成长，同时营造出一种"教""学"一体化的多元评价体系，使教育过程更加科学化、人性化，符合现代教育的发展趋势。

第二节　班级多元评价机制建构

"班级多元评价机制"的提出和实践，不仅是一种评价方式，更是一种教育理念和评价方式的革新。它摒弃了传统的、单一的基于成绩的评价方式，取而代之的是从多个维度、多个角度去评价学生。这种评价机制承认并尊重每一个学生的独特性，关注他们在学习过程中的努力、进步和成就，而不仅仅是结果。它鼓励学生发展自己的兴趣和特长，倡导合作与交流，让学生在多元化的评价中认识自我，激发内在的潜能，从而更好地成长。

一、班级多元评价机制建构的原则

在教育实践中，评价机制是衡量学生学习成果、促进教育质量提高的重要手段。传统的评价机制往往只注重学生的知识掌握程度，忽略了对学生综合素质、个体差异和成长过程的全面评价。随着教育理念的更新和课程改革的推进，建立科学、多元的评价机制已成为迫切的需求。

（一）科学性原则

1. 关注学生成长发展变化的全过程

① 长期跟踪评价。对学生的评价不应局限于学期末或某一特定时间段，而应贯穿于整个学习过程，甚至跟踪学生的长期发展变化。

② 阶段性评价。定期进行阶段性评价，以便及时发现学生的进步和存在的问题，调整教学策略。

③ 成长档案记录。为每个学生建立成长档案，记录其学习过程中的重要事件、进步和反思。

2. 全面反映学生发展状况水平

① 知识技能评价。评估学生对学科知识的掌握程度和应用能力。

② 情感态度评价。关注学生的学习态度、情感投入以及对社会、环境的认知。

③ 实践能力与创新精神评价。评估学生的实践操作能力、问题解决能力和创新精神。

④ 综合素质评价。全面考查学生的综合素质，包括团队协作、沟通交流等能力。

3. 体现评价主体、方法、内容的多元性

① 主体多元。评价主体不应仅限于教师，学生、家长、社区等都应参与评价过程，形成多维度的反馈。

② 方法多元。采用多种评价方法，如笔试、实操、作品评定、口头表达等，以全面了解学生的学习成果。

③ 内容多元。评价内容应涵盖知识、技能、态度等多个方面，并针对不同学生的特点进行个性化评价。

4．发挥评价的正向激励与导向作用

① 激励学生全面发展。通过多元评价，鼓励学生全面发展，激发其潜能和兴趣。

② 提供个性化指导。根据评价结果，为学生提供个性化的学习建议和职业规划指导。

③ 及时反馈与调整。教师根据评价反馈调整教学策略和方法，以更好地满足学生的学习需求。

④ 形成良好的教育生态。科学、公正的评价有助于形成良好的教育氛围和学习生态。

（二）发展性原则

1．学生发展有其自身的阶段特征和规律

学生的发展是一个动态的过程，具有明显的阶段性特征和规律。在构建班级多元评价机制时，必须充分考虑学生的发展阶段特征和规律，以确保评价的针对性和有效性。

（1）尊重学生的年龄特点和身心发展规律

不同年龄段的学生具有不同的认知能力、情感特征和个性特点。因此，评价机制应充分考虑学生的年龄特点和身心发展规律，采用适合学生发展的评价方式和方法。例如，对于小学生，应采用形象、直观的评价方式，而对于中学生则应注重思维能力和实践能力的评价。

（2）关注学生的个体差异

学生之间存在明显的个体差异，如智力、兴趣、家庭背景等。因此，评价机制应关注学生的个体差异，采用差异化的评价标准和方式，确保每个学生都能得到公正的评价和发展。例如，对于基础较差的学生，应采用激励性的评价方式，鼓励其不断进步；对于特长生，则应为其提供更多的展示机会和平台。

2．注重学生集体的发展

在班级中，学生之间存在着相互影响和相互作用的关系。因此，在构建班级多元评价机制时，必须注重学生集体发展，以促进班级整体水平的提高。

（1）强化集体荣誉感

通过评价机制的设计，强化学生的集体荣誉感，促使学生为班级的整体利益而努力。例如，可以采用小组合作学习的形式，将学生分成若干小组进行评价，以增强学生的团队意识和协作精神。

（2）注重班级文化建设

班级文化对学生的成长和发展具有重要影响。通过评价机制的设计，引导学生树立正

确的价值观和行为准则，形成积极向上的班级文化氛围。例如，可以开展班级文化建设评比活动，鼓励学生积极参与班级文化的建设和传承。

3. 班级评价机制的动态性与生态性

评价机制不是一成不变的，而是一个动态的过程。同时，评价机制还应注重生态性，即要充分考虑评价与教学、管理等多方面的关系。

（1）动态调整评价机制

随着学生发展的变化和教育教学改革的推进，评价机制也应不断调整和完善。因此，教师应定期评估评价机制的有效性，及时发现问题并进行改进。例如，可以定期开展学生座谈会，听取学生对评价机制的意见和建议，以便及时调整和完善。

（2）促进评价与教学、管理的有机结合

评价机制不是孤立的，而是与教学、管理等密切相关。因此，在构建评价机制时，应注重其与教学、管理的有机结合，形成相互促进的良好生态。例如，可以将评价结果及时反馈给教师和管理人员，为其提供决策依据，同时根据评价结果及时调整教学和管理策略。

（三）创新性原则

1. 深化评价模式改革

随着教育改革的深入，传统的评价模式已经难以满足当今学生发展的需求。为了更好地适应时代的发展，必须对评价模式进行深入的改革。在构建班级多元评价机制时，应注重以下几个方面。

（1）转变评价理念

传统的评价模式过于注重学生的知识掌握程度，而忽略了其全面发展。因此，首先要转变评价理念，将评价的重点转向学生的综合素质和全面发展。评价不应仅仅关注学生的学业成绩，还要关注其品德、能力、兴趣等多个方面。

（2）创新评价方法

传统的评价方法主要采用考试、测验等方式，过于单一。在新的评价模式中，应采用多种评价方法，如作品评定、口头表达、自我评价等，以便更加全面地了解学生的学习状况。同时，应注重评价方法的多样性，针对不同的学科和内容，采用不同的评价方法。

（3）拓展评价内容

除了传统的知识性评价外，还应拓展评价内容，包括学生的实践操作能力、合作能力、创新精神等多个方面。通过拓展评价内容，可以更好地了解学生的综合素质和发展潜力。

（4）引入信息技术

随着信息技术的快速发展，班级多元评价机制也应充分利用信息技术手段，提高评价的效率和准确性。例如，可以采用在线测试、大数据分析等技术手段，对学生的学业状况进行实时监测和分析。

2．各项创新性评价活动

为了更好地落实班级多元评价机制的创新性原则，还应开展各项创新性评价活动。这些活动应注重以下几个方面。

（1）创新性活动设计

在设计评价活动时，应注重创新性原则，采用新颖的评价形式和内容，激发学生的参与热情。例如，可以开展"校园小发明家""小小演说家"等活动，为学生提供展示才华的平台。

（2）注重实践操作

在创新性评价活动中，应注重学生的实践操作能力评价。通过开展实验操作、社会实践等活动，培养学生的动手能力和实践能力。同时，在评价中应注重学生的实践成果和实践过程，以便更加全面地了解学生的实践水平。

（3）鼓励创新思维

创新思维是当今社会必备的素质之一。在创新性评价活动中，应注重培养学生的创新思维和创新能力。例如，可以开展头脑风暴、创意设计等活动，引导学生进行独立思考和创新尝试。同时，在评价中应注重学生的创意和独特性，鼓励其发挥想象力和创造力。

（4）强化团队合作

团队合作是学生必备的素质之一。在创新性评价活动中，应注重学生的团队合作能力评价。通过开展小组讨论、团队项目等活动，培养学生的团队协作和沟通能力。同时，在评价中应注重团队的协作过程和成果，以便更加全面地了解学生的团队合作水平。

（四）操作性原则

班级作为教育的基本单位，其评价机制的完善与科学性对于学生的全面发展有着至关重要的影响。班级多元评价机制构建需要明显的可操作性。

1．结合学生培养规律与评价标准

① 尊重学生发展阶段。学生身心发展有其固有规律，评价机制应顺应这一规律，针

对不同年龄段的学生制定相应的评价标准。例如，低年级学生应以基础知识掌握为主，高年级则应加强能力培养和情感态度考察。

② 个性化评价。每个学生都是独一无二的，评价机制应关注学生的个性差异，允许学生在适合自己特点的领域发挥优势。

③ 综合评价。除了学业成绩，评价还应包括学生的社会能力、创新能力、实践能力等多个方面，以全面反映学生的综合素质。

2. 结合学校教育教学实际

① 资源整合。充分考虑学校的师资力量、设施设备等资源，确保评价机制与学校实际条件相匹配。

② 学科特点。针对不同学科的特点，制定具有学科特色的评价标准和方法，以提高评价的针对性和有效性。

③ 文化建设。将学校文化融入评价机制中，引导学生形成正确的价值观和世界观。

3. 科学制定评价标准与评价工具

① 科学性。评价标准与工具的制定应遵循科学规律，确保评价的客观性和准确性。

② 标准化。评价标准应明确、具体，评价工具应经过反复验证，以确保评价的一致性和可靠性。

③ 多元性。评价标准与工具应多元化，既包括量化指标，也包括质性指标，以全面反映学生发展状况。

④ 可操作性。评价标准与工具应具有可操作性，方便教师进行实际操作，提高评价效率。

4. 评价过程和管理信息化

① 数据采集。借助信息化手段，实现学生数据的快速、准确采集，为评价提供可靠依据。

② 数据分析。运用大数据技术对采集的数据进行分析处理，深入挖掘学生发展规律，为教育教学提供指导。

③ 信息化平台建设。建立学生信息管理系统，实现学生数据的动态管理、查询和监控。

④ 信息安全。加强学生信息安全管理，确保数据安全可靠，防止信息泄露和滥用。

二、班级多元评价机制的指标

（一）核心素养导向下学生学习多维评价指标

1．学业成果指标

学业成果是衡量学生学习效果的核心指标，反映了学生核心素养的发展状况。以下是从知识技能、思维能力、实践能力等方面制定的学业成果评价指标。

① 知识技能：学生对各学科知识的掌握程度和运用能力，是否能够灵活运用所学知识解决问题。

② 思维能力：学生是否具备良好的思维品质，包括批判性思维、创造性思维、逻辑思维能力等。

③ 实践能力：学生在实际操作和解决实际问题方面的能力，如实验操作、项目设计、团队合作等。

④ 学习成绩：学生在学科考试、测验中的表现，是否达到预期的学习目标。

2．学习兴趣指标

学习兴趣是推动学生主动学习的关键因素，对于学生核心素养的培养具有重要作用。以下是从学习动机、学习热情、学习投入等方面制定的学习兴趣评价指标。

① 学习动机：学生是否具有明确的学习目标，对自己的学习有正确的认知和期望。

② 学习热情：学生对待学习的态度是否积极，对所学内容是否充满好奇心和探究欲望。

③ 学习投入：学生在学习过程中所付出的时间和精力，是否主动参与学习活动，努力提高自己的学习能力。

④ 学科兴趣：学生对某些学科或领域的兴趣和热情，以及在这些领域内的深入学习和探索。

3．学习习惯指标

良好的学习习惯有助于学生提高学习效率，培养自主学习和终身学习的能力。以下是从时间管理、学习策略、自主学习等方面制定的学习习惯评价指标。

① 时间管理：学生是否合理安排学习时间，有效地利用时间，避免拖延。

② 学习策略：学生是否掌握科学的学习方法，能否根据学科特点和自身情况选择合适的学习策略。

③ 自主学习：学生是否具备自主学习的意识和能力，能否独立完成学习任务，主动寻求学习资源和学习帮助。

④ 学习反思：学生是否经常对自己的学习进行反思和总结，及时调整学习方法和学习计划。

（二）学生综合实践能力素养评价指标

1. 探究能力指标

探究能力是指学生在学习过程中，通过观察、实验、调查、分析等方式，发现问题、解决问题和探索新知识的能力。在评价指标中，应包括以下几个方面。

① 观察能力：学生是否能够通过观察发现问题，能否捕捉到关键信息。

② 实验能力：学生是否能够设计实验、操作实验，并从实验中获取数据和结论。

③ 调查能力：学生是否能够通过调查获取信息，并对信息进行整理和分析。

④ 分析能力：学生是否能够运用所学知识对问题进行分析，得出正确的结论。

2. 创新能力指标

创新能力是指学生在学习过程中，能够提出新思想、新观点、新方法的能力。在评价指标中，应包括以下几个方面。

① 想象力：学生是否能够想象出新的解决方案和创意。

② 创新思维：学生是否能够突破传统思维模式，提出独特的观点和见解。

③ 创造能力：学生是否能够将创意转化为实际的产品或服务。

④ 解决问题的能力：学生是否能够运用创新的思维和方法解决实际问题。

3. 合作能力指标

合作能力是指学生在学习过程中，能够与他人协作完成任务、达成目标的能力。在评价指标中，应包括以下几个方面。

① 团队合作意识：学生是否具有团队合作的精神和意识，能否为团队的目标而努力。

② 沟通能力：学生是否能够清晰地表达自己的观点和想法，能否倾听他人的意见和建议。

③ 协作能力：学生是否能够与他人协作完成任务，能否协调团队内的关系和资源。

④ 领导能力：学生是否能够在团队中担任领导角色，带领团队完成任务。

4. 自我调控能力指标

自我调控能力是指学生在学习过程中，能够自我管理、自我调整和自我提高的能力。在评价指标中，应包括以下几个方面。

① 时间管理能力：学生是否能够合理安排时间，有效地完成任务。

② 情绪管理能力：学生是否能够有效地控制自己的情绪，保持良好的心态和状态。

③ 自我反思能力：学生是否能够对自己的表现和行为进行反思和评估，及时调整自己的状态和思路。

（三）学生成长经历内容评价指标

1. 学期整体发展指标

学期整体发展是指学生在一个学期内，在知识、技能、态度等方面的综合表现和发展。在评价指标中，应包括以下几个方面。

① 知识掌握程度：学生是否能够掌握本学期所学知识，包括学科基础知识、基本概念、基本技能等。

② 技能提升情况：学生是否能够提升本学期所学技能，包括实验操作技能、语言表达能力、组织协调能力等。

③ 态度和价值观：学生是否具有良好的学习态度和价值观，包括勤奋好学、认真细致、尊重他人、诚实守信等。

④ 学科成绩：学生是否取得良好的学科成绩，能否按时完成作业和考试任务。

2. 学生体质健康状况指标

学生体质健康状况是指学生在身体形态、生理功能、运动能力等方面的表现和状况。在评价指标中，应包括以下几个方面。

① 身体形态：学生是否具有健康的身体形态，包括身高、体重、体脂率等指标。

② 生理功能：学生是否具有正常的生理功能，包括心肺功能、代谢功能等指标。

③ 运动能力：学生是否具备良好的运动能力，包括力量、耐力、速度、灵敏度等指标。

④ 生活习惯：学生是否具有良好的生活习惯，包括饮食、睡眠、锻炼等。

3. 学生任职情况指标

学生任职情况是指学生在学校、班级、社团等组织中的任职情况和表现。在评价指标中，应包括以下几个方面。

① 担任职位：学生是否担任班级干部、社团干部等职务。

② 工作表现：学生是否能够认真履行职责，完成工作任务。

③ 组织能力：学生是否具备良好的组织能力和协调能力，能否组织好各项活动和工作。

④ 领导能力：学生是否具备一定的领导能力和影响力，能否带领团队取得好的成绩和效果。

4. 学生个性发展与经历指标

学生个性发展与经历是指学生在个人成长过程中形成的个性特点、特长爱好、社会实践等方面的表现和经历。在评价指标中，应包括以下几个方面。

① 个性特点：学生是否具有积极向上的个性特点，如自信、乐观、勇敢等。

② 特长爱好：学生是否具有某方面的特长或爱好，如音乐、美术、体育等。

③ 社会实践经历：学生是否积极参加社会实践活动，如志愿服务、社区服务、暑期实践等。

三、班级多元评价机制的常用方式

（一）定性评价与定量评价

定性评价：关注学生的个性、情感、态度和价值观等方面的表现，通常采用描述性语言进行评价。

定量评价：对学生的知识技能、学业成绩等进行量化的评价，通常采用分数或等级进行评价。

在班级多元评价机制中，可以采用定性评价和定量评价相结合的方式，全面了解学生的表现和发展。

（二）标准参照评价与常模参照评价

标准参照评价：关注学生是否达到了特定的学习标准或能力水平。这种评价不强调学生之间的比较，而是关注每个学生是否掌握了必要的知识和技能。用于判断学生是否达到了教学目标，是否具备进入下一学习阶段的能力。

常模参照评价：将学生的表现与同龄人群体（即常模）的平均表现进行比较。这种评价方法强调学生之间的相对位置，评价标准是动态的，取决于参加评价的群体整体表现。

在班级多元评价机制中，综合应用标准参照评价和常模参照评价能够为学生的学习和成长提供更全面、多维度的评价。

（三）发展性评价与增值性评价

发展性评价：关注学生的个人发展、潜能和特长，帮助学生认识自我、发挥优势、实现自我价值。

增值性评价：关注学生在一定时期内的成长和进步情况，注重学生在多个时间点的比较和分析。

在班级多元评价机制中，可以采用发展性评价和增值性评价相结合的方式，全面了解学生的个人发展和成长情况。

（四）形成性评价与终结性评价

形成性评价：关注学生的学习过程和表现，及时提供反馈和指导，帮助学生改进学习方法和策略。

终结性评价：关注学生的学习成果和表现，通常在学期末或课程结束后进行。

在班级多元评价机制中，应注重形成性评价和终结性评价的有机结合，既关注学生的学习过程和表现，也关注学生的学习成果和表现。

（五）纸笔测试与表现性评价

纸笔测试：采用传统的笔试方式对学生的知识技能进行评价。

表现性评价：通过观察学生在实际情境中的表现进行评价，例如实验操作、作品展示等。

在班级多元评价机制中，可以采用纸笔测试和表现性评价相结合的方式，全面了解学生的知识和技能水平。

📝 **案例 7-2**

梯度评价　成长有足迹

小学高年级学生处于成长转折期，为了帮助他们顺利走过这一关，我们可以巧妙地运用阶段评价，帮助他们实现从儿童期向青春期的平稳过渡。

●日评价——科学落实成习惯

高年级的学生已经有了一定的自我管理能力。我引入了"个人时间管理表"，辅助学生做好每天的各项学习、日常活动等多项的分工、记录、自评，帮助他们更好地管理时间，提高效率，形成自主管理的习惯。

●周评价——同伴互评长能力

每周班会课，我设计"班干部考评表"和"班级问题我有招"这两种评价工具，用 10 分钟的时间，让学生和小干部之间进行相互评价，促使班级共管、相互督促，改善教师"一言堂"的低效管理。

● 月评价——家校共育养品格

每个月，我结合学校的"好习惯导行册"和智慧校园中的"学生评价"工具，从学生自评、教师评、家长评多方面，对学生进行评价。这种评价不仅能够总结和反馈学生的学习习惯、课堂表现和常规行为状况，还有助于促进学生良好品格的形成。

● 期评价——多元评价促发展

融合学校"和理""和雅""和融""和健""和德""和美"六质课程，我在期末还会根据学生的个性特征进行评估，再结合"红领巾争章"活动，颁发相应的奖章，让每位学生都有机会得到老师的关注，激发学生挑战更高的目标。

评论：该案例体现了形成性评价与终结性评价相结合、发展性评价与增值性评价相辅相成、定性评价与定量评价相融合的教育评价理念。通过"日评价"的科学落实，学生养成了自我管理的习惯，形成性评价在日常活动中得到体现；而"期评价"则通过多元评价总结学生学期表现，为终结性评价提供了依据。同时，整个评价体系关注学生能力的增长和品格的养成，体现了发展性评价的持续性和增值性评价的进步性。此外，通过"个人时间管理表"等工具进行定量记录，以及"好习惯导行册"等定性描述，实现了评价方法的多样化，确保了对学生全面、深入地了解和指导。

（资料来源：尤嘉：《创新多元评价　赋能学生素养发展有妙招》，https://mbd.baidu.com/ma/s/yD1SLY2f，2023 年 3 月 29 日）

四、班级多元评价机制的内容

在教育环境中，评价是促进学生全面发展的重要手段之一。一个班级的评价机制不应仅局限于学生的学习成绩，而应该关注学生的全面发展。班级多元评价机制主要包含四个方面。

（一）评价目标多元化

传统的评价目标往往只关注学生的知识掌握程度，但学生的发展远不止于此。评价目标多元化旨在从多个角度全面评价学生的能力，包括但不限于学业能力、团队合作能力、创新思维、问题解决能力以及个人品质等。这样，学生可以在多个领域找到自己的优势，从而增强自信心和自我价值感。

（二）评价主体多元化

评价主体多元化意味着评价不应仅由教师进行，而应鼓励学生自我评价、同伴评价和家长评价的参与。

1．自我评价

通过自我评价可以增强学生的自我认识，提高学生自我管理能力。学生可以更好地了解自己的学习状态，发现自己的不足，从而调整学习策略。

2．同伴评价

同伴评价可以帮助学生从不同的角度看待问题，同时培养学生的批判性思维和沟通技巧。

3．家长评价

家长参与评价可以更全面地了解孩子在学校和家庭的表现，为孩子提供更有针对性的支持。

（三）评价方式多元化

不同的学生有不同的学习方式和节奏。单一的测试和考试无法全面反映学生的学习情况。因此，评价方式应多元化，包括以下几个方面。

1．观察法

通过日常观察记录学生的表现，如课堂参与度、团队合作中的角色等。

2．作品评价法

作品评价法是对学生完成的作业、项目或艺术作品进行评价。这种方法可以很好地展现学生的创造性和独特性。

3．口头表达

可以通过口头报告、演讲或小组讨论的形式，评价学生的沟通能力和思维能力。

4．成长档案袋

记录学生在各个领域的进步和成果，作为长期评价的依据。

（四）评价指标多元化

评价指标不仅包括学习成绩，还应包括学生的其他能力。

①学业成绩：反映学生对课程内容的掌握程度。

②进步幅度：比较学生在一段时间内的学业进步。

③团队合作能力：评估学生在团队中是否能有效协作。

④创新和批判性思维：评价学生在解决问题时的创新和批判性思维。

⑤社交和情绪能力：如自我管理、社会意识等，这些对学生的学习和未来生活都至

关重要。

⑥ 价值观和品质：如诚实、勤奋等，这些是个人发展中不可或缺的部分。

⑦ 健康和体育技能：评估学生的体育活动参与度和健康生活习惯。

⑧ 领导力和志愿服务：评价学生在社区服务和领导角色中的表现。

⑨ 技术技能：随着科技的快速发展，学生应具备一定的技术应用能力，如使用各种软件、应用等。

⑩ 跨学科知识：鼓励学生探索学科之间的联系，培养其综合运用知识的能力。

⑪ 时间管理和组织能力：评估学生是否能够有效安排时间和任务。

⑫ 终身学习态度：鼓励学生树立终身学习的观念，培养其自主学习的习惯和能力。

⑬ 批判性阅读和写作技巧：通过阅读和写作任务的完成情况，评估学生的逻辑思维和表达能力。

⑭ 自我反思和自我调节能力：评估学生是否能够进行有效的自我反思和自我调节，促进个人成长和发展。

⑮ 语言和沟通能力：评估学生的口头表达和书面表达能力，提高其与人交往的能力。

📝 **案例 7-3**

班级评价，我有妙招——打造"七彩阳光专列"

怎样评价一个孩子？班级评价机制怎样落实？在问题的驱动下，我深入学习，探究班级评价的妙招，用发展的眼光去发现学生的闪光点，用多元化的评价方式去评价学生，让每个学生都能在擅长的领域发光发亮。下面我将谈谈我的班级评价小妙招。

1. 多元智能理论散发"七彩阳光"

根据加德纳多元智能理论和我校"呵护多彩童年，润泽有为人生"的教育理念，结合我任教班级的具体情况，以满足学生发展为核心，创新性地实行了"七彩阳光少年"多元评价班级管理模式。"七彩阳光少年"重在体现学生的不同特点，让每个学生都清楚自己的长处，发挥优势，建立自信，成为一个阳光少年，从而也达到建设具有凝聚力的阳光班级的目的。

2. 民主建制碰撞"七彩光芒"

一个优秀的班集体，离不开良好的学习环境的影响，良好的学习环境需要借助一定的规章制度规范学生的行为。第一步，民主订立班规，班规由学生自己自由制定。在"七彩阳光"的 7 个维度里进行探讨，这样学生订立班规既不会盲目，又能体现学生的主体地位。第二步，归纳整理，分类筛选。把学生制定的班规里重复的部分删减，类似但有补充作用的规则合并，根据七色维度进行分类整理，从而形成最终适合我们自己班的班规。第三步，班规"出台"，发现问题及时调整补充。

3．丰富活动润泽"七彩少年"

丰富班级教育活动，散发"七彩光芒"。根据"七彩阳光少年"的内涵，我制定了具有班级特色的活动。

三月主题活动——"争当红色礼仪少年"之我们的"最印象"。三月份，学生开学之初，重在培养良好的行为规范，因此，利用这个月，举办摄影征集活动，目的是让学生发现身边的好人好事，发现身边的最美身影，寻找礼仪少年。在活动中，我们利用最美身影的影响力，带动全班学习，人人争当"礼仪少年"。

四月主题活动——"争当环保、求新少年"之七彩笔筒。学生思维活跃且创意十足，DIY 又是他们喜欢的参与形式，因此让创意 DIY 结合环保主题，一定能擦出不一样的火花。我以"七彩笔筒"为主题，让学生把喝完饮料的塑料瓶加以设计装饰，变成一个精致的七彩笔筒，带到班级展示，评选出最美笔筒，既能增强学生的环保意识，又能激发学生的创意，还能锻炼学生的动手能力，具有一箭三雕的效果。

五、六月主题活动——"争当蓝色书香少年"之亲子通信。五月适逢母亲节，而六月又有父亲节，是开展感恩教育的好时机。因此我会利用这两个月推荐学生阅读《傅雷家书》，感受亲情，利用这个机会，指导学生给家长写一封信，表达自己的感恩之情。同时也邀请家长给孩子写回信，互通心声。这个活动既能激发学生的阅读兴趣，又对学生进行了情感态度与价值观的教育。

贯穿整学期的活动有"争当黄色崇学少年"之寓言故事分享会，"争当橙色健体少年"之一分钟跳绳比赛。

"七彩阳光少年"评价模式，让我更加全面地了解学生，运用观察法、榜样示范法、实践锻炼法等去落实"七彩阳光少年"的评价模式，拒绝用单一的评价方式给学生贴标签，而是用发展的、全面的眼光，建立起正确的学生观。

（资料来源：林静华：《班级评价，我有妙招——打造七彩阳光专列》，广石实验学校班主任专栏微信公众号，2023 年 4 月 24 日）

第三节 班级多元评价机制运行

好的多元化评价要坚持促进学生全面发展和个性成长，讲究科学性和艺术性相结合、共性和个性相结合，不应事无巨细，什么都评价，而应体现"适"的教育智慧。即好的多元化评价既要有适合的评价标准和适量的评价内容，又要有适宜的评价主体和适当的评价方法，还要有合适的评价时机。

一、班级多元评价机制的程序

（一）制定评价标准

作为班主任，制定评价标准是实施多元评价机制的第一步。这一步至关重要，因为它为后续的评价活动提供了方向和基准。评价标准的制定应考虑以下几个因素。

① 明确性。确保评价标准简洁明了，具体可衡量，这样可以让学生清楚地知道他们需要达到的标准。

② 全面性。评价标准应涵盖学生的知识、技能、态度和价值观等多个方面，确保评价的全面性。

③ 灵活性。评价标准应具有一定的灵活性，允许班主任根据学生的个体差异和实际情况进行调整。

④ 导向性。评价标准应能引导学生向正确的方向发展，鼓励他们积极进步。

在制定评价标准时，班主任应与学生、学科教师和家长共同商讨，确保评价标准能够得到各方的认同和遵守。同时，班主任还需确保评价标准的可行性和公正性。

（二）设计评价工具

设计评价工具是实施多元评价机制的重要环节。评价工具应该根据评价标准来设计，以确保评价的有效性和准确性。常见的评价工具包括。

① 观察表：用于记录学生在课堂上的表现、作业完成情况等。

② 自评表：用于学生自我评价，帮助他们了解自己的优点和不足。

③ 互评表：用于学生之间的相互评价，促进他们之间的交流和学习。

④ 测验和考试：用于检测学生的知识掌握情况。

⑤ 作品集：用于展示学生的作品，反映他们的技能和创新思维。

⑥ 反思日记：用于记录学生的自我反思和学习心得。

在设计评价工具时，班主任应充分考虑学生的年龄、认知水平和个性特点，确保评价工具的适用性和易用性。同时，班主任还需注意保护学生的隐私和自尊心，避免使用过于敏感的评价工具。

（三）实施评价

实施评价是班级多元评价机制的核心环节。在这一环节中，班主任需注意以下几点。

① 公平公正。确保评价的公平性和公正性，不偏袒任何一方。尊重事实，客观记录学生的表现。

② 及时反馈。及时将评价结果反馈给学生、家长和学科教师，以便他们了解学生的表现和进步情况。同时，也要鼓励学生自我反馈，促进自我反思。

③ 灵活运用多种评价方式。除了传统的书面测试外，班主任还可以运用观察、口头表达、作品评定等多种方式来全面了解学生。根据实际情况调整评价方式，以满足不同学生的需求。

④ 尊重学生差异。班主任在实施评价时应尊重学生的个体差异，关注学生的个性化发展需求。通过多元评价机制，发现并培养学生的潜能和特长。

⑤ 营造积极的班级氛围。班主任应积极营造一个支持和鼓励的班级氛围，让学生在轻松愉快的环境中展现自己的才华和能力。通过鼓励和肯定，激发学生的学习兴趣和积极性。

⑥ 提供指导与帮助。根据评价结果，为学生提供针对性的指导和帮助。对于表现优秀的学生，提供更高层次的发展机会；对于表现不佳的学生，给予更多的关心和支持，帮助他们改进和提高。同时，班主任还需与学科教师密切合作，共同关注学生的学习状况，制订个性化的教学计划，以满足不同学生的学习需求。

⑦ 定期总结与反思。班主任应定期对班级多元评价机制的实施情况进行总结与反思。通过收集学生、家长和学科教师的反馈意见，分析多元评价机制的优势与不足之处，及时进行调整和完善。同时，班主任还需关注教育领域的新理念和新方法，不断更新和完善班级多元评价机制，以适应教育发展的需要。

⑧ 保障学生的权益。在实施多元评价机制的过程中，班主任需充分考虑学生的权益。

尊重学生的隐私和个人信息保护，避免将学生信息泄露给无关人员。同时，也要关注学生在评价过程中的心理健康问题，及时发现并解决学生的困惑和疑虑。

在实施评价时，班主任还需注意以下几点细节。

第一，确保评价过程的透明度和公正性。让学生清楚了解评价的标准、工具和程序，避免产生不必要的误解和疑虑。

第二，加强与家长的沟通与合作。定期向家长汇报学生的表现和进步情况，与家长共同关注学生的成长和发展。同时，也要积极听取家长的意见和建议，不断完善多元评价机制。

第三，培养学生的自我评价和反思能力。通过引导学生进行自我评价和反思，帮助他们更好地认识自己、发现自己的优势和不足之处、明确未来的发展方向。在这一过程中，班主任应给予学生足够的支持和指导，以促进他们的全面发展。

班级多元评价机制的实施，可以使班主任更加全面地了解学生的实际情况和发展需求，为进一步制订个性化的发展计划提供有力的依据。也有助于促进学生的全面发展，提高学生的综合素质。

（四）反馈与调整

反馈与调整是班级多元评价机制中至关重要的一环。它不仅能让班主任及时了解评价的效果，还能为后续的改进提供方向。在这一环节班主任应做到以下几点。

① 及时反馈。班主任应在评价结束后，及时将评价结果反馈给学生、家长和学科教师。这有助于学生了解自己的表现，找出需要改进的地方；同时也有助于家长了解孩子在学校的情况，促进家校合作。

② 具体指导。在反馈时，班主任应给出具体的建议和指导，帮助学生明确下一步的努力方向。这些指导可以包括学习策略、时间管理、人际关系等方面。

③ 定期总结。班主任应定期对评价结果进行总结，分析班级的整体表现和个体差异。这有助于发现班级中存在的问题，为后续的教学和评价提供依据。

④ 调整改进。根据反馈和总结，班主任应对评价标准和工具进行必要的调整，以更好地适应学生的发展需求。同时，也要对教学策略和班级管理方式进行改进，提高教育效果。

⑤ 关注学生感受。在反馈与调整过程中，班主任应关注学生的感受，尊重他们的意见和建议。对于评价过程中出现的问题，应及时与学生沟通，避免造成不必要的困扰。

⑥ 保持与家长的沟通。班主任应与家长保持密切的沟通，共同关注学生的发展。通过定期的家长会、家访等形式，及时向家长反馈学生的表现，听取家长的意见和建议，促

进家校合作。

⑦ 持续培训与学习。班主任应持续参加相关的培训和学习活动，提高自己在多元评价方面的专业素养和实践能力。通过不断学习和实践，不断完善班级多元评价机制，提高教育质量。

班级多元评价机制能够更好地服务于学生的全面发展，提高教育效果。同时，这一机制也有助于培养学生的自我评价和反思能力，促进他们的自主发展。在未来的教育实践中，班级多元评价机制仍有很大的发展空间和潜力，需要我们不断探索和完善。

二、班主任对评价机制的运用

随着教育改革的深入推进，班级管理中的评价机制也需要进行相应的改革。教育体系中，班级是学生学习和成长的基本单位。而班主任作为班级的管理者和指导者，其作用显得尤为重要。特别是在班级多元评价机制中，班主任的角色和职责更是不可或缺。班主任在班级多元评价机制中起到引导和启发的角色。他们需要引导学生了解评价的目的、标准和方式，帮助学生理解评价的意义和价值，激发学生的学习热情和进取心。通过班主任的引导和启发，学生可以更好地认识自我，发现自己的优点和不足，明确自己的发展方向。

（一）反思评价：个案研究与教研活动的整合

反思评价是学生对自己的学习与生活的过程和成果进行自我评价和反思的过程。为了更好地实施反思评价，班主任可以采取以下策略。

① 个案研究的引入。班主任可以选取一些典型的学生个案，引导学生深入分析自己的学习与生活过程和成果。通过个案的比较和分析，学生可以更清楚地认识自己的优点和不足，从而有针对性地进行改进。

② 教研活动的参与。班主任可以组织定期的教研活动，与其他教师共同探讨反思评价的实施方法和技巧。通过交流和分享，班主任可以不断更新自己的评价观念和方法，提高反思评价的效果。

③ 工作日志的运用。班主任可以要求学生每天记录自己的个人情况和心得体会，形成工作日志。班主任可以通过检查工作日志，了解学生个人状况和反思情况，从而给予相应的指导和支持。

（二）课堂反馈：实时互动与及时调整的统一

课堂反馈是评价机制中的重要环节，它可以帮助班主任及时了解学生的学习状况，采取相应的措施进行干预。为了提高课堂反馈的效果，班主任可以采取以下策略。

① 实时互动的建立。班主任需要建立与学生之间的实时互动机制，及时了解学生的学习状况和表现。通过课堂提问、小组讨论等方式，班主任可以更好地掌握学生的学习进度，发现学生学习中的问题。

② 及时调整的实施。根据实时互动中获取的信息，班主任需要及时调整自己的教学策略和方法。对于学生普遍存在的问题，班主任可以进行集中讲解和指导；对于个别学生的问题，班主任可以进行个性化辅导和帮助。

③ 反馈方式的多样化。班主任可以采用多种方式进行课堂反馈，如口头反馈、书面反馈等。通过多样化的反馈方式，学生可以更全面地了解自己的学习状况和问题，从而更好地进行调整和改进。

（三）同伴评价：合作互助与竞争激励的结合

同伴评价是评价机制中的重要组成部分，它有助于培养学生的合作精神和竞争意识。为了更好地实施同伴评价，班主任可以采取以下策略。

① 合作互助的引导。班主任需要引导学生建立合作互助的关系，鼓励学生在学习过程中互相帮助、共同进步。通过小组合作、团队项目等方式，学生可以在合作中互相评价和学习。

② 竞争激励的激发。班主任需要激发学生的竞争意识，让他们在同伴评价中发挥自己的优势和特长。通过组织各种竞赛和展示活动，学生可以在竞争中提高自己的学习效果和综合素质。

③ 同伴评价方法的指导。班主任需要教会学生同伴评价的方法和技巧，让他们能够客观、公正地进行评价。同时，班主任还需要监督学生的同伴评价过程，确保评价的公正性和有效性。

（四）档案评价：记录成长与展示成果的整合

档案评价是班级多元评价机制的重要环节之一。它通过记录学生的学习过程和发展轨迹，帮助学生更好地了解自己的成长历程和发展方向。为了更好地实施档案评价，班主任可以建立学生档案。班主任需为每个学生建立一份档案，记录学生的学习过程和发展轨迹。档案应该包括学生的学习成绩、反思表、课堂表现、作业完成情况等方面的记录和评价。

三、家校社联合运行

家校社联合运行班级多元评价机制是指家庭、学校和社会三方共同参与学生评价的一种教育模式。它强调家庭、学校和社会的紧密合作，通过多元化的评价方式，全面、客观、公正地评价学生的综合素质。这种机制旨在促进学生全面发展，提升教育质量，强化家庭、学校和社会的联系，形成教育合力。通过家校社的共同努力，学生可以在知识学习、技能培养、情感体验、社会责任等方面得到全面发展，成为适应社会发展需要的高素质人才。

（一）构建家校社合作平台

① 成立家校社合作委员会。家校社合作委员会由家长代表、教师代表、社区代表组成，负责协调、监督和推进家校社合作事宜。

② 定期召开家校社合作会议。通过会议，讨论学生评价的相关问题，共同制定评价标准和实施办法。

③ 建立家校社沟通机制。利用现代通信技术，如微信群、QQ群等，加强家校社之间的沟通与联系。

（二）明确家校社角色定位

家长要关注孩子的学习和成长，积极参与学校教育和班级活动，与教师共同关注学生的全面发展。

学校要发挥主导作用，制定合理的班级评价制度，引导家庭和社会共同参与，形成良好的家校社合作关系。

社会要提供必要的资源和支持，如志愿者服务、实践活动基地等，为班级多元评价机制的运行提供保障。

（三）加强家校社评价反馈与改进

① 及时反馈。家庭、学校和社会应及时向学生反馈评价结果，帮助学生了解自己的优点和不足，调整学习策略。

② 定期评估。对家校社联合运行班级多元评价机制进行定期评估，总结经验，发现

问题，不断改进。

③ 持续优化。根据评价反馈和评估结果，调整评价标准和实施办法，使评价机制更加科学、合理。

（四）家校社联合运行班级多元评价机制的效果

① 提高学生的综合素质。全面、客观、公正的评价，可以激发学生的学习兴趣，挖掘学生的潜能，培养学生的创新精神和实践能力。

② 增强家庭教育的效果。家长参与学校教育和班级活动，可以提高家庭教育的质量，促进学生的全面发展。

③ 促进学校教育的改革。家校社联合运行班级多元评价机制，可以推动学校教育的改革，提高教育质量。

④ 提升社会教育的功能。社会参与学校教育和班级活动，可以提升社会教育的功能，为学生的成长提供更多支持。

家校社联合运行班级多元评价机制是一个系统工程，需要家庭、学校和社会三方的共同努力。构建合作平台、明确角色定位、实施多元化评价机制、加强反馈与改进，可以全面、客观、公正地评价学生的综合素质，促进学生全面发展。同时，家校社合作还有助于提高家庭教育的效果，推动学校教育的改革，提升社会教育的功能，为培养适应社会发展需要的高素质人才贡献力量。

案例 7-4

"积分制"推进"文杏少年"综合评价校本化实践

2020年，《深化新时代教育评价改革总体方案》指出，"教育评价事关教育发展方向，有什么样的评价指挥棒，就有什么样的办学导向"。2021年，"双减"政策出台，通过"减作业""减补课"两个小切口，推动了教育的系统性变革。2022年7月，浙江省教育厅印发《关于小学生综合评价改革的指导意见》（以下简称《指导意见》），要求全省小学从2023年秋季学期开始，全面推进小学生综合评价改革。基于落实国家"双减"政策，深化课程改革，结合新课程标准，根据《指导意见》，我校围绕综合评价开启新一轮评价改革和探索之路。

学校自2015年根据《浙江省关于深化义务教育课程改革的指导意见》实施课程改革以来，聚焦规划课程规划、研发精品课程、实施课堂变革、推进评价改革四个方面，现正进入综合评价改革的深水区。我们面临评价改革的四个挑战。首先是如何构建一个既能支撑学校培养目标（课程目标）又能得到家长认可的综合评价体系。其次是怎样建立一套简单易操作又能全程反映学生成长轨迹并能长期坚持的评价方式。再次是评价体系的反馈是否能科学有效地诊断学生的成长状况。最后是这样的评价体系是否能激励与引导学生的增值性健康成长。这些既是深化课改的挑战，也是学校发展的机遇，更是高质量办学的方向。

学校开展综合评价改革，以"积分制"推进"文杏少年"综合评价为核心，通过评价体系迭代、"文杏少年"五育并举综合评价、智慧校园工具和平台赋能、教师合力推进四条路径，开展校本化实践。

（一）体系迭代：构建"杏园特质"的综合评价体系2.0

学校在原有评价体系——"杏园"学生核心素养评价体系的基础上，构建了具备"杏园特质"的学生综合评价体系2.0。

（二）"五育"并举："积分制"推进"文杏少年"校本化实践

对比传统以纸笔测试和分数为依据的评价方式，综合评价校本化实践更注重"评价即学习"，轻"对学习的评价"，重"为学习的评价"。学校针对"五育"的不同特点，以"积分制"推进"文杏少年"综合评价为核心，德育通过争章积分，评选"美德杏娃"；智育实施学科分项评价，评选"书香杏娃""智慧杏娃""创新杏娃"；体育实施校本分项考级，评选"健康杏娃"；美育通过表现展示，评选"才艺杏娃"；劳育通过实践记录，评选"劳动杏娃"。各类"杏娃"积分汇总，最终评选"文杏少年"。

（三）平台赋能：依托"智慧校园"研发评价工具

1. 评价工具优化迭代

"文杏少年"依托"智慧校园"数字平台记录、反馈学生的评价过程。从《杏娃成长手册》《学生综合素养报告单》到数字平台，是一个纸质记录到数字呈现的迭代过程。

2. 数字平台赋能评价

学校借助钉钉智慧校园平台和麦芽多元评价App两个数字平台，对学生开展综合评价和精准评价。钉钉智慧校园学生评价通过评价一体机和手机应用，结合文杏争章，实现评价及时呈现、积累成长数据，家校协同跟进、反馈诊断改进。麦芽多元评价App是根据学校精准评价需求，开展表现性评价的评价工具。它通过主题学习、命题研究、建设资源、精准诊断、应用学评来完成对学生的评价。在项目学评中，由学生当小考官，使用iPad，对同伴进行表现性评价，并将测评结果纳入"文杏少年"积分体系。

借助数字平台的习惯养成、课前导学、班级探究、活动广场、课后练习、智能检测及课堂使用互动授课光荣榜等功能，教师可以随时随地用手机端对学生的各项学习活动实施评价，该平台能智能生成评价数据，提高评价效率。教师还可以结合教学需求灵活增减评价指标。

3. 数字评价工具衍生

"智慧校园"的评价工具使用，符合学生天性，使学生成长过程可见，能借助数据诊断学生状况，同时也能使家长参与其中，实现家校协同参与评价。在原有评价工具和数字平台的使用基础上，未来还能进一步衍生新的评价工具。如学生发展指数雷达图、评价数据大脑、学生发展数字报告单等评价工具。依托"智慧校园"衍生的数字评价工具，可以不断助力综合评价改革的推进。

（四）科研驱动：形成"教师合力"的推进模式

综合评价改革工作的推进，教师是关键。综合评价实施的对象是学生，教师是实施评价的主体之一。为了让更多的教师投入综合评价改革，激发科研活力，学校构建"科研驱动"的教师合力推进模式，多角度、多团队、多途径推动教师参与综合评价改革。

数字平台将学生的每一项重要表现都转化成了相应的数据。当各方面的数据汇聚在一起时，学生的画像自然绘制而成。学校通过综合评价为学生画像时，学生也在参与学校的评价活动中为自己画像。学生根据画像可以改变自身成长轨迹，他们关心的不再只有分数，而是更多好玩的、有趣的事情，从而去制订属于自己的成长规划，促成主动学习的发生。学校教育实现从"育分"走向"育人"。

近年来，学校聚焦评价改革，不断优化迭代，在区域内产生了积极影响：学校 6 次被确定为市、县级评价改革试点学校；成果入编《我们期待什么样的教育评价》，由浙江人民出版社出版；项目成员 5 次在市、县级评价会议上作专题发言；1 个课题省级结题，2 个课题分别获温州市三等奖和温州市结题；评价类论文案例在市、县级评比中多次获奖，多篇论文在各级刊物上发表。学校综合评价改革的经验，为学校树立了良好的品牌形象，为区域推进提供了可借鉴、易操作、接地气的良好样本。

（资料来源：吴小山：《评价改革优秀案例②｜"积分制"推进"文杏少年"综合评价校本化实践》，https://edu.wenzhou.gov.cn/art/2024/2/4/art_1335572_59029736.html?sid_for_share=80217_2，2024 年 2 月 4 日）

"积分制"推进"文杏少年"综合评价校本化实践，是学校积极应对教育评价改革的一次有益探索。通过构建科学易操作的评价体系，依托数字平台赋能评价，形成教师合力推进模式，学校取得了初步成效，符合教育评价改革方向。"积分制"和"五育并举"的评价方式，更注重学生综合素质的提升，符合"双减"政策和新课程标准的要求。评价方式科学易操作、评价结果诊断性强。

但"五育"评价的具体标准和方式需要进一步细化和完善。现有平台功能仍需拓展，例如学生发展指数雷达图、评价数据大脑等的拓展。如何将评价结果更好地应用于学生个性化学习和教师精准教学，仍需要进一步探索。

未来，学校还需不断完善评价体系，拓展数字平台功能，加强评价结果应用，推动综合评价改革纵深发展，促进学生全面而有个性地发展。

本节习题

思考与讨论

新多元评价　赋能学生素养发展有妙招

行之有效的评价方式对学生的发展至关重要。人和街小学的教师们努力求新求变，遵循学生成长规律，创设小学低段习惯养成、中段成长激励、高段发展追踪多元评价方式，挖掘学生潜力，激发其活力，为学生提供更全面、多元的学习和发展机会，赋能学生的素养发展。

彭娟老师：评价有法　助力习惯养成

评价在习惯培养中扮演着重要角色，它既是一种指引、检验和激励的有效方式，又像一盏明灯，照亮着习惯养成的大道，让孩子更加清晰明确地看到自己的发展方向，从而顺利地从幼儿园的小萌娃成长为合格的小学生。

●肢体语言　融洽师生情感

"教育学首先是关系学。""小萌新"初入小学，对学校生活充满新鲜感与陌生感。和孩子融洽师生情感能让孩子尽快适应小学生活，实现幼儿园到小学的完美过渡。我采用肢体语言拉近师生的距离，让孩子们以愉悦的心情培养良好的习惯。比如坐得端正，老师报以赞赏的微笑；发言积极，老师会竖起大拇指；文明有礼，老师则会给予孩子一个拥抱。这些无声的互动，能消除孩子们的陌生感，让他们快乐地融入新的学校环境，在愉悦的氛围中养成良好习惯。

●个人评价　激发前进动力

一年级的学生正处于规则建立与习惯培养的初级阶段，及时的反馈对于学生习惯养成发挥着积极正向的作用。我结合学生的年龄特征，采取了小红勾、小贴画等方式，对他们的表现给予及时奖励，并让学生通过集红勾兑换心愿卡的形式获得阶段性的成就感，在对学生正确指引的同时激发他们追求进步的愿望，起到了良好的评价引导作用，使他们尽快形成规则意识。

●小组评价　培养集体意识

强烈的集体荣誉感可以让学生热爱自己的班级、热爱自己的学校。而培养这种集体荣誉感，可以从小组评比开始。

我将一日常规如早读、课前准备、课堂发言、两操、排队……融入小组评比中。对表现优异的小组及时给予五星奖励，一天之后再进行小结，发放奖励。这种小组评比不仅能增强学生的自我约束力，更能让他们感受到集体荣誉感。这样一来，小组表现优异时，班级也会得到相应的发展。

秦溱老师：巧用课堂评价　激发学习动力

新课程评价旨在立足于过程，促进学生发展。教师应运用过程性评价，引导学生发现自身的进步和潜能，增强其学习信心；指出学生的不足，明确其进步方向；增进师生间的良性沟通，加深师生友谊。只有在这样的环境中，学生才能真正发挥自身潜力，实现全面发展。

●评价有"角度"

没有精准角度的课堂评价，极易陷入泛泛而谈，难以指向明确。学生发展是课堂评价的中心，老师应该积极抓住机会，以最佳的角度进行评价。从学习态度上来看，老师需要不断观察反应和倾听学生的发言，及时看到学生表现出的闪光点和进步，给予关注和肯定；从知识掌握上来看，老师要求学生作出反馈，及时了解学生的学习情况；从合作探究上来看，老师可以开展小组评价的积星比赛，对学生参与度、表现力给予评价。有了精准的"角度"，课堂评价才能更加明确，聚焦学生的发展。

●评价有"深度"

随着课堂教学的层层推进，老师的评价也应层层深入，具备与教学内容和学生学习程度相匹配的"深度"。比如，在小学三年级上册《在牛肚子里旅行》一课中，老师要在大单元意识的引导下，运用更为深刻的分析思考，以激发学生的思维能力、审美能力、情感体验能力和文化熏陶能力，在潜移默化中培养学生的学科素养。当学生在课堂上分析出"文章中红头蟋蟀从害怕到绝望，再到不放弃，最后逃出牛嘴的感恩之情"时，老师可以通过评价进一步引导学生思考，"你认为这种红头蟋蟀的心情变化跟'旅行路线图'有何关联？"以此拓宽学生的思维视野，增强他们的逻辑思维能力。

●评价有"温度"

"谢谢你用文字为我们描绘了一幅美好的画面。""你真善于观察，课本上人物说话的气泡正是我们要提炼出的关键点。"……教师在评价学生时，应该注重学生之间的差异性，恰到好处地分层，定制个性化的标准。面对表现优秀的学生，要不吝赞美与表扬，对于不足的部分，也要用委婉的方式指出，使学生能够顺利地接受和改正。只有这样，每个学习层面的学生才能感受到老师关心与帮助的温暖。在这样有"温度"的评价下，学生在课堂上就能保持活跃的思维，在学习过程中持续激发进阶的动力。

吴召茜老师：静悄悄地改变　瞧瞧我的"集邮册"

有效的评价体系，可以让学生在日常学习过程中不断感受到进步与成功的喜悦，让他们进一步认识自我，建立坚定的自信心，从而实现全面发展。

●多元评价激发自信

三四年级的小学生虽然已学得一些规矩和习惯，但由于对自我的认知尚未完备，很多学生不了解自己应该努力的方向是什么。为了帮助学生更好地了解自己，以及让班级更好地发展，我在班上准备了各式各样的小印章如发言明星、清洁达人、两操模范、学习标兵、得力助手⋯⋯只要他们当天在哪方面做得出色，就可以获得一枚相应的小印章放在他们的"集邮册"上，以此来激励他们勤奋上进。

● 分享心得落实评价

小学生表现欲强，他们渴望得到同学和老师的激励和认可。为鼓励他们取长补短，我在每周班会课上，对获得最多印章的学生进行鼓励和表扬，让他们分享自己的经验，以此激励其他学生学习，同时也让他们获得成就感，以促使他们更加努力。这样的激励方式不仅可以让学生有一种"升级打怪"的成就感，还可以让学生充分地认识到自己的优缺点，以及让家长清楚地了解到学生在校的表现。

● 树立榜样激励发展

有效的评价不仅能够激发学生的学习热情，还可以培养孩子的良好习惯。为了让孩子能够保持持续的学习动力，每周我会将优秀学生的照片放到班级明星榜上，作为榜样。这样可以激励更多同学追求优秀，并让他们保持自律，让老师的日常教育管理更加高效。

（资料来源：彭娟、秦溱、吴召茜：《创新多元评价 赋能学生素养发展有妙招》，https://mbd.baidu.com/ma/s/yD1SLY2f，2023 年 3 月 29 日）

1. 结合案例谈谈你对班级多元评价机制构建的原理与原则的理解。

2. 深入学校某个班级进行观察并制定针对该班发展状况的班级多元评价方案，从指导思想、评价原则、内容、实施、反馈几个方面做起。如有可能，制定详细的考核评价细则。

学习目标

1. 了解教育案例，并认识到撰写教育案例的重要性。

2. 学会撰写小学教育案例，能够从教育教学实践中选择合适的素材，并能对素材进行分析和反思。

3. 学会撰写育人故事演讲稿，演讲育人故事。

思维导图

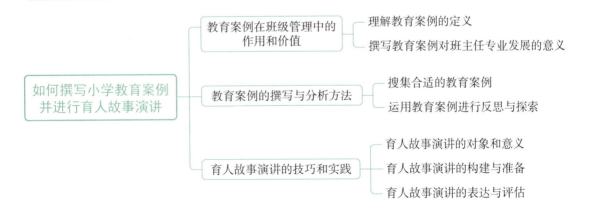

第一节　教育案例在班级管理中的作用和价值

一、理解教育案例的定义

（一）教育案例的定义

教育案例是一个教育情境的故事。在叙述一个故事的同时，人们常常还发表一些自己的看法——点评。所以，一个好的案例，就是一个生动的故事加上精彩的点评。[①]

教育案例是一种描写性的研究文本。教师通过观察对学生日常活动中含有问题或疑难情境的典型性事件进行描述，通常以叙事的形式呈现。[②]

教育典型案例是教育实践者或案例撰写人对教育实践活动中典型事件的记录。其真实、鲜活地呈现教育实践者在教育实践活动中的探索与创新，是对教育实践活动中运用的理论理念和实施教育实践活动的过程、方法、路径以及成果、成效等内容的高度凝练。[③]

对教育案例的理解，可以从以下三个层次展开。

第一，教育案例是事件。教育案例是对教育过程实际情境的描述，讲述了一个教育故事的起因、发展和结果，是对教育现象的动态把握。

第二，教育案例是含有问题的事件。故事和情节是教育案例的中心内容，但并非所有的教育事件都能成为教育案例。只有包含问题或疑难情境，以及解决问题的方法的事件才能成为教育案例，这样教育案例才能成为一种独特的研究成果的表现形式。

第三，教育案例是真实而又典型的事件。这里的真实不仅包括过程的真实，还有结果的真实。案例与故事之间的区别为故事可以杜撰，而案例必须是源于生活和工作的真实事例，不能凭空想象虚构事实，也不能从抽象的、概括化的理论中演绎事实来代替，因此在撰写教育案例时，最好以原始形态直接呈现教育事件，不到万不得已尽量不要概括或者转述。当然，在撰写案例的过程中，为了保护案例涉及人物的隐私，可对案例涉及人物匿名处理。此外，教育案例还必须选择具有典型性的教育事件，要能够在对这一事件的分析、

① 张肇丰.谈教育案例[J].中国教育学刊，2002（2）：48-50.
② 吴丽丽.浅谈教育案例的撰写对教师成长的作用[J].新智慧，2018（30）：49.
③ 张立军.职业教育教师怎样撰写典型案例[J].现代职业教育，2020（19）：212-213.

解决中说明、诠释其他类似的事件。

综上，教育案例是从教育教学实践活动中总结出来的典型教育事件，是教师在教育教学过程中对典型的、有意义的教育事件的处理过程和方法的具体记叙，以及对被记录行为的剖析、反思和总结。

此外，还要注意区分教育案例与其他体例的区别。

第一，教育案例和论文。从文体和表达方式上看，教育案例以记叙为主，兼有议论和说明。因此教育案例撰写的主线是叙事，运用的理论可以体现在解决问题的思路中，不用特意标注理论及引用出处。论文则是以说理为目的，以议论为主。从写作思路和思维方式上看，教育案例撰写是从具体到抽象，是一种归纳思维；论文撰写则既有归纳思维，也有演绎思维。

第二，教育案例和教学设计。从记录时间上看，教育案例写在教之后，是对已经发生的教育事件的记叙，是一个结果。因此教育案例不仅要记录实施教育的过程，还要说明教育的结果。教学设计则写在教之前，是对准备实施的教育措施的简要说明，是一种预期。

第三，教育案例和教学反思。课堂教学是教师在撰写教育案例时可供选择的主要内容之一。教师可以对几节课一起进行分析，也可以对一节课中的某一具体活动进行分析，可以叙述事件发展的长期过程，也可以着重说明某个情景片段。教学反思一般是教师对自己的教学行为进行分析，其目的在于改进自身的教学行为。

第四，教育案例和教学实录。教育案例和教学实录虽然都是对教育情境的描述，但是教育案例要根据撰写目的对撰写内容进行一定的选择，且教育案例要对人物的心理活动进行描写，而教学实录则强调有闻必录。

（二）教育案例的结构要素

教育案例的写作格式并没有严格要求，一般来说一个完整的教育案例应由标题、背景、案例描述和反思感悟四个部分组成。

1. 标题

标题要简洁醒目，一般不超过30个字，可根据教育案例的突出事件或主题确定标题。用突出事件定标题，能够反映教育案例的主要内容，吸引读者进一步了解相关信息；用主题定标题，点明案例主题，使读者把握事件要说明的是什么。

2. 背景

案例中的所有事件都是在一定的时间和空间背景之下发生的。背景往往在深层次上影响甚至决定了案例的性质和结果，因此撰写教育案例首先要交代事件发生的有关情况。例如时间、地点、教师情况、学生情况、事件发生条件等，以便读者能更好地理解，进而设身处地地思考案例中的问题。介绍背景在教育案例的撰写中是必不可少的，针对案例中一些问题的评价和思考只有放在一定的背景下才能进行客观地分析。

 案例 8-1

以爱之名　牵手同行（1）

　　李强是我班的插班生，比我高出一头，注册那天对我这个班主任满不在乎，我想这孩子要给我"上课"了。一个月下来，本来好好的班级在他的影响下不断出现问题。我还是不动声色，继续观察，发现李强学习基础差，上课东张西望，从不做笔记，作业不会做就抄，对学习极其没有信心，想学但从不努力，自制力差。课后在教室大声喧哗，不尊重学生，好动又好玩。他常常给同学起绰号，有意挑起事端，对班干部的制止不尊重，还大发脾气，性格十分倔强、固执。在班级从不搞卫生，散漫，逆反心理十分严重。

　　经过一番周折，我找到了李强以前的班主任。他们说，李强是聪明的孩子，但是由于家庭不重视教育，父亲打工，从不过问孩子的学习，慢慢地李强不学习，上课懒散，不听课，老师多次教育效果却不太明显。母亲是外地人，忙于农活，不善于说话，邻居孩子常常笑话李强，致使他一听到说他的不是，他就特别粗暴。后来和不读书的表哥来往，受他的影响，李强变得不太尊重人，虚荣心不断增强。我希望得到李强家长帮助，让他远离表哥，我多次与其家长联系，家长却因忙碌无心处理，说："孩子在学校长大就行了，我提供好的经济条件，希望他珍惜，不行以后就出来跟我工作算了。"

　　（资料来源：王翡翠：《以爱之名　牵手同行——封丘县李菁菁名班主任工作室工作案例分析》，封丘县李菁菁名班主任工作室微信公众号，2023 年 6 月 26 日）

　　案例 8-1 对李强的基本情况进行了介绍，让读者知道了导致李强问题行为的最主要原因是家长的放任不重视。针对李强的具体情况，该班主任首先从家长入手解决问题。

　　3. 案例描述

　　案例描述是对案例本身进行叙述。案例描述的过程要紧紧围绕问题展开，讲明问题是什么、如何解决问题的、最终成效如何。在叙述做法时，不能仅仅对做了什么进行简单地罗列和概括，而是要突出在教育教学实践中是怎么做的，交代关键细节，为读者借鉴运用案例中的做法打开思路。

 案例 8-2

<h3 align="center">以爱之名　牵手同行（2）</h3>

家长的放任不重视，导致李强无心向学，逆反心理强，严重缺乏爱，从而慢慢不尊重同学和老师，家长的金钱主义也让李强滋长了攀比和虚荣心。针对李强的具体情况，我采取了如下措施。

（一）邀请家长参与教育

针对李强的这种情况，我决定来一次家访，看到他父亲，我微笑地上前打招呼说："做父母的辛苦了，工作忙还赶回来，您是重视孩子的啊，都是为了孩子好。"他父亲态度也亲切、放松些了："李强从小就很独立，我工作忙也没时间管教，我有过错。"我赶紧抓紧谈下去："李强还是个孩子，现在只要我们努力帮助他、关心他会更棒。他才十来岁，在生活、学习中会遇到很多问题和困难，很需要父母做个引导，同时家长还要多些时间与他聊天，观察他，发现问题，及时给他帮助。孩子都很敏感，你关心、爱他，他是可以感受到的。一旦他觉得父母在意他，赞扬他，他就会表现得更好。每个父母都希望孩子成才，父母就要做个好榜样，所以我们也要不断读书学习，想办法参与到孩子的生活中去。如果再这样放任，这孩子就废了。"父亲好像一下子意识到了事情的严重性："原来教育孩子要这样啊，看来我做得真的太不够了。"他两眼泪花，有些激动。我继续讲："您应当和老师沟通一下，试着发现孩子的优点。从优点处着手多一些表扬，或许会好一点。家长要重视，鼓励他继续学习。"他连连表示一定尽力和孩子一起成长。我还留了电话，互相沟通交流，达成一致。这次家访我很满意，达到了我要的结果，父母都真心愿意参与到学生教育中来。

（二）用心与孩子交流

在跟李强交流时，我先肯定了他的优点，我说："听说你的体育很不错，体育课上课很积极，打球时可以叫上老师参与，切磋一下。"李强有点不好意思，低着头笑了一下，然后我接着说："新班级适应了吗，同学相处怎样呢？"没等我说完，他开始哭起来："老师，对不起，你能帮我吗？"他这一举动让我又惊又喜，惊的是没想到我们认为倔强的孩子一下子认错了，喜的是孩子真的还想变得更好。等到他平静下来，我循序渐进地引导他认识自己目前的缺点和错误。再与他一起分析这种缺点带来的危害性，然后跟他商量解决问题的办法，建议他用坚强的意志克服困难。

（三）同学带动、班干部加入

在李强承认自己的不足后，我决定在班级开展一个"互助 一起成长"的主题班会活动。活动准备过程中，班干部邀请了李强帮助装饰教室，搬桌椅，还希望他在班会上发言，李强开心地接受了。在班会上，李强承认错误，希望同学们给他一个机会，让他们一起成长。我平时也经常让同学们和他一起做游戏、玩耍，在活动中教他正确地与人交往的态度和方法。同学们也开始接纳李强，课后，同学们在班长带领下，每天安排一位学生帮助李强学习，教导他如何完成功课。有同学们的参与监督，李强在课上就不敢睡觉，听课自然认真了一些，但他还是需要不断提醒、鼓励。

（四）联手科任老师

课后我和科任老师开了个会，希望得到他们的支持，科任老师也一致同意。他们讨论激烈，认为要有一个坚定的信念，不可半途而废，要耐心对待，让优秀生带落后学生。在接下来的学习中，各科科任老师都邀请了课代表给李强课后补习，李强开始有点烦躁，老师及时给予鼓励，又给了李强继续的动力。在课堂上，科任老师们抓住机会鼓励他站起来回答问题，激发他的学习兴趣。

（五）培养责任感

在各种帮助下，李强有了不小的进步，我决定再好好试试，培养李强的责任感，因此我让李强担任班上的体育委员。渐渐地李强从一开始不知做什么，到现在成为体育老师的小助手，他也感受到了自己的存在感，更加积极参加班上的活动，我也及时给予鼓励与肯定。担任班干部后，他还主动打扫宿舍卫生，到期中还被推选为舍长。当然他还有很多要改正的地方，但是一个学期下来，他主动参与课堂，认为自己是班上的成员，老师分配的职务做得有声有色，看到我，他那脸上的微笑，那一句"老师您好"可以温暖我很久很久。

（资料来源：王翡翠：《以爱之名 牵手同行——封丘县李菁菁名班主任工作室工作案例分析》，封丘县李菁菁名班主任工作室微信公众号，2023 年 6 月 26 日）

案例 8-2 在对具体案例进行描述时，有解决思路，有详细过程，还有教育效果，恰如其分地再现了当时的情景，如班主任和李强及李强家长之间的谈话内容、李强的反应、自己当时的感受等，生动具体地呈现出李强的变化过程。

4. 反思感悟

案例研究一定要明确地得出结论。因此要将反思感悟单独列出，以突出其重要性。教师撰写教育案例能够从案例中获得启发，改进自身的教育教学实践。反思感悟可以是对教育教学行为的分析，也可以是对教育过程结果的回顾及教育思想的反思，还可以是对案例揭示的本质的提炼。反思感悟主要涉及以下内容：问题解决过程中哪些地方做得好、哪些地方做得不好、问题解决的过程中有哪些收获启发、问题解决的过程中产生了哪些新的问题、打算如何进一步解决这些新问题……这些反思感悟都应该是从案例出发的，是在对案例的分析中得出的。

 案例 8-3

以爱之名　牵手同行（3）

（一）给学生爱

后进生都有点自卑，缺乏爱与鼓励，所以平时要细致入微，善于发现他们的闪光点，并且多加鼓励，培养学生健康的人格，树立学生学习的自信心，注重培养他们的学习兴趣。对学生要宽容，允许犯错，给时间改正，愿意陪学生成长，让学生发自内心地体会到老师的爱。作为老师，我们应想尽一切办法走进每个学生的心灵，向学生心灵洒下爱的阳光，让他们在得到心灵呵护的同时也能尽情地享受成功所带来的喜悦。

（二）激发学习兴趣

对于未成年的孩子，学习上的多次成功，其积极意义和作用是非常明显的。反复成功可以促使学生产生一种内驱力——渴求学习。其可以使学生在积极、愉快的情感支配下，主动内化新的知识，促进学生的发展。因此，在学生获得知识的探索过程中要让学生体验成功的愉悦，感受自主探索的乐趣。学生品尝到自主探索带来的成功甜美时，他会有再次追求这种情感体验的愿望，激发学习兴趣对后进生来说更是不可缺少的。

（三）加强家校沟通

家长是孩子的第一任老师，在孩子的成长道路上所起的作用是不可替代的。因此班主任必须加强与家长的交流与合作。李强的教育个案就告诉我们家校教育的结合是教育好孩子的前提。对学生来说，家长要正确引导他们去学习。在思想教育上，父母既是家长，又是朋友，要在和孩子互动的过程中跟着孩子一块学习；在孩子面对困难时，要鼓励他充满自信，使孩子学会生存，学会与人相处。可见，在学校教育起主导作用的前提下，把学校教育延伸到家庭中，形成学校、家庭教育的结合，发挥各自的特长，互补不足，形成合力，才能收到事半功倍之效。

（资料来源：王翡翠：《以爱之名　牵手同行——封丘县李菁菁名班主任工作室工作案例分析》，封丘县李菁菁名班主任工作室微信公众号，2023 年 6 月 26 日）

反思感悟并不是泛泛而谈，而要与教育案例的主题紧密相关。案例 8-3 的关键词是"爱"：老师的爱、同学的爱、父母的爱，这些都要在反思感悟中有所体现。

（三）好的教育案例的标准

要想写好一篇教育案例，除了结构完整，还应满足以下标准。

1. 叙述具体翔实

教育案例不应该是对事件大体展开的笼统描述，也不是对事件中涉及的人、物的抽象化、概括化的说明，而是要对事件过程展开具体翔实的记叙，要有完整而生动的情节。要想做到这一点，就要对事件细节进行深描，即围绕问题进行深度挖掘和细节描述，例如事件发生的场景、人物当时的行为、语言、心理等，这里需要注意两点：一是由于教育案例为教师撰写，学生的情感变化往往容易被忽略，因此就需要教师仔细观察，用学生的行动去说明他的情感变化，切记不能想当然地去写学生有什么感情；二是不要过分渲染自己的个人情感，避免偏移教育案例的重心。

当然，具体翔实并不代表有闻必录，所写内容要紧紧围绕事件的主线或者案例的主题，不然叙述就会显得主次不分，杂乱无章。

2. 具有指导性

一个好的教育案例要有讨论价值，应包含一些问题或冲突元素，也应包含理论成分与现实因素，要能够促进读者的学习与思考，并且要能够对教师在处理教育教学过程中遇到的类似问题及事件具有指导意义和启示作用。

3. 具有独到思考

撰写教育案例不仅要叙事，还要说理，事情写到哪一步，是以能不能说明道理为标准的，而道理就源自于教师的思考。教师要能够从复杂的教育事件中发现问题所在，进而提出问题、分析问题、解决问题、反思自身，道出事件背后的理。可以说，教师思考水平的高低一定程度上决定了教育案例质量的好坏。

二、撰写教育案例对班主任专业发展的意义

撰写教育案例的过程可以看作是对自己解决问题的心路历程进行再分析的过程，同时也是梳理自己相关经验和教训的过程。

（一）促进理论学习

教育案例的素材来自于作者的教育教学实践，是作者本人亲身经历过的真实事件。且大多数班主任具有良好的写作基础，简单地叙述事件对班主任们来说并非难事，但一个优秀的教育案例需要班主任深度挖掘事件背后的原因，科学解决问题，这些都离不开相关教育理论的支持。而常态下班主任往往不太注重对教育理论的学习，导致其在分析教育案例时往往感到力不从心。因此撰写教育案例能够促使班主任主动寻求理论支持，以解决实际工作中遇到的教育教学困难，这种带着强烈针对性和目的性的理论学习往往能获得事半功倍的效果。

有些理论班主任之前学过，但这并不代表完全掌握了，也不代表班主任能够合理地运用。撰写教育案例，能够帮助班主任加深对已知理论的理解，将理论学习和教育教学实践结合起来，在真实的教育事件中运用理论知识。

（二）总结教育经验

班主任教育教学上的记载一定程度上也是班主任生命过程的记载。撰写教育案例是班主任梳理、记录自己教育工作情况的一种很好的形式。在教育教学过程中，有些教育行为以及伴随教育行为而产生的灵感、情感等，不太适合以论文的形式呈现，但又有一定的记录价值，班主任可以以教育案例的形式将其记录下来，成为自己的教育经验，帮助班主任认识到工作中的重点难点，也能为班主任之后遇到类似的情况提供参考。这些丰富的、独具特色的教育经验对任何一名教师而言都是一笔宝贵的财富。

（三）反思教育行为

撰写教育案例的过程，可以看作是一个重新认识教育事实的过程，也是一个不断反思的过程。在撰写教育案例的过程中，班主任需要不断地对自己的教育过程进行回顾，再现教育情境，剖析自己的教育行为和心理活动，以批判的眼光看待自己的教育行为，反思自己的教育行为。班主任的实践性知识是在日积月累的教学实践与班级管理中经由其有意识

的反思活动逐渐习得的，之所以强调反思，是因为班主任不仅仅是一个常识性的思考者，更应该是一个能够敏锐地满足多样化学习者需求的教育思考者。随着班主任教育观的不断更新，每一次对教育行为的回顾都是一次对自身教育行为的反思，在这个过程中班主任会理性审视自身的专业水平和实践活动，客观分析自己的成功或不足之处，并以此为依据寻求促进自身专业发展的策略。

（四）提升教育能力

1. 观察能力

教育事件每天都在发生，如何从众多教育事件中选择出最有代表性和典型性的事件，需要班主任有敏锐的观察能力。与事件相关的要素繁多，如何从这些要素中选择出与事件本身或主题最相关的要素，并将它们具体翔实地叙述出来，也离不开班主任的观察能力。可以说班主任如果没有一定的观察能力，是写不好一篇教育案例的。如果班主任能经常性地撰写教育案例，其自身的观察能力也能得到明显提高。

2. 教育实践能力

要想写好教育案例，就需要班主任对案例涉及的问题进行深入分析研究。班主任在撰写教育案例时，往往会选择更具典型性的案例，对这一类案例分析得越彻底，了解得越深入，就越容易发现同类问题背后的本质，找到解决同类问题的有效方法和途径，进而透过个别看一般，透过现象看本质，把握教育的一般规律，建立起一套科学高效的工作方法，提升班主任的教育实践能力。

3. 教育研究能力

研究型教师对教师提出更高要求，是教师专业成长与发展的高层次目标。在实际教育环境中，班主任班级事务繁杂，很难像专业研究者那样开展规模性的教育研究，相比之下教育案例选取典型事件的形式更加适合他们开展研究。班主任在撰写教育案例时，兼具了行动者和研究者的双重角色，撰写教育案例本身可以看作是一种研究的过程，最终呈现的成果也能为班主任进行更进一步的研究提供依据。

案例 8-4

× 小学位于北京市海淀区，是一所拥有 58 年历史的学校。× 小学在 2005 年开始倡导教师写教育案例，班主任 M 老师从 2005 年开始写随笔，并一直坚持到现在，前后共创作了 10 多万字的教育案例。通过写教育案例，促进了 M 老师教育观的改变，她在写作过程中不断思考，促进了她的专业发展。

（一）以"我"为中心转变为以"生"为中心

在教育案例写作初期，M老师体现在教育案例中的学生观表现为单纯地以自我为主，比如在教育案例"学会倾听，才会更好地关爱学生"中，M老师对待学生问题是这样的态度："我用严肃的眼神望着他，'老师，我在路上……''你是不是又起床晚了，你看，都几点了。'我没等他说完，便接过他的话头训斥了他一顿，然后就让他回到座位上做卷子，再也不理会他了。"当学生迟到时理所当然地把原因归咎于学生起床晚了，而不去深究背后的原因。在了解事情的真相后，M老师将这件事情用笔记录下来，在这个过程中，M老师现在面临的情境跟原来她所持有的学生观相违背，引发她对待学生态度的全新改变，重新挖掘自我，实现教育观的转变，教育案例"一包薯片的风波"就体现了她这种教育观的转变："我的话音刚落，他就用手指了指身边同学的课桌，我发现他们的课桌上都放着一包薯片。我心里一阵疑惑，这究竟是谁发的？班里居然还有这么大方的同学？于是我假装面带怒容跟学生开玩笑道：'你们都有薯片，为什么没有我的？'"以前只想用所有的爱来包围学生，后来M老师开始理性下来，用理性的师爱去管理学生，帮学生养成良好的习惯，她重新建构了对"爱学生"的理解。教师在长期的教学过程中形成了大量的实践性知识，但这些实践性知识大多数是根植于教师的具体教育行为当中且不易模仿的知识。在教育案例写作过程中，M老师逐渐将其转化为明确知识，将内心的语言转化为外显的词语，逐渐调整自己的学生观，实现学生观的转变。

（二）自我反思能力的形成

写作过程是思考的过程，是整理自己思路的过程，当班主任以自己教学行为作为反思对象时，就意味着班主任对"旧我"所包含的教育理念和行为的扬弃，这是教师专业发展的必然之路。班主任每天都会面临大量的教学事件，由于教学情境的未知性、突发性，班主任处理教育教学事件的方法有可能转瞬即逝。用笔头记录下处理教学事件的过程，是对自己处理方法的反思和审视，使发生在平常教育教学中的事件获得了额外的意义。M老师经常会在教育案例中进行自我反思："读着家长们的短信，我不禁在想，如果我当初没有这样来组织这次升旗仪式，会有今天这样的效果吗？会有学生们对集体这般发自内心的热爱吗？会赢得家长们这样的理解和支持吗？答案是肯定的，当然不会。"在教育案例写作的过程中，班主任自主地进行自我剖析，比如"这件小事虽然已经过去两周了，但是它一直都留在我的心中。真的很庆幸，我在

遇到 ××× 的问题时，没有完全像警察一样，查找线索，对当事人的行为进行客观分析，划分责任。否则我会将自己陷入一个怪圈中而无法自拔，学生的问题也会越解决越复杂，也许最终的结果还没有现在的效果更好"。班主任在剖析的过程中直面自己的内心，查找自己存在的不足，思考自己以后该如何选择策略，加深对教育的理解，从而达到自我建构的过程，完成对自我的认知，形成自我反思能力。

（资料来源：严璘、欧群慧：《教育案例写作促进教师专业发展的个案研究》，《基础教育研究》2016 年第 5 期）

在案例 8-4 中我们能看到，通过撰写教育案例，M 老师的教育观发生了转变，自我反思能力得到提升，还养成了经常反思的习惯，实现了自身的专业发展。

第二节　教育案例的撰写与分析方法

一、搜集合适的教育案例

撰写教育案例的第一步是搜集教育案例。只有拥有足够的教育案例，才能从中发现问题，提取教育经验，进而为撰写高质量的教育案例提供基础。那么教师应该从哪里搜集教育案例呢？主要有三个来源：教育对象、教育事件和教育现象。

（一）从教育对象中搜集教育案例

从教育对象中搜集教育案例即观察和研究学生在教育过程中的表现和成长。在对教育对象进行分析时，可以分析学生的性格特征、家庭情况、学习方式、兴趣爱好、思维方式等，或者探究学生的心理变化和成长过程，以便更好地理解学生的需求和特点，为教育实践提供有益的启示。

 案例 8-5

"小刺猬"成长记

当你遇到一只具有攻击性的"小刺猬"时，别急着拔掉他身上的刺，试着让他打开自己，或许会有惊喜的发现。

——题记

初识——小小少年"锋芒毕露"

小阳是二年级的"风云人物"，开学接班没几天，几乎每位任课老师都来告状：易怒易冲动，同学不小心碰到他，他不由分说用拳头攻击；为人敏感，说他两句更是不得了，不仅用肢体去冲撞，还说是别人先欺负了他的。

这样的小阳，活脱脱一只带有攻击性的"小刺猬"。

究因——背后真相"水落石出"

想要改变这只"小刺猬"，必须找到背后的原因。

经过细致的观察、任课老师反馈以及家访，小阳易怒、易攻击的原因慢慢浮出水面。他来自二孩家庭，弟弟听话，经常受表扬；小阳调皮，经常被批评。父亲严厉，打骂为主；母亲溺爱，当面维护。简单粗暴的家庭教育，常常让孩子身上青一块紫一块的。由此，小阳觉得自己不受家人爱护，缺乏安全感，常常怀着戒备之心，通过攻击别人来保护自己，有人碰他一下，多看他一眼，他都会认为这是欺负。

成长——蜕变之旅"携手同行"

一、校园归属：从隔离到融合

一天下午，小阳又因为别人传本子时碰到他而大打出手。我赶到教室时，看到他满脸泪痕，边哭边抽搐，瞬间怒气化为心疼，带着他到小花园谈心。

（一）触碰行动　消除误解

我蹲下身子，用纸巾帮他轻轻地拭去泪水。他微微地转过身，看得出来，他有点排斥我的触碰。我连忙又拍拍他的肩膀，说："小阳，你真是个懂事的孩子，刚才老师给你擦眼泪、拍你肩膀，你都没有生气，真棒！"

显然他有些意外，呆呆地看着我。我又一次试着拉住了他的小手。这一回，他没有躲闪。我轻轻地对他说："好孩子，生活中很多时候的触碰并不是欺负。比如说，老师摸摸你，那是喜欢你；同学传本子时拍拍你，那是提醒你。对不对？"他似懂非懂点了点头。

多可怜的孩子。我心疼地说："如果真有人要欺负咱们小阳，老师第一个不答应。"这下，我看到小阳的眼睛亮了。

那天以后，我便开启了"触碰计划"：书写有进步，摸摸他的头；班级拍合影，搂搂他的肩……每一次触碰后，我都会真诚地对他说："小阳，老师真高兴，你愿意把我当好朋友了！"

（二）星云小组　温暖伴行

要助推小阳的进步，更重要的是帮助他融入班级，感受集体的温暖。为此我为他量身打造了"星云小组"。在小组中，我特意安排了几位和小阳一样喜欢阅读和绘画的同学：有善解人意的学习委员，爱组织课外活动的中队长等。我还特地任命小阳担任"守护星"，负责发现美好，记录暖心故事。随着活动的开展，小阳渐渐地能与同伴们正常交往了，攻击行为越来越少，脸上笑容越来越多。他还在"守护星"记录卡上记录下了不少好人好事呢！其中有一件事是这样写的：

"今天体育课跑步时，我在跑道上摔倒了，膝盖流了血。我的好朋友小羽马上来搀扶我，壮壮还取了纸巾为我擦伤口。我很感动……"

学科教师也参与到"守护星"活动中。在各科老师的肯定下，小阳身上的优点在增加，虽然偶尔还会有一些语言上的小冲动，但"小刺猬"肢体攻击别人的情况慢慢减少了。

二、家庭助力：从比较到接纳

当一切在变好时，"小刺猬"又蜷缩起来了。一连几天，他在学校的情绪都比较暴躁，无缘无故发火。找妈妈交谈后才知，前不久他过生日，因为调皮被爸爸当着众亲友的面狠狠骂了一顿，还拿他跟弟弟比较。小阳情绪失控，出手打了弟弟。

"小刺猬"在家中的这次被"引爆"是长期以来情绪积压的结果，如果家长不改变，小阳很难彻底转变。

（一）星心小语　表达内心

星心小语故事站是我为了帮助学生说出心里话而设立的，每两周会在谈话课上针对学生们提出的问题讲述心灵小故事。这一期的故事就是针对多孩家庭的。随着故事主人公向父母喊出心中多年的不满，小阳红了眼眶。

不久，信箱中多了一封小阳的来信，他觉得自己很像故事中的主人公，也好想让爸爸妈妈听到自己的心声，但是他不敢。怎么能不像呢，这就是我以小阳为原型打造的故事呀。

（二）心愿信纸　沟通亲子

家长会前，我给了小阳一张心愿信纸，让他写下想对爸爸说的话。他写了满满一张：希望爸爸不要老是打他骂他，希望爸爸陪他看一次动画片，希望爸爸夸他一次……最后，心酸地写下：爸爸总是批评我、夸弟弟，我觉得只有弟弟才是亲生的孩子。

家长会后，我把那封信递给了小阳的父母。"我不知道他心里会这么想，"爸爸声音哽咽，"我一直想着严厉是为他好，没想到他会觉得我只爱弟弟不爱他了。"

为修复父子关系，我向家长提出建议：第一，不要把两兄弟拿来比较，做好孩子的表率，杜绝打骂；第二，希望父亲自己变得温柔起来，每天记录陪伴小阳的时间和正面鼓励他的语言，用正确的方式表达父爱。

三、社会赋能：从攻击到友善

这次交流过后，小阳的状态好了很多，但他还是很容易受外界环境影响，有时会用发脾气的方式来表达不满。只有让他内心积蓄满爱的能量才能让"小刺猬"打开胸怀，拥抱别人。

一次偶然的机会，我得知小阳社区里有康复幼儿园，于是我鼓励他爸爸带着孩子到幼儿园做义工，让小阳发挥自己的绘画特长，给小朋友送画，教小朋友画画，坚持用表格记录自己的感受。我也把他的爱心之举在班级大肆宣扬，小阳的状态越来越好。一次，他在记录中写道："小林弟弟做康复，很努力也很坚强，我要把他画下来。"我赶紧加上一句："小阳会关心人，对弟弟妹妹有耐心，也很努力很顽强。"在服务幼儿中，小阳学会了控制自己的脾气；在呵护弱小中，他找到了成就感；在被爸爸看见中，他感受到了自己的价值。成就感和价值感就是满满的能量，有能量的小阳，内心温暖，对弟弟和同学也柔和起来，"小刺猬"慢慢变了。

每一只刺猬卷成刺球时，都是他自以为遇到了危险；每一个孩子出现失常行为时，都是心灵遇到了危机……当我们用温柔的师爱去包容他，用同伴的友善去接纳他，用家长的宽容去呵护他，用社会的需求去激励他，定会遇见美好的成长！

（资料来源：金沁玥：《"小刺猬"成长记》，https://show.zjer.cn/cams/home/resource/detail?id=33573091&courseId=334640745，2022年10月17日）

案例8-5以班主任如何帮助小阳为主要内容。初识部分简要说明了小阳在学校的情况；究因部分通过了解分析，得出小阳产生攻击性行为的原因，这也是后续班主任行为的依据；成长部分是本篇教育案例的重点，在一步步引导小阳实现蜕变的过程中，总结出如何应对学生失常行为的方法，积累了宝贵的教育教学经验。

（二）从教育事件中搜集教育案例

教育事件可以是教育实践中成功或失败的案例，可以是教育实践中遇到的挑战及解决方案，也可以是教育实践中的改革与创新，班主任可以从中选择具有讨论价值的事件进行叙述。通过分析这些事件的起因、经过和结果，揭示教育的内在规律和特点。

案例8-6

用心扶起的课桌　重新燃起的信心

学生成长中有各种各样的烦恼，常常是由一些看起来平平无奇的事情引发的，但可能会带来误解、矛盾等"蝴蝶效应"。站在学生的视角看，这些往往是"大事"。班主任该如何穿针引线，引导学生自我反思、自主解决，实现自我成长呢？在我的班里发生过这样一个故事……

（一）谜案：倒地的课桌　压抑的情绪

周一早晨小明来找我："老师，我的桌子连续两次星期一过来都被翻倒了，书本还撒了一地。"

当小明哭丧着脸和我告发此事的时候，我心里一惊：上周一早晨我确实看到过这一场景。如果说上周一的是偶发的话，这次应该不是巧合了，是有人故意为之吧？是谁呢？我心里冒出了一个名字：菲扬？

菲扬是一名女生，平日里文静、腼腆，和同学们相处融洽，只是素来和小明不太友好，以前就和爱恶作剧的小明起过几次冲突，带着猜想，我查看了班级走廊上监控，小明的座位靠窗，镜头中显示了果然两次都是菲扬所为。星期天下午菲扬来教室拿作业本，之后走到小明座位旁，突然将书桌推倒在地。奇怪的是，推倒课桌后，菲扬并没有破坏后的得意，在原地伫立了许久，显得十分沮丧。

看着监控中的身影，我不禁沉思：到底是什么原因，使得菲扬连续这样做？菲扬心里藏着什么心事？小明是受害者，可是菲扬确实看出来有些委屈。

我找来了菲扬，让她坐下，轻声问道："菲扬，小明的事我监控视频中看到了，我想你肯定心中有事，要不然你也不会这样，是吗？”

"是的，小明总是损我，说我的一些缺点，和我开一些过分的玩笑。比如他故意将我还没做的作业本上交给老师，结果我被老师批评了，又比如上学期期末，他嘲笑我平时这么认真还考这点分……虽然不是很大的事，但是他总是这样子，让我一直心烦意乱、寝食难安。"她声音中夹杂着颤抖，我感觉到她的压抑和隐忍。我轻声说道："老师明白了，其实你并非故意破坏，这样做能让自己轻松点？"

"嗯。"她轻声回答我。

"老师和你感觉一样，也感到小明的恶作剧和玩笑难以接受，你和其他人说起过吗？"

"没有，我憋得太难受了，所以我才会那样做的……老师，我真的不是无缘无故去推翻桌子的。"看着她低垂的头，泪水在她眼里打转，我拍了拍她的肩膀："菲扬，老师理解你，你忍着也很难受，说出来，或者哭出来，都可以的。"

菲扬抬起头看着我，眼眶中的泪水扑簌扑簌往下掉。我心中有个声音响起："关注每个孩子的情绪，接纳每个学生的情绪，是我的责任。"

（二）释压：坦诚地面对　换位的理解

"老师，我想找一个没人的地方放松一下，可以吗？"

"你说。"

"学校心理健康辅导室开放吗？我想去。"

"走，我带你去。"

心理辅导室，她对着假人狂风骤雨般地击打了许久，"砰、砰、砰……"

片刻后菲扬走了出来，"老师，我感觉好多了，谢谢你。"酣畅淋漓的一番宣泄后，她眼中总算有了浅浅的笑意。

"嗯，好多了吧。菲扬，我们来聊聊那件事吧。"

"老师，其实我做得也不对，"菲扬尴尬地笑了，"我不该用背地里推翻桌子这种方式去表达我的压力，这也是一种对别人的不公平。"

"我们情景模拟一下，以后这种事该如何回应，好吗？假设老师是小明，我去端个凳子……。"在情景模拟的过程中，菲扬学会了说"不"，学会了拒绝，学会了忠诚于内心的表达。

办公室很安静，小明紧张地站在我面前。

"小明，你的课桌被推翻，你觉得谁最有可能？"

小明不假思索地说："菲扬。"脸上洋溢着猜透的笑容。

"为什么？"

小明却不说话了。

我看着他稚嫩的脸，想起了在生活中他经常和同学恶作剧、开大玩笑。这其实是小明和他人情绪认知存在一个"落差"，他忽视了不同人对情绪的认知能力和承压能力是不一样的。

小明看着我说："其实第一次，我就隐约感觉是菲扬。"我直接问小明："那你知道菲扬为什么要推翻你桌子吗？"

我将菲扬的内心感受转述给他，他睁大眼睛看着我："我其实是和她在开玩笑的，我和很多同学都是这样开玩笑的。"

我反问小明，"你有没有意识到菲扬的反应和其他同学不一样？"

小明低着头没有说话，他默认了。

"小明，我们不经意间的玩笑，却给她带来了巨大压力，她往肚子里装，最后选择了那样的方式释放，给你也带来了伤害。她其实也在自责中，我相信她会给你合理的回应的。"

我等待着、看着他的反应，他在沉默，我知道他在反思……

"要不这样吧，不要让这事再恶化下去，老师给你半天的时间，你准备三个方案，到时候给你参谋参谋，看看怎么样既能消除同学间误解、安抚菲扬，又能让大家也看到你坦率的品质，好吗？"他点点头。我没有告知他该怎么做，让学生在复杂的生活情境中去解决问题、学着成长吧！

（三）成长：自主的反思 重燃的自信

小明后来给我提出了三个方案，我就其中一个和他进行了完善：单独向菲扬赔礼道歉、带上几个橘子，并向菲扬保证以后一定会注意，如果有过分之处一定要菲扬告诉他，或者告诉老师。菲扬等来小明真诚地道歉后，痛哭不止，我们陪她坐了许久。

事后，我将前因后果告诉了家长，向家长表扬了学生的成长和担当。令我惊喜的是，菲扬建议我在班级内设置"心语信箱"，她负责帮我"送信"。现在我经常收到同学们的来信，帮助学生解忧排难，每次我都能看到菲扬自信的笑容。后来，我又将"心语信箱"升级为网络邮箱，家长和学生都能在"云端"和我沟通交流，菲扬是来信常客。

生活即是教育，生活就是课堂。脑科学告诉我们青少年的前额叶皮质和杏仁核的发展不成熟，会带来不稳定的情绪。其实，在冷静地复盘后，他们都能得出正确的认知和对策，这本身就是一种成长。我想，以后碰到类似问题，教师应该把握教育契机，运用教育智慧，让我们和学生的世界变得更加丰富、有趣！

（资料来源：盖佳建：《用心扶起的课桌　重新燃起的信心》，https://show.zjer.cn/cams/home/resource/detail?id=33573091&courseId=334641031，2020 年 10 月 20 日）

这篇教育案例叙述形象生动，中心明确。这位班主任以"倒地的桌子"这一事件为切入点，详细叙述了自己是如何解决课桌被推翻倒地这件事的，通过与小明和菲扬的深入交流，最终引导学生自我反思、自主解决，实现自我成长。这位班主任通过深入挖掘这一教育案例背后的原因和意义，认识到学生在班主任的引导下是能够对自己的行为做出正确判断的。作为班主任，要有一双善于观察的眼睛，正确把握教育契机，运用教育智慧。

（三）从教育现象中搜集教育案例

在教育教学实践中，我们会发现一些事件并不是个例，而是存在于班级之中的普遍现象，例如依赖电子产品、不知道如何正确处理人际关系、独生子女缺乏爱心等。对这些现象背后的问题进行探究，形成教育案例，对帮助其他班主任处理相似问题具有极高的参考价值。

📝 **案例 8-7**

接"二"连"三"说爱你——多胎时代的手足风波

"生活因爱而绚丽，世界因爱而美好。"随着国家二孩政策的全面放开，以及支持三孩的声音越来越响，越来越多的家庭选择多胎，广大学生面临着"手足风波"。我的故事就是从这样一场风波开始的。

此刻：2022

班级辩论赛进入白热化阶段，正方辩手，一个叫诺诺的女孩拍案而起：

"我方坚持认为有兄弟姐妹好！首先有兄弟姐妹，家庭更幸福！哥哥姐姐可以照顾我们，陪我们一起玩，还可以教我们写作业，你们说是不是……"

作为评委的我在台下听得出神，我的思绪一下子被拉回到了三年前。

回忆：2019

那是二年级的一个午后，窗外下着大雨，教室里下着"小雨"。诺诺一个人呆坐在教室里偷偷抹眼泪，晶莹的小泪珠吧嗒吧嗒地落下来。

"怎么了？能跟老师说说吗？"这个腼腆内向的女孩抽泣着回答我："妈妈怀了小宝宝，爸爸妈妈不爱我了……"

我蹲下来，用力地抱住她，我安慰着她，可语言却格外苍白……我看见诺诺的眼中写满了担忧，我必须得帮一帮她！

● 爱的攻势一：增加安全感

思考如何帮助诺诺的同时，我想到也许不是她一个人有这种情况。我立即在班里开展了调查，发现班级里二孩家庭超过三分之二，好多孩子明确表示不喜欢自己的兄弟姐妹，特别是一些当大宝的同学。如何帮助多胎家庭的孩子拥有更多的安全感，是我的第一个任务。

1."兄弟姐妹"主题派对

我在教室里举行了"我爱我的兄弟姐妹"的主题活动。同学们彼此分享和自己的兄弟姐妹发生的有趣的事儿，还特意安排了惊喜视频。

小天的妹妹说："哥哥，我喜欢你，希望你也能一直喜欢我。"

而小天说："老妹，虽然你每次都跟我抢零食，但我还是觉得你很可爱。"

柯柯的哥哥说："有什么题目不会做的，可以问老哥。"

佳佳的弟弟说："我姐姐数学超厉害的，上次比赛拿了一等奖！"

一个个软糯糯的笑脸和甜滋滋的声音，瞬间让教室里升起一股暖流。我注意到诺诺在某个瞬间忍不住噗嗤一笑。

2.父母的真情告白

我请父母给孩子们写一封表白信。我想只有当孩子心底里有了十足的安全感和源源不断的爱，她才会更爱身边的人，更爱这个世界。

我记得诺诺父母的信上最后写着：

"宝贝，你是爸爸妈妈的第一个孩子，无论有二胎还是没有二胎，我们永远都爱你。我们真心希望这个世界上多一个人爱你……"

——爱你的爸爸妈妈

看完信的她，眼里泛着泪光，眼中满是感动。父母的真情流露，让她有了更充足的安全感。她开始关心妈妈肚子里的宝宝，期待宝宝的出生。

那天，诺诺捧着妈妈的四维彩超照，兴冲冲地跑到我的面前说："老师，你看，小宝宝现在还像个外星人，我真想知道它到底是弟弟还是妹妹。"她仔细端详着照片对我说。我也很激动地对她说："你可以做一份弟弟妹妹心愿清单，写上以后想跟他一起做的事情！"

●爱的攻势二：弥补落差感

转眼，诺诺的妹妹出生一个月了，但诺诺的心情却从阳光明媚变为阴雨绵绵。这是怎么回事？小姑娘怎么突然又闷闷不乐了呢？

"老师……家人好像都更喜欢妹妹。"原来，亲戚朋友们的焦点全放在了妹妹身上，诺诺心里又开始患得患失了。

1．一份出其不意的礼物

我打着看二宝的名号，带着礼物来到了诺诺家。给我开门的正是诺诺，她看着我手里的礼物露出了一丝惊讶，那份光只一闪，继而又变成了失落。她带着我径直往宝宝的房间走去。我停下脚步，把带来的玩具递到她的手里："诺诺，祝贺你升级当姐姐了，这是给你的礼物，等妹妹大了，你可以带着她一起玩。"

诺诺接过礼物，看了一遍又一遍，生怕礼物会飞走一样，喃喃自语道："真的是给我的？不是给妹妹的？"

"当然是给你的，你是最棒的姐姐！"

我变戏法似的从包里拿出一沓照片，说："当然二宝也有礼物，这是给她准备的。"我逗着二宝，给二宝欣赏一张又一张诺诺在学校得奖的照片、表演的情景、活动的留影，细数诺诺身上的优点，祝贺她有一个如此优秀的姐姐，这是最好的礼物。我当然知道二宝听不懂，甚至看不清，但诺诺分明一字不落地听懂了，看着她一副害羞又骄傲的样子，眼眸里的光说明了一切。

2．一串给父母的锦囊妙计

回去之前，我将一张"多胎家庭幸福清单"交到诺爸诺妈手上。上面写着：①每天给大宝留出一段专属时光，陪伴阅读，或玩耍；②找出大宝小时候的照片，与她讲她还是小宝宝时的故事……

我相信每个孩子都需要来自老师的和来自父母的专属陪伴与关心，只有这样，内心的落差感才会慢慢地消失。

●爱的攻势三：提升幸福感

1．周岁宴主持人

转眼妹妹一周岁了。我和诺诺的父母一起鼓励她去主持妹妹的生日宴。宴会前几周，我和她每日相约在一棵飘着香气的丹桂树下，这个总是红着脸的女孩，拿着自己写的小纸片，在桂花的香气中练站姿、练咬字、练手势。

宴会那天，诺诺的父母给我发来了现场视频，她右手拿着话筒，笔挺地站在宴会厅中央，落落大方地在七八十个亲友面前，讲述妹妹这一年以来的成长瞬间，而大屏幕上不仅播放着妹妹的照片，还有她给妹妹换尿布、泡奶粉、讲故事、陪她玩耍的照片。照片里她的笑容说明了一切，她是个快乐又幸福的姐姐！

2. 家庭活动日发起人

一年一度的家庭活动日即将到来。

诺诺一本正经地对我说："老师，我觉得去年不是真正的家庭活动日！"

"为什么？"我疑惑不解。

"因为我妹妹没有来参加。今年我想让爸妈带着妹妹一起来，这才是真正的家庭活动日！"

同学们大声附和着她："对！让我们的兄弟姐妹一起来参加！"

声势浩大的家庭活动日——家庭一对一拔河对抗赛上，只见一个个脸涨得通红的小家伙们，急切地想要帮助自己的哥哥姐姐获得胜利，更有输掉比赛的小家伙伤心得嚎啕大哭！那些有哥哥姐姐的家庭则轻而易举地获胜了！

这是个充满幸福感的午后，我看见同学们的脸上，家长的脸上，所有哥哥姐姐，所有弟弟妹妹的脸上都开出了一朵朵幸福的花。

结尾

越来越多家庭选择二孩甚至三孩，在一个个小生命接二连三降临之际，曾经是独苗的孩子多少会有一些担忧、失落和抗拒。

作为一名小学班主任，我们应该多一双慧眼，多一分温柔，多一点智慧，及时"看见"并关注孩子内心真实的需求。在他孤独、无助、迷茫时，给予他安全感，补足他的落差感，提升他的幸福感。最终帮助学生学会接纳、学会理解、学会包容。教育不就是引领学生走上接受爱、表达爱、传递爱的幸福人生路吗？我很幸运，我和我的学生们正走在这条路上。

（资料来源：陈杉杉：《接"二"连"三"说爱你——多胎时代的手足风波》，https://show.zjer.cn/cams/home/resource/detail?id=33573091&courseId=334641032，2022 年 10 月 20 日）

随着二孩甚至三孩政策的施行，多孩家庭在班级中所占的比例增多，也产生了一些相应的问题。在案例 8-7 中，这位班主任在发现诺诺因妈妈怀孕而产生了缺乏安全感的情况后，随即意识到班上可能还有其他同学也是类似的情况，由此出发，撰写了这篇教育案例。

二、运用教育案例进行反思与探索

班主任的专业成长是一个学习、实践、反思的螺旋上升的过程，这其中反思是班主任专业成长的重要推动力。班主任对自身教育教学实践进行理性梳理，既能积累教育经验，还能从反思中发现新的研究方向或解决方法。在撰写教育案例的过程中，班主任通过反思对教育案例进行多角度的解读和阐释，有利于发挥教育案例的教育价值。

（一）树立与时俱进的教育观

随着时代的发展，教育观念也在不断更新，因此班主任要不断地进行理论学习，树立正确的教育价值观。班主任需要不断反思自己的教育教学方法和策略，以提升教育质量。而这种反思则需要建立在正确的教育观之上，可以说教育观是班主任进行价值判断的依据，教育观不同，在面对同一件事时，思维方式和解决问题的方式也会不同。例如在传统的教育观念中，教师往往是知识的传递者，而学生则是被动的接受者。但在今天的信息时代，这种观念已经过时，教育不仅仅是知识的灌输，更是能力的培养和素质的提升。这种教育观就会促使班主任给予学生更多展示自己的机会，让学生在自主管理中实现能力和素质的提升。可见与时俱进的教育观能够帮助教师更好地理解教育的本质与教育领域的发展趋势，更科学地对自己的教育实践进行反思。

（二）反思不能脱离具体实践

反思必须紧紧围绕呈现的案例展开，并对蕴藏于案例之中的问题进行深入分析。这样的反思才是有意义、有价值的反思。而脱离实践的反思往往是流于表面的，并不能触及到问题的本质。例如有些班主任在听到一些新的教育理念时，可能会觉得很有道理，但在实际操作中却发现难以实施。这时如果能够结合具体的教育案例进行反思，分析其中成功和失败的原因，就能够更深入地理解这些理念的内涵和实施要点。再如有些班主任在面对学生的问题行为时，可能会感到困惑和无助，如果只是简单地将原因归咎于学生，而没有深入反思自己的教育方法和态度，那么问题可能永远无法得到解决。可见在结合具体的教育案例进行反思时，班主任还可以更全面地了解学生的需求和困惑，从而找到更有效的解决方案。

（三）从多角度反思教育实践

同一件事，从不同的角度看，可以引发不同的思考。因此在运用教育案例进行反思时，需要从多个角度进行深入思考，以全面了解教育实践中的问题。常见的反思角度有以下几种。第一，学生需要。班主任需要反思自己的教育方式是否真正关注了学生的需求。例如是否充分了解学生的学习状况、心理状态和家庭背景，是否给予学生足够的关心和支持等。第二，教育环境。班主任需要反思自己的教育环境是否有利于学生的学习和发展。例如班级的氛围、课堂纪律等，同时也需要结合本班的实际情况，进一步思考如何营造一个更加积极、健康的教育环境。第三，教育方法。班主任需要反思自己的教育方法和教育目的、教育对象是否契合。从多个角度全面地分析自己的教育实践。

（四）反思要及时精简

反思需要注意把握时机，及时进行反思。灵感往往就在一瞬间，如果当时没有记录下来，事后再想记起就难了。因此班主任在教育实践中遇到问题或突发事件时，需要及时记录下来。这些记录可以为后续的反思提供重要的依据和素材。反思不是事无巨细、面面俱到，而是要做到有感而发、言之有物。所以班主任在进行反思时，一方面最好提炼出关键点和要点，避免冗长和烦琐的描述；另一方面需要保持客观的态度，避免主观臆断和偏见。

第三节　育人故事演讲的技巧和实践

育人故事作为全国中小学班主任基本功展示交流活动的一项重要内容，要求班主任结合新时期学生成长过程中的新情况、新变化，讲述自身工作中的育人故事，彰显教师的人格魅力、专业素养和教育情怀。育人故事演讲是讲述班主任的育人理念和教育方法，需要演讲教师具备一定的问题意识和反思意识，才能从细碎的工作中提炼出有价值、可推广的工作经验。因此，育人故事演讲不是简单的成功教育经验或案例分享，而是提供群体间互相学习和交流成功教育经验的平台,希望班主任们通过育人故事演讲,提高自我反思、自我总结的能力。

一、育人故事演讲的对象和意义

从育人故事演讲可以看出一位班主任对工作和学生的洞察力、敏锐度,以及作为老师的文笔能力、语言表达能力等多方面素养。所以通过育人故事演讲的锻炼,可以从多方面提升班主任的能力和素养。

(一)育人故事演讲的对象

不同主题、要求的育人故事演讲有着不同的演讲对象。一般来说,班主任育人故事演讲的对象有以下几类。

1. 以学生为对象的育人故事演讲

班主任演讲的对象是学生,该演讲的主要目的是通过生动有趣的故事向学生传递某些深刻的道理。相比于生活中的大道理、冷冰冰的规章制度,班主任娓娓道来的一个故事更容易为学生所接受。

案例 8-8

何为爱国?

我们生活在没有战争的国家,因祖国的呵护,和平、健康地成长。正是这种活有所依的安全感、活有所盼的充实感,带来了如今的幸福生活。

何来安全感?比起生活在战火连连的国家,我们安居乐业。战火中的孩子还在为温饱而担忧,我们的孩子们却可以选择今天吃什么美食;战火中的孩子还在为今晚住哪而烦恼,我们的孩子们睡在舒适的卧室,坐在窗明几净的教室;战火中的孩子还在为失去亲人而恐惧,我们的孩子们最亲的人在身边陪伴……正是社会的稳定,让我们有书读,有人陪,有饭吃,有冷暖,满满的安全感。

何来充实感?充实感就是我们每天走进教室,在班级中担起重要角色,创造美好的班级风气,关心身边的朋友,在和谐的环境中读书、运动、玩耍,为了自己的目标可以尽情地挥洒热情和汗水;在一点一点的进步中收获信心和快乐,让自己真真切切地体会学习生活中的酸甜苦辣,充实的生活才能创造劲头满满的生活动力。

幸福感就源于安全感加充实感。那么如何体现爱国情怀呢,怎么做是对国家的热爱呢？不一定成为高精尖人才报效伟大祖国，但可以像李老师一样从事平凡的职业，做好本职的工作，稳住自己的情绪，护住自己的小家。这就是为社会的稳定做出了贡献，爱了大家，也就爱了国家。爱国听起来很大，其实做起来也很小，理解自己的国家，热爱自己的祖国——中国。

（资料来源：爱体育的李老师：《何为爱国？》，愿得桃李微信公众号，2023 年 11 月 5 日）

这是一位班主任由巴以冲突引发的关于爱国的感想。他从学生的生活体验入手，能更好地引发学生对生活、学习和爱国的思考。班主任育人故事演讲，目的往往是为陶冶学生情操，塑造学生正确的三观，所以育人故事的选取应该有趣且贴合学生生活，这样才能引发学生的共鸣和思考。

2．以同行为对象的育人故事演讲

班主任演讲对象是同行教育者，演讲的主要目的是促进区域间同行成功经验的交流与分享。

案例 8-9

甘为成长"买单"——一个小事故引发的教育故事

开学伊始，后勤安排去图书室领取教材，我带着几个高个男生把书领了出来，并安排他们先把书放在教室的讲台上。

过了一会儿，我回到教室一看，书排了满满一讲台，我顺手拿起抽屉里的剪刀一捆捆地拆开包装纸，剪断绳子，一不小心，一摞书被我碰倒，"啪"的一声歪倒在桌面上，我也没在意。等书发得差不多的时候，小杰突然喊道："老师，讲台的玻璃坏了。"我凑过去一看，讲台中间厚厚的玻璃上面出现了几道裂痕，有一处已经碎掉了。

几个帮忙发书的同学都凑了过来。小成说："老师，我是第一个把书放在讲台上的，当时玻璃没坏。"其余同学也纷纷喊着"老师，不是我碰坏的。""老师，也不是我。"

我灵光一闪，决定以"碎玻璃事件"为契机，展开一场特殊教育，让"碎玻璃效应"最大化。

下节课正好上语文，等所有同学在座位上坐好后，我问："大家发现讲台上的玻璃坏了吗？"同学们点了点头。我真诚地说："玻璃是我弄坏的。刚才发书时我不小心碰倒了一摞书，结果砸在了玻璃上。下午我会买块新玻璃换上。"

小欣站起来说："老师是为大家发书才弄坏玻璃的，又不是故意的，就不要赔了吧。"其他同学也纷纷说："要不，用班费也可以。"我说："错误是我犯的，虽然我不是故意的，但错误就是错误，我应该为自己的错误买单。"

下午上课前，我等所有同学到齐后把中午去店里买的玻璃板板正正地安在了教室的讲台上。同学们看着这一幕，不由自主地鼓起了掌。

班长小颖率先站起来说："人非圣贤，孰能无过。最重要的是能认识到自己的错误，并改正自己的错误，主动承担错误的后果。老师为我们作出了榜样，相信大家以后再也不会为自己的错误找借口了。"好多同学都在班长的带领下，反思自己之前做过的逃避责任的行为。

听着同学们发自肺腑的话语，我欣慰地笑了，语重心长地说："从今天开始，让我们做一个没有任何借口的人，这也许不容易做到，但不做人生永远不会有改变。当你突破自己，下定决心去改变时，你已经开始迈向成功了！"

学生犯错误并不可怕，可怕的是他们不能认识并改正自己的错误。正是我的以身作则，使学生明白了每个人都有可能犯错这个道理，使学生意识到面对错误不该找借口推卸责任，而应主动为自己的错误买单。

教育是一门科学，育人成才更是需要精雕细刻，唯有追求科学性、创新性和艺术性，才能培养出高素质的人才。更多时候，善于借力教育"事故"，我们才能谱写出精彩的教育"故事"。

（资料来源：山东省枣庄市薛城区教学研究中心　殷宪宏）

这位班主任很明显是向教育同行分析个人教育经验，分享如何将个人工作中的事故演变成一个教育学生的故事。一方面归纳总结自己教育学生的经验；另一方面，也为其他同行提供了育人故事演讲的新视角、新主题。

3. 以教育专家为对象的育人故事演讲

育人故事演讲可以作为优秀班主任的经验分享会，展示个人工作智慧、教育理念等，同时也是班主任基本功大赛中重要的竞技环节。班主任演讲的对象是教育专家，也就是比赛评委，所以此时的育人故事演讲也是一场演讲比赛，而不仅仅是简单地分享经验，这就需要教师运用一定的演讲技巧来讲述个人的教育智慧和教育经验，才能从育人故事演讲比赛中脱颖而出。

案例 8-10

巧用套路得人心

去年，我接了一个新班，班里有个叫小龙的同学，因为有他的存在，之前别的老师都不敢用这班学生讲公开课，为什么呢？怕搞砸。

开学第一天，看到人高马大、身形矫健的小龙，我想发挥他的特长，便任命他做我们班的体育委员。原想着他会很感激我的知人善任，可是人家直接对我说："老师，你是不是想和我套近乎？我最讨厌你们这一套了。"我顿时蒙了。后来通过了解，得知他曾经和老师之间发生过一次误会，事情闹得很大。他对老师的恨意一直深埋心底。

在上一届的校长杯足球比赛中，他的腿受伤了，但作为爱好体育、对足球痴迷的他眼看着我们班要输给对手，便咬牙完成了比赛。我很想借此去表扬他，可我打消了这个念头。不来点"套路"，是走不进他的内心的。我决定找个比我有分量的人替我去做这件事，思来想去，学校的秦校长最合适。我便把我的想法告诉了她，我们两人一拍即合，说干就干。

第二天，秦校长如约走到教室门外，我便让小龙离开座位去见她。在同学们一脸惊讶中小龙狐疑地走到门口，只见校长和他交流一番，然后又拥抱了一下小龙，把一样东西塞进他手里就离开了。我假装不知情，故意对他说："是什么东西，见者有份！"小龙满脸通红，羞涩地慢慢悠悠地伸开了手，手心里有两颗糖。教室里顿时一片"哇"声，这可是"万人迷"秦校长送的糖呀。在同学们的羡慕声中，我看出了这个孩子难得的一点得意和羞涩。

在后来的日子里，我们之间话多了，关系也越来越近了。我记得特别清楚，有一天他神秘地告诉我："老师，昨天校长在学校门口碰上我了，她问我咱们班怎么样，您这个人咋样。我告诉她，以前，我们班无论哪方面都比不过邻班，但今年肯定能超过他们，因为我们有一个很有才的班主任。"

（资料来源：吴秋艳：《巧用套路得人心》，吴秋艳周口市名班主任工作室微信公众号，2024 年 3 月 25 日）

这篇演讲稿巧用"套路"，虽然讲述的是一件处理学生问题的小事，但是从演讲题目、演讲内容都能看出作者"套路满满"、充满智慧。这样的目的是引起听众的兴趣，再结合演讲者精湛的表达技巧，获得评委青睐，拿取更高的分数。

（二）育人故事演讲的意义

育人故事演讲可以作为优秀班主任的经验分享会，也可以是班主任基本功大赛的一环。无论是作为比赛还是普通的分享会，育人故事演讲对于班主任教师来说，都具有重大意义。

1. 提升班主任的综合素质

要讲好育人故事，班主任需要仔细斟酌选题、精心规划演讲内容、耐心打磨演讲技巧，这些流程十分考验一位班主任的细心与耐心。因为只有拥有强烈的教师情怀、保持纯洁教育初心的班主任，才能从自己的教育生涯中提取出贴合赛题并新颖的选题；只有坚持不断地提高教师素质、丰富个人素养的班主任，才能写出别具一格、动人心弦的教育故事；只有专注教育教学、极具教育感染力的班主任，才能讲出一位教育者为教育事业奉献的伟大情怀。所以，讲教育故事，不是叙述一位班主任的工作日常，而是讲一位班主任的教育能力、教育素养以及教育情怀。因此，班主任需要具备专业写作能力和专业表达能力，坚持讲好育人故事，促进个人综合素质的提升。

2. 提高班级教育和管理的效率

班主任的工作包括教学工作、学生管理、家校沟通、学校任务等多个方面。所以育人故事演讲展示的重点不是一位班主任工作的辛苦与复杂，而是一位班主任在面对纷繁复杂的工作与矛盾时所展现出的智慧方法和技巧。这些方法和技巧对于大部分班主任来说，就是帮助处理各类工作问题、私人问题的良药。不仅如此，班主任准备演讲的过程也是反思个人工作、总结经验教训并学习如何有效传递信息的过程。因此，育人故事演讲为班主任提供一条反思、归纳和总结个人工作的路径，听同行的育人故事演讲，对班主任来说则是一个见贤思齐、取长补短的绝佳机会。

3. 助力德育工作的落实

通过育人故事演讲，班主任们丰富了个人见识、提高了个人素质、提升了工作效率，而学生则是更大的受益者。因为班主任各项工作都是围绕学生开展，以学生全面发展为中心，作为一个班集体的主导者和建设者，班主任的工作能力影响着学生方方面面的发展。小学阶段是学生三观形成、"五育"和谐发展的关键阶段。《中小学德育工作指南》中明确提出六大育人路径，其中的管理育人强调了班主任的管理工作对于促进学生发展、强化集体教育等方面的作用。育人故事演讲无疑为班主任提供了一个工作交流、学习分享的平台，班主任可以通过育人故事演讲来积累工作经验、提高个人素养，并感染带动一批同行，实现传帮带等，从而助力班级管理的落实。

二、育人故事演讲的构建与准备

所谓"积力之所举，则无不胜也；众智之所为，则无不成也"。育人故事演讲就是一个汇聚班主任的宝贵工作经验和优秀工作方法的平台。因此，提前建构和准备育人故事的演讲稿是讲好育人故事的前提与基础。

（一）选取合适的育人故事主题

马克斯·范梅南说："教师从事实践性研究的最好方法，就是说出和不断说出一个个真实的教育故事。"每个教育故事都隐含着一位班主任教师对自身教育生涯的反思与总结，而主题则是凝练一位班主任教育故事的中心追求。

1. 明确主旋律

新时代的教育主题是立德树人，建设教育强国是中华民族伟大复兴的基础工程，而教师的工作职责就是为中华民族伟大复兴输送人才。在这样的背景下，班主任在考虑育人故事主题前，要明确以时代主旋律为基调。这样既可以体现出班主任思想正确、工作方向正确，还可以凸显时代精神，展现班主任的教育智慧。

2. 切入点要小

一个大主题可能涉及很多方面，如果演讲者试图在较短时间内全面探讨，那么可能会让听众感到混乱，而一个小切入点则可以让演讲者更集中地关注一个具体的问题或方面，从而更容易让听众理解和接受。另外，一个演讲只有一个中心思想或重点，小切入点可以帮助演讲者突出演讲的重点，更具体地描述一个场景或事件。需要注意的是，虽然切入点要小，但也要确保它具有代表性和普遍性。一个好的育人故事演讲不仅要让听众感到亲切和有趣，还要能够触动他们的内心并引发思考。因此，演讲者需要选择那些能够引起广泛共鸣的切入点来展开故事。

3. 题目新颖有趣

文章的题目是文章的头彩，作为演讲的开头，一个有趣新颖的题目能更快速地吸引听众的注意力，给人留下深刻的印象。在确定题名时，要考虑以下几个方面：一是整体文章的内容、中心思想和演讲者立场；二是考虑演讲者个人的演讲风格和文章风格，要选择与个人风格相似的题目，增强故事与演讲者的适切性和真实感；三是利用双关、谐音等手法拟定标题，将故事标题作为线索之一，凸显故事的趣味性。

案例 8-11

一间可以长大的教室——"星星班"的教育叙事

书写，不为立传，只为反观自己留下的一个个脚印，是否向着明亮那方走得端正；记录，不为扬名，仅图回望自己生命的枝头，每一季可有花开放。

——大西洋来的飓风

大西洋来的飓风的生命叙事，让我感动满满。自问，星星班是否也可以？带着这样的想法，我和班上的学生一起布置起属于我们自己的教室。朱永新教授曾说，要活用班级文化建设，即汇聚美好事物，关注每个生命，擦亮每个日子。让教室里的每个学生穿越课程与岁月，朝向卓越，于是，我们的班级文化应运而生。

班级文化，繁星闪烁

古语有云："入芝兰之室，久而不闻其香，即与之化矣。"班级文化的浓郁与否，直接关系着一个班级学习生活风气的塑造，对于学生的成长成才具有潜移默化的作用。星星班努力打造完美教室。

阅读角——最是书香能致远

与书为伴，知书达理气自华；与书为友，明辨是非平天下。知识改变命运，阅读丰富人生。为让迷人的浓浓书香飘溢在星星班，让读书伴随每个学生成长的脚步，星星班为了进一步增强学生们的阅读兴趣，满足学生们随看、随取、随时阅读的愿望，本着"奉献一本书，博览更多书"的理念，决定在班级里创建"班级图书角"。

……

"一间教室能给学生们带来什么，取决于教室桌椅之外的空白处流动着什么。"让教室里的每个学生都能走向卓越，这是我的目标；让星星班的每个学生都能发出自己的光芒，做一颗耀眼的星星，这是我的理想。相信种子，相信岁月，我会继续和星星班的学生们一起，向着明亮那方，坚定前行！

（资料来源：《一间可以长大的教室——"星星班"的教育叙事》.http://xhslink.com/xc0kpB，2024 年 1 月 27 日）

这份演讲稿，从题目上就一语双关，一是展现演讲主题是与班级管理相关，二是传达自己的科学教育思想——满足学生、成就学生。演讲开头以"飓风故事"为引，表达了一位班主任乐于奉献的教育心；结尾点明主题，从班级环境建设这一小细节展现一名班主任对学生的呵护与关心、对学生成长的帮助与鼓励。

（二）设计故事的情节与结构

所谓"文似看山不喜平"，对于绝大部分班主任来说，写出一个故事不难，难的是如何写出一个妙趣横生、内涵丰富、生动感人的教育故事。班主任在准备演讲故事前，就要做好谋篇布局。

1. 写作逻辑与结构清晰

班主任育人故事演讲的内容和灵感都是来自于班主任的日常工作中，所以班主任工作笔记中一定要记录许多印象深刻的育人故事。因此，班主任在准备写作演讲故事之前，应该有一个清晰明了的逻辑来指导写作。首先要明确育人故事的主题；其次是找素材，从个人学习记录、工作记录等笔记中寻找符合要求的教育案例；最后是写框架，即要明确文章的各段落层次的内容，对于整篇演讲稿的初稿要做到心中有数。

2. 呈现故事背景

育人故事演讲的内容一般是分享班主任如何帮助某个学生的成长故事，班主任如何带动一个班集体向上发展的故事，这些故事有趣动人。因此，想要这些故事有趣动人就必须先呈现出事情的前因后果，既是为演讲主题做铺垫，又是在引起评委和听众的兴趣。

3. 设计矛盾冲突

设计矛盾冲突是指在撰写演讲稿时，利用写作技巧将一件普通的教育事件写成一件充满生趣、有着丰富教育内涵的演讲稿。例如，采用不同的叙事方式，可以采取顺叙、倒叙、插叙等方法；或者采用多样的写作技巧，使用对比、反衬等手法。利用不同的写作技巧来设计矛盾冲突的目的在于增强叙事性和趣味性，凸显文章的中心思想和情感。

4. 语言通俗易懂

设计演讲稿最终目的是要讲出来。因此，撰写演讲稿与撰写一般的记叙文等文章有所不同，主要是在文字表达上的区别。演讲稿的语言有以下注意事项。一是避免使用生僻字或成语。教育故事演讲是要讲出演讲者的教育智慧，所以在写稿子时要使用偏口语化的语言，要让别人能听懂自己在讲什么。二是尽量不使用网络语言，避免出现听众听不懂或不理解网络用语，从而影响听众理解演讲者的演讲内容。三是多使用短句、单句，过长、过于复杂的句子不仅让演讲者自己难以记住，也容易造成听众疲惫。

演讲稿是演讲者进行演讲的基础，决定了演讲的质量。因此，写出一份好的演讲稿是讲好育人故事的关键一环。

案例 8-12

以爱为舟　做幸福的摆渡人

你把希望的种子交给了大地，等待着春天的萌芽；你在时间的犁沟里播下智慧的种子，让它悄悄地开花。

——席勒

在我心中，每个学生都是一朵会开的花，或迟或早，或短或长。一花一草皆生命，一桃一李亦芬芳。面对特殊的儿童，我们需要更多的时间和耐心去静待花开，每一个学生都需要我们用爱去浇灌。

初遇沉默的他

去年我新接了低年级一个班，我发现有个叫小俊的学生，他总是有点不太合群，课上不听讲，乱写乱画，丢三落四，贪玩得厉害。他的课桌永远杂乱无章，书本文具永远不知如何找起。有时一个人蹲在桌子下面，一只虫、一支笔、一张纸也能够玩上一节课。他的作业似乎从未及时交给老师批阅过。课后，他也不爱跟其他小朋友玩，而是一人在草丛里捉蜘蛛、捉蚂蚁等小虫。

走近未知的他

对于这个学生，我也花不少工夫，苦口婆心地谈话，课上点名提醒，甚至有一次还当着全班学生的面声色俱厉地对小俊的不写作业、不听讲的行为进行了点名批评，而这些对于这个学生来说一点作用都不起，反而变本加厉了。作为班主任，我陷入了沉思：面对这样的学生，我该怎么办？要"治病"就得先找到"病因"。于是，我决定对小俊进行一次家访。在交流中，我发现小俊爸爸平时上班比较忙，妈妈是全职家庭主妇，平时在家就是自顾自做自己的事情，缺乏和孩子交流，久而久之孩子就不再需要与他人交流，自顾自玩耍。在小俊进入小学后，从未按时完成过作业，他妈妈遇到这种情况，也不懂如何与孩子交流，只能用打骂来解决，但打骂非但没有起到任何作用，还让他越来越不愿意参与到正常的学习当中来。不过小俊也并不是没有优点。譬如他热爱劳动，在家里经常帮忙做家务；爷爷身体不好时，他也能主动照顾……我被感动了，原来小俊身上有这么多优点我都没有及时发现，平时总盯着他的缺点。

欣喜守约的他

……

激励进步的他

……

> 　　如果说教育是一片充满希望的沃土，教师的温暖就是助力种子发芽的阳光，让我们用智慧、用爱去敲开学生的心灵之门，走进那缤纷的童心世界，心香一瓣，静待花开。
>
> 　　（资料来源：小越老师：《以爱为舟　做幸福的摆渡人》，http://xhslink.com/DiikpB，2023 年 9 月 23 日）

　　案例 8-12 是以顺叙方式，讲述了班主任从认识、了解到改变小俊，并借小俊的故事来教育全班的故事，整个故事逻辑清晰，完整呈现了小俊改变的前因后果，并讲述了此位班主任如何与班里特殊儿童及家长交流，如何引导特殊儿童融入班集体，如何引导班集体团结向上的各类沟通和教育技巧。这些技巧对于新手班主任来说，具有较强的参考意义。

三、育人故事演讲的表达与评估

　　育人故事演讲的表达是指班主任在演讲时需要注意哪些方面、有何演讲技巧。故事演讲的评估则是利用主客观评价规则及内容，帮助班主任从外部评价和自我评价中汲取经验，从而提升育人故事演讲的各方面能力。

（一）提高故事演讲的表达技巧

　　英国利夫恰尔德在《关于公开演讲的诗行》中写道："开始时声音要放低一些，吐字要慢一些；等到群情欲起时再放声慷慨陈词；给人留下深刻印象后，便要适当控制自己的情绪；最后以温婉的言辞结束，在暴风雨般的掌声中离开讲席。"从中可见，演讲不是演讲者内心的独白，而是利用各类技巧促使演讲者和听众之间产生情感共鸣，班主任在进行育人故事演讲时可以从以下几个方面下功夫。

　　1. 注意语气的轻重缓急，娓娓道来

　　注意语气的轻重缓急是指演讲者通过改变音高、音长、音强来尽可能完美地表达出演讲的内容、情感与中心思想，达到演讲的目的。如果演讲故事基调是温情动人的，那么演讲者的语气就应该是温柔舒缓的；如果演讲故事基调是愉悦诙谐的，那么演讲者的语气就应该是轻快高兴的；如果演讲故事基调是跌宕起伏的，那么演讲者的语气就应该随着故事情节的变化而变化。总之，演讲者要不断练习，调整个人语气，将故事娓娓道来，用语气变换向听众传达个人的思想情感，打动听众。

　　2. 关注听者感受与反应，随机应变

　　《蒙田随笔》中提到："语言只是一种工具，通过它我们的意愿和思想就得到交流，它是我们灵魂的解释者。"但是在比赛中，常常会出现评委或听众容易视觉和听觉疲劳的状况。因此在演讲的过程中，要随时观察听众的感受与反应，通过改变语气、语调将听众的注意力聚焦到演讲者本身；也可以利用肢体语言和表情来引起听众的注意力；也可以根据故事内容和现场气氛，向听众们抛出一些问题，例如在演讲故事情节有反转时，可以尝试插入一些提问让听众们猜一猜接下来发生了什么，将观众注意力吸引过来。当然，演讲者本身的魅力以及演讲的教育故事本身的精彩程度才是感染听众的关键点。

3. 重视形体与表情管理，自信从容

对于班主任来说，要做一场演讲并不难。育人故事演讲的难点在于演讲对象由学生变为专业评委和优秀的同行，这无疑会给演讲者增加心理负担，尤其对于经验较少的班主任，如遇到在演讲中听众的反应平淡或因紧张产生心理压力过大等情况，则容易出现慌张无措等反应，而听众可以轻易从演讲者的肢体语言和面部表情判断出演讲者的状态。因此，演讲者在演讲时要时刻保持端正的身姿、得体的肢体语言以及淡定柔和的面部表情，从外形上展现出作为班主任的自信从容。

4. 学习前辈的演讲，取长补短

在发达的网络时代，经验较少的班主任可以通过观看优秀班主任育人故事演讲的视频来积累经验、取长补短。例如，学习优秀班主任的叙事方式、肢体语言、随机应变等多方面能力。但在学习之前，自己应该明白个人的短板是什么，要有针对性地带着解决个人问题的目的来学习，学习效果才会事半功倍。

（二）重视育人故事演讲的评估与改进

育人故事演讲是一条促进班主任个人反思与提升的路径，班主任在完成育人故事演讲后，应该对自己的演讲进行评估与改进。

1. 端正个人态度

端正个人态度首先是要有一颗敬业心，要明白教师职业价值的核心是立德树人，要热爱自己的职业才能讲出打动人心的教育故事，才能完成真正影响甚至改变听众、为听众提供有效且宝贵经验的演讲。参与育人故事演讲比赛的班主任，要有一颗平常心，用理性的思维看待比赛结果、用欣赏的眼光看待对手。还要有一颗进取心，要抱着自我提升、学习优秀前辈和同行的态度参与演讲，从日常练习、比赛等各种类型的育人故事演讲中提升自我演讲的能力。

2．利用团队力量

团队可以是所在学校的教师团队，也可以是志同道合的同行。在演讲前，可以和团队一起商讨演讲主题、打磨演讲稿、反复练习演讲过程。在演讲中，团队伙伴可以协助记录整个演讲过程，以便赛后复盘。在演讲后，团队伙伴可以一起分析演讲者的表现，提炼优点、找出不足、给出改进与提升方案。

3．重视日常积累与练习

育人故事演讲不是班主任日常工作的一部分，但是需要班主任关心生活点滴、留心工作细节，才能完成一场有意义、有价值的演讲。首先，班主任要认真总结工作经验。班主任可以将日常生活中遇到的有趣的、有意义的育人事件记录下来作为演讲素材，方便班主任从中总结工作经验。其次，观摩教育专家的演讲，从专家演讲中积累优秀工作方法，学习他们的演讲技巧。最后，抓住每一个育人故事演讲机会，无论演讲对象是谁、无论演讲规模大小，只要有育人故事演讲的机会，班主任就应踊跃参加，把育人故事演讲当作锻炼，不断提升个人综合素质。

本节习题

🗣 思考与讨论

1.结合所学知识，评析下列教育案例。

为孩子打开一扇远行之门

35900 公里，512 个记录视频，116 个站点，32 张设计图纸，12 万点击量。看到这些信息，您一定会猜想这是哪位工程师的大手笔。其实，它的主人是一个"热爱行走"的 12 岁阳光少年，名叫小俞。

●进行一次"多维"反思

故事还得从一场竞选讲起。四年级开学改选班干部，小俞兴冲冲地走上讲台，可结果却给了他当头一棒，只有一票，还是他自己投给自己的。看着泪水在眼眶打转的小俞，疑云重重的我只好先"维稳"："感谢每一个参与竞选班干部的同学，让大家感受到了你们为集体服务的心，无论竞选成功与否，你们都是班级最强大的正能量！"

事后，我分别找班级同学和小俞了解情况，原来小俞"零支持率"的原因是平日里的他仗着自己的好成绩骄傲自大，对待同学自私冷漠。面对同学们的不满，小俞却浑然不自知，坚持我行我素。哪怕我耐心引导小俞换位思考，他还是不太能正视自己的问题。我不由反思：一直以来，我对课堂上思维敏捷、学习专注的"小俞们"是不是过于"放心"了？总以为稍加点拨就能促进他们的全面发展，却忽视了人生观、价值观还没有完全形成的他们同样需要我的帮助与指引。想到学会人际交往是小学生社会化发展的重要部分，我决定调整自己的做法，帮助小俞。

● 创设一条"地铁专线"

落选后的那段时间，我发现小俞更不合群了，总是一个人趴在课桌上。不管我怎么跟他谈心，他都提不起劲，冷淡地说："老师，我这样挺好的。"可真的好吗？哪个孩子没有被看见和尊重的需求呢？我暗自着急。但我还是怀着无条件接纳他的心情，不断寻找他潜在的生长点。这天，我看到课间的小俞画了一幅完整的地铁线。我惊叹道："你怎么把刚开通的每个站点都记得如此准确？"他轻轻地说："我喜欢。"然而这三个字伴随着图片上那一个个站点，在我心里明朗起来，有了不一样的意义。

面对即将到来的国庆红色研学活动，我大力倡议同学们选择地铁绿色出行。虽然得到大家一致赞成，但问题来了，我和同学们都还没有去乘坐过。于是我向小俞求助。只见他眼睛一亮："老师，这个我熟悉！"不一会儿就列出了行程路线图、时间节点表及出行注意事项。在同学们的赞叹声中，我看到了小俞久违的微笑。趁热打铁，我给小俞一个研学任务——当大家的地铁讲解员。那次出行，地铁车厢里坐满了同学，忙碌的小俞不是穿梭在车厢之间给同学们讲解，就是给提问的同学答疑解惑……

经过这次研学，小俞获得了大家的好感。而他在周记中也写下了自己的感受："虽然有点累，但是听到大家的掌声还是很开心。"同样高兴的我把事先准备好的故事——《给予的力量》，贴在了评语区。

● 拓宽一个"成长平台"

就这样，小俞更喜欢地铁了。"双减"后，小俞有了更多自由支配时间，每逢周末，他不是在坐地铁，就是在研究城市的交通网。一张张手绘地图不时出现在他妈妈的朋友圈里。看到小俞走进广阔真实的社会，我想这不正是消除他狭隘情感、促进他社会化发展的最好途径吗？通过观察，我发现小俞每次出行只聚焦地铁交通的构造，对于其他一概不关心。这可太浪费大好的社会教育资源了！我得给他准备"社会广角镜"，于是小俞的私人定制作业出炉了：记录一件最有感触的事件，拍摄一张最喜欢的照片，清理一处垃圾，给家人带一份点心等。每一份作业我都会认真点评，正面强化他的优点。渐渐地，小俞变礼貌了，偶尔也会帮助同学，自己的值日也负责多了……

不久，学校发布了"我为城市建设献计策"活动，我在班会课上给孩子们详细介绍方案后，小俞第一个报名参加："老师，我想规划城市新的地铁线。"很快，他在班里组建了一支地铁计策组。为了更好地激发孩子们的兴趣，我还特意联系了在轻轨公司工作的朋友，带他们去参观了平时想看又看不到的调度室、车控室、施工场地……

在接下来的周末里，"地铁小组"风雨无阻地跑考察点，计算人流量，对比站点距离。尤其是小俞，还特地跑去周边城市，甚至"山城"重庆，去考察当地的地铁。但在设计路线的时候，小俞却跑来跟我说不参加了。经过了解，原来是小组成员对于路线的呈现方式起了争执。我耐心开导小俞：合作是思维能力的碰撞，而不是个人的固执己见。在我的调解下，小俞重回小组，当他看到组员小王用自己的编程特长呈现直观的效果图时，顿时心服口服，向小王竖起了大拇指。从那以后，"地铁小组"再也没有发生矛盾了。最终，他们设计了5条新地铁规划路线，受到了轻轨公司设计部的好评。而其他同学在"地铁小组"的影响下，也纷纷组建了"城市智囊团"，走向了城市的角角落落。到了班级评选最佳计策的时候，大家讨论热烈。最后，所有人的目光不约而同地落在了小俞身上。小俞激动得涨红了脸，直言这是小组共同努力的结果。从那以后，小俞和同学们相处更融洽了，他还成了班级"和事佬"，同学有事都爱找他帮忙，而他也乐此不疲。

如今，梦想成为轨道设计师的小俞，课余时间依然坚持着自己的地铁之路，他在个人网站上记录城市交通圈的发展，大力宣传城市的良好形象，获得了数以万计的点击量。

从小俞身上，我深刻地认识到，班主任自身要具备成长型思维，要帮助学生学会与他人，与这个世界和谐相处。成长之路不是一条单车道，需要我们尽可能去拓宽这条专属路径，从而让学生在探索中获得一生远行的力量。

（资料来源：宁波市鄞州区中河实验小学　乐天鹰）

2. 对于部分教师以"拒绝参加各项比赛、只关心个人教学工作"为理由而拒绝参与教师比赛，你对这样的做法有何看法？

参考文献

［1］让-雅克·卢梭.爱弥儿：论教育［M］.李兴业，熊剑秋，译.北京：人民教育出版社，2017.

［2］教育部基础教育司组织编写.中小学德育工作指南实施手册［M］.北京：教育科学出版社，2017.

［3］齐学红.班级管理［M］.北京：北京师范大学出版社，2019.

［4］葛明荣，孙承毅，王晓静.中小学班主任工作［M］.北京：科学出版社，2016.

［5］朱洪秋.现代中小学主题班会模型建构与实践案例［M］.北京：研究出版社，2021.

［6］纪微.在集体中健全人格［M］.长春：东北师范大学出版社，2010.

［7］丁如许.班会课100问［M］.上海：华东师范大学出版社，2012.

［8］徐凯文.育心树人：中小学心理健康教育理论与实践［M］.北京：中国人民大学出版社，2022.

［9］王焕良.心理健康教育［M］.北京：社会科学文献出版社，2009.

［10］徐勇.学校突发公共卫生事件危机管理理论与实证研究［M］.北京：科学技术文献出版社，2014.

［11］赵正宏.应急救援预案编制与演练［M］.北京：中国石化出版社，2019.

［12］教育部关于印发《中小学心理健康教育指导纲要（2012年修订）》的通知［EB/OL］.（2012-12-11）［2024-03-12］.http://www.moe.gov.cn/srcsite/A06/s3325/201212/t20121211_145679.html.

［13］中共中央　国务院印发《深化新时代教育评价改革总体方案》［EB/OL］.（2020-10-13）［2024-04-12］.http://www.moe.gov.cn/jyb_xxgk/moe_1777/moe_1778/202010/t20201013_494381.html.

［14］教育部关于印发《中小学班主任工作规定》的通知［EB/OL］.（2009-08-12）［2024-03-12］. http：//www.moe.gov.cn/srcsite/A06/s3325/200908/t20090812_81878.html.

［15］邵泽斌.从工具性激励到共在性审美：论教育中的正向激励与相依成长［J］.高等教育研究，2020，41（4）：76-83.

［16］俞国良.心理健康教育的新诠释：教育效能视角［J］.清华大学教育研究，2024，45（1）：110-119.

［17］张肇丰.谈教育案例［J］.中国教育学刊，2002（2）：48-50.